▶ 试卷一 ◀

一、读单音节字词（100 个音节，限时 3.5 分钟，共 10 分）

哎 āi	矮 ǎi	促 cù	奔 bēn	采 cǎi	打 dá/dǎ	轨 guǐ	蹲 dūn	发 fā/fà	顺 shùn
前 qián	封 fēng	改 gǎi	刚 gāng	歌 gē	黑 hēi	换 huàn	洗 xǐ/Xiǎn	拂 fú	魂 hún
减 jiǎn	扼 è	辑 jí	开 kāi	挡 dǎng	坑 kēng	苦 kǔ	栏 lán	脸 liǎn	睬 cǎi
毛 máo	刹 chà/shā	烦 fán	摩 mā/mó	裁 cái	堤 dī	名 míng	贷 dài	拔 bá	怒 nù
偶 ǒu	扒 bā/pá	平 píng	饵 ěr	业 yè	普 pǔ	漆 qī	冻 dòng	曲 qū/qǔ	染 rǎn
霍 huò	人 rén	缠 chán	弱 ruò	撒 sā/sǎ	亥 hài	概 gài	径 jìng	声 shēng	公 gōng
凹 āo	事 shì	计 jì	岁 suì	乏 fá	饭 fàn	饥 jī	氨 ān	特 tè	歪 wāi
舞 wǔ	垮 kuǎ	纬 wěi	线 xiàn	团 tuán	响 xiǎng	轿 jiào	棒 bàng	丞 chéng	啦 lā
展 zhǎn	哪 nǎ/né	宗 zōng	昂 áng	兹 zī	柏 bǎi	憋 biē	苍 cāng	堪 kān	悔 huǐ
坝 bà	叮 dīng	覆 fù	乖 guāi	骇 hài	啐 cuì	窘 jiǒng	渴 kě	厘 lí	捺 nà

二、读多音节词语（100 个音节，限时 2.5 分钟，共 20 分）

爱好 àihào	即使 jíshǐ	爸爸 bà·ba	选手 xuǎnshǒu	促成 cùchéng
逮捕 dàibǔ	灯泡儿 dēngpàor	腐蚀 fǔshí	共鸣 gòngmíng	鬼子 guǐ·zi
果实 guǒshí	自然 zìrán	缓和 huǎnhé	奖金 jiǎngjīn	暗地 àndì
统治 tǒngzhì	相互 xiānghù	包干儿 bāogānr	教导 jiàodǎo	当归 dāngguī
祝贺 zhùhè	氯气 lùqì	法令 fǎlìng	勉强 miǎnqiǎng	年头儿 niántóur
玉米 yùmǐ	凭借 píngjiè	桥梁 qiáoliáng	饥饿 jī'è	热闹 rè·nao
扫荡 sǎodàng	暗示 ànshì	身份 shēn·fèn	导弹 dǎodàn	老百姓 lǎobǎixìng
处分 chǔfèn	提供 tígōng	采访 cǎifǎng	侮辱 wǔrǔ	把门儿 bǎménr
行李 xíng·li	变换 biànhuàn	雪花 xuěhuā	清楚 qīng·chu	脖颈儿 bógěngr
宠儿 chǒng'ér	一心 yīxīn	牲畜 shēngchù	办公室 bàngōngshì	

三、选择判断（限时 3 分钟，共 10 分）

1. 词语判断：请判断并读出下列各组中的普通话词语。

(1) 阿姆   伯娘   伯母 bómǔ   伯妈   伯姆

(2) 揪   按 àn   捘

(3) 黄芽菜   芽白   白菜 báicài   黄芽白

(4) 北顶   北便   北背   北部 běibù   北片儿

(5) 鼻空   鼻哥窿   鼻孔 bíkǒng   鼻公窟

（6）呒没办法　　不得已 bùdéyǐ　　唔得已

（7）老老快　　飞快 fēikuài　　老快　　飞捋使

（8）清气　　干净 gānjìng　　索利　　零俐

（9）做乜嘢　　做什里　　干吗 gànmá　　创啥　　做么子　　做脉个

（10）跟斗　　车奶　　跟头 gēn·tou　　跟斗里　　劲斗

2. 量词、名词搭配：请搭配并读出下列符合普通话规范的量名短语（例如：一条——鱼）。

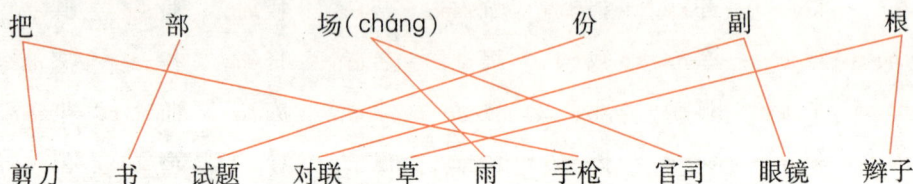

把　　部　　　场(cháng)　　份　　副　　根

剪刀　　书　　试题　　对联　　草　　雨　　手枪　　官司　　眼镜　　辫子

3. 语序或表达形式判断：请判断并读出下列各组中的普通话语句。

（1）A. 腿变粗了。

　　B. 腿子变粗了。

（2）A. 这座山有千九五米高。

　　B. 这座山有一千九百五十米高。

　　C. 这座山有一千九五米高。

（3）A. 这凳子坐得三个人。

　　B. 这凳子会坐得三个人。

　　C. 这凳子能坐三个人。

　　D. 这凳子会坐三个人。

（4）A. 我说不过他。

　　B. 我说他不过。

　　C. 我说不他过。

（5）A. 送我一件衣服。

　　B. 送一件衣服我。

　　C. 衣服送一件给我。

　　D. 衣服一件送我。

四、朗读短文（400 个音节，限时 4 分钟，共 30 分）

作品 15 号

五、命题说话（请在下列话题中任选一个，限时 3 分钟，共 30 分）

1. 我的理想（或愿望）

2. 劳动的体会

试卷二

一、读单音节字词（100 个音节，限时 3.5 分钟，共 10 分）

哀 āi	板 bǎn	傻 shǎ	安 ān	听 tīng	炒 chǎo	碘 diǎn	梗 gěng	秤 chèng	待 dāi/dài
构 gòu	女 nǚ	靶 bǎ	簿 bù	握 wò	闰 rùn	您 nín	鹅 é	徉 yáng	抵 dǐ
果 guǒ	喊 hǎn	太 tài	脊 jǐ	餐 cān	贷 dài	京 jīng	莠 yǒu	添 tiān	伐 fá
磕 kē	梦 mèng	鳖 biē	麻 má	涂 tú	列 liè	抱 bào	废 fèi	蜡 là/zhà	肯 kěn
嫩 nèn	肝 gān	欧 Ōu	排 pái	雌 cí	稿 gǎo	胚 pēi	坡 pō	起 qǐ	冉 rǎn
辣 là	蹿 cuān	编 biān	摄 shè	逗 dòu	历 lì	溶 róng	渠 qú	孽 niè	潜 qián
寺 sì	芯 xīn	恒 héng	隋 Suí	卡 kǎ/qiǎ	桃 táo	脉 mài/mò	罚 fá	温 wēn	西 xī
饥 jī	粥 zhōu	咂 zā	函 hán	尹 yǐn	亩 mǔ	崖 yá	拙 zhuō	玄 xuán	贤 xián
靴 xuē	回 huí	枉 wǎng	淌 tǎng	矢 shǐ	部 bù	囚 qiú	魄 pò	侵 qīn	觅 mì
碍 ài	锭 dìng	施 shī	匹 pǐ	弗 fú	喉 hóu	甘 gān	驹 jū	奎 kuí	聋 lóng

二、读多音节词语（100 个音节，限时 2.5 分钟，共 20 分）

作坊 zuō·fang	心眼儿 xīnyǎnr	挖苦 wā·ku	俯首 fǔshǒu	爽快 shuǎng·kuai
轻蔑 qīngmiè	念头 niàn·tou	景致 jǐngzhì	大夫 dài·fu	处理 chǔlǐ
陵墓 língmù	门洞儿 méndòngr	浮游 fúyóu	牌坊 pái·fāng	伙计 huǒ·ji
哥们儿 gē·menr	耳机 ěrjī	尽管 jǐnguǎn	耽搁 dān·ge	参考 cānkǎo
主任 zhǔrèn	溶解 róngjiě	振兴 zhènxīng	摇曳 yáoyè	旦角儿 dànjuér
敏感 mǐngǎn	仓促 cāngcù	铁路 tiělù	染色 rǎnsè	批准 pīzhǔn
企图 qǐtú	所有 suǒyǒu	扭转 niǔzhuǎn	灵活 línghuó	无线电 wúxiàndiàn
田埂 tiángěng	魁梧 kuí·wu	挪动 nuó·dong	好转 hǎozhuǎn	了不起 liǎo·buqǐ
课程 kèchéng	蝴蝶 húdié	费用 fèi·yong	尺寸 chǐ·cùn	案件 ànjiàn
殴打 ōudǎ	语言 yǔyán	半岛 bàndǎo	表演 biǎoyǎn	

三、选择判断（限时 3 分钟，共 10 分）

1. 词语判断：请判断并读出下列各组中的普通话词语。

(1) 大阿姐　　大姐 dàjiě　　阿姐　　大姊

(2) 北爿　　北便　　北边 běi·bian　　北背　　北片爿

(3) 唔得了　　下不得地　　不得了 bùdéliǎo　　勿得了

(4) 趁客　　搭客　　乘客 chéngkè　　坐车个　　搭车个

(5) 窗口头　　窗仔口　　窗口 chuāngkǒu　　窗子口里

(6) 各人自家　　各自 gèzì　　　古侬古

(7) 买客　　买东西个　　顾客 gùkè

(8) 厨仔　　柜子 guì·zi　　柜歁

(9) 小囝　　团仔　　孩子 hái·zi　　细佬哥　　细鬼

(10) 乌侬　　黑人 Hēirén　　黑人里

2. 量词、名词搭配：请搭配并读出下列符合普通话规范的量名短语（例如：一条——鱼）。

本　　　　场(chǎng)　　　　滴　　幅　　　　个　　　　架

电影　　水　　著作　　故事　　鼓　　眼泪　　考试　　布　　人　　孩子

3. 语序或表达形式判断：请判断并读出下列各组中的普通话语句。

(1) A. 我买了一顶帽的、一条裤的。

　　 B. 我买了一顶帽儿、一条裤儿。

　　 C. 我买了一顶帽子、一条裤子。

(2) A. 开了刀,他笑都笑不得。

　　 B. 开了刀,他笑都不能笑。

(3) A. 我吃没有荔枝。

　　 B. 我吃不到荔枝。

(4) A. 他快吃完饭了。

　　 B. 他饭吃好快了。

(5) A. 天热得太太。

　　 B. 天气热得很。

　　 C. 天热得来来。

四、朗读短文（400 个音节，限时 4 分钟，共 30 分）

作品 6 号

五、命题说话（请在下列话题中任选一个，限时 3 分钟，共 30 分）

1. 我喜爱的植物

2. 我喜欢的职业（或专业）

试卷三

一、读单音节字词（100 个音节，限时 3.5 分钟，共 10 分）

瓣 bàn	鸟 niǎo	踩 cǎi	熊 xióng	辞 cí	否 fǒu/pǐ	担 dān/dàn 谱 pǔ	跟 gēn	反 fǎn
虾 xiā	避 bì	盲 máng	意 yì	杂 zá	藕 ǒu	雏 chú	赚 zhuàn	抡 lūn	负 fù
危 wēi	发 fā/fà	特 tè	咧 liē/liě	尔 ěr	苏 sū	慧 huì	石 dàn/shí	枪 qiāng	然 rán
弄 nòng	叛 pàn	渔 yú	销 xiāo	判 pàn	蟒 mǎng	泉 quán	欺 qī	巢 cháo	热 rè
漏 lòu	瓤 ráng	妃 fēi	亏 kuī	源 yuán	赖 lài	挺 tǐng	酒 jiǔ	界 jiè	叁 sān
丢 diū	她 tā	刹 chà/shā	防 fáng	悲 bēi	功 gōng	堆 duī	官 guān	倾 qīng	害 hài
软 ruǎn	弹 dàn/tán	煮 zhǔ	泥 ní/nì	嫡 dí	鼠 shǔ	人 rén	导 dǎo	慢 màn	烂 làn
踱 duó	敷 fū	挥 huī	志 zhì	晨 chén	挖 wā	埠 bù	粉 fěn	霸 bà	汰 tài
扼 è	阀 fá	摇 yáo	擀 gǎn	君 jūn	革 gé	碎 suì	憨 hān	康 kāng	煎 jiān
涉 shè	袜 wà	扰 rǎo	戚 qī	聂 Niè	昔 xī	擂 léi/lèi	痕 hén	撅 juē	缴 jiǎo

二、读多音节词语（100 个音节，限时 2.5 分钟，共 20 分）

棕榈 zōnglú	惩罚 chéngfá	潇洒 xiāosǎ	绝望 juéwàng	滔滔 tāotāo
自始至终 zìshǐ-zhìzhōng	歼灭 jiānmiè	亲家 qìng·jia	萌芽 méngyá	片段 piànduàn
刺猬 cì·wei	模特儿 mótèr	旅程 lǚchéng	口角 kǒujiǎo	饼干 bǐnggān
农垦 nóngkěn	变异 biànyì	短跑 duǎnpǎo	俯冲 fǔchōng	好玩儿 hǎowánr
戒指 jiè·zhi	琢磨 zhuómó/zuó·mo	水准 shuǐzhǔn	档案 dàng'àn	予以 yǔyǐ
小说儿 xiǎoshuōr	星云 xīngyún	委托 wěituō	掠夺 lüèduó	蔚蓝 wèilán
人们 rén·men	请求 qǐngqiú	哪里 nǎ·lǐ	熟悉 shú·xi	天然气 tiānránqì
冷水 lěngshuǐ	这儿 zhèr	举动 jǔdòng	指数 zhǐshù	合作 hézuò
琉璃 liú·li	跟前 gēnqián	报道 bàodào	果品 guǒpǐn	操纵 cāozòng
妖精 yāo·jing	隔壁 gébì	当时 dāngshí	腐朽 fǔxiǔ	

三、选择判断（限时 3 分钟，共 10 分）

1. 词语判断：请判断并读出下列各组中的普通话词语。

(1) 阿婆　　大妈 dàmā　　伯妈　　伯姆

(2) 鼻头涕　　鼻窦浓　　鼻涕 bítì　　鼻水

(3) 窗仔布　　窗帘 chuānglián　　亮窗布

(4) 恨勿得　　恨不得 hèn·bu·de　　苦唔　　恨唔得

(5) 捧尘　　灰尘 huīchén　　涂粉　　尘灰

(6) 倒去　　　　返去　　　　回去 huí·qù　　转去

(7) 背后头　　　暗肚里　　　暗中 ànzhōng　　暗头里　　　暗下里

(8) 碰嘟巧　　　撞啱　　　　凑巧 còuqiǎo　　撞巧　　　　啱啱　　　啱啱好

(9) 放屁　　　　大便 dàbiàn　　厕　　　　　厕屎

(10) 最高个地方　顶端 dǐngduān　顶高头　　　顶高

2. 量词、名词搭配：请搭配并读出下列符合普通话规范的量名短语（例如：一条——鱼）。

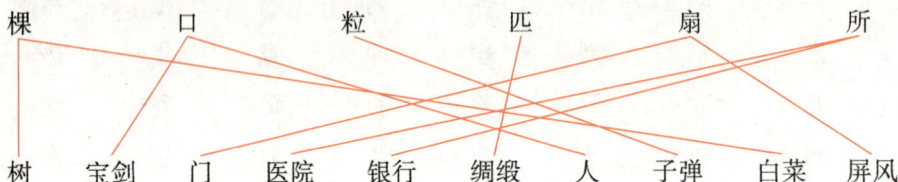

棵　　　　口　　　　粒　　　　匹　　　　扇　　　　所

树　　宝剑　　门　　医院　　银行　　绸缎　　人　　子弹　　白菜　　屏风

3. 语序或表达形式判断：请判断并读出下列各组中的普通话语句。

(1) A. 有一窝鸡都让狐子给吃了。

　　B. 有一窝鸡都让狐的吃了。

　　C. 有一窝鸡都让狐狸吃了。

(2) A. 起初，我是不懂游泳的。

　　B. 起初，我是不会游泳的。

(3) A. 这种舞你跳得来跳不来？

　　B. 这种舞你跳得来不？

　　C. 你跳得来这起舞不？

　　D. 这种舞你会跳不会跳？

(4) A. 牛大过猪很多。

　　B. 牛比猪大很多。

(5) A. 你们来得了来不了？

　　B. 你们来得倒来不倒？

四、朗读短文（400 个音节，限时 4 分钟，共 30 分）

作品 21 号

五、命题说话（请在下列话题中任选一个，限时 3 分钟，共 30 分）

1. 尊敬的人

2. 网络时代的生活

试卷四

一、读单音节字词（100 个音节，限时 3.5 分钟，共 10 分）

宝 bǎo　勒 lè/lēi　容 róng　咋 zǎ/zé　地 dì　康 kāng　鲤 lǐ　贷 dài　笙 shēng　飞 fēi

嫁 jià　话 huà　撤 chè　裴 Péi　祭 jì　汞 gǒng　钙 gài　敞 chǎng　八 bā　粪 fèn

截 jié　哭 kū　牢 láo　铆 mǎo　蕊 ruǐ　子 zǐ　坛 tán　眉 méi　柏 bǎi　鸣 míng

惹 rě　切 qiē/qiè　哀 āi　弃 qì　配 pèi　喘 chuǎn　豁 huō/huò　铜 tóng　跪 guì　纳 nà

仁 rén　伯 bó　餐 cān　晒 shài　寡 guǎ　天 tiān　女 nǚ　跌 diē　茬 chá　无 wú

饵 ěr　嗣 sì　幻 huàn　绺 liǔ　云 yún　赫 hè　追 zhuī　丹 dān　阀 fá　稀 xī

这 zhè　炼 liàn　腿 tuǐ　映 yìng　砍 kǎn　富 fù　龚 Gōng　弯 wān　脆 cuì　栋 dòng

绛 jiàng　训 xùn　彭 Péng　匾 biǎn　灶 zào　烧 shāo　沁 qìn　概 gài　驱 qū　乏 fá

钧 jūn　谋 móu　槽 cáo　阵 zhèn　笔 bǐ　寒 hán　阔 kuò　仿 fǎng　眸 móu　廿 niàn

熄 xī　叶 xié/yè　赣 Gàn　叩 kòu　梨 lí　跛 bǒ　沏 qī　衔 xián　洪 hóng　恼 nǎo

二、读多音节词语（100 个音节，限时 2.5 分钟，共 20 分）

吸吮 xīshǔn　　使得 shǐ·de　　紫菜 zǐcài　　目前 mùqián　　恬静 tiánjìng

改编 gǎibiān　　冉冉 rǎnrǎn　　竣工 jùngōng　　可能 kěnéng　　乐队 yuèduì

面条儿 miàntiáor　挪动 nuó·dong　试探 shìtàn/shì·tan　起火 qǐhuǒ　弱点 ruòdiǎn

过硬 guòyìng　　饭馆儿 fànguǎnr　迅速 xùnsù　　错位 cuòwèi　　凝视 níngshì

祖先 zǔxiān　　委员 wěiyuán　　良心 liángxīn　　小姐 xiǎojiě　　豆芽儿 dòuyár

影响 yǐngxiǎng　脾气 pí·qi　　只有 zhǐyǒu　　妥协 tuǒxié　　误解 wùjiě

所有 suǒyǒu　　养活 yǎng·huo　陌生 mòshēng　　人类 rénlèi　　群众 qúnzhòng

祸害 huò·hai　　年头儿 niántóur　部下 bùxià　　露水 lù·shui　　蕴藏 yùncáng

普通话 pǔtōnghuà　情形 qíng·xing　落实 luòshí　　特务 tè·wu　　扩充 kuòchōng

决定 juédìng　　葡萄酒 pú·taojiǔ　获取 huòqǔ　　窟窿 kū·long

三、选择判断（限时 3 分钟，共 10 分）

1. 词语判断：请判断并读出下列各组中的普通话词语。

（1）大娘 dàniáng　阿婆　　　伯妈　　　伯姆

（2）鼻哥　　鼻子 bí·zi　　鼻囊　　　鼻滴　　鼻公

（3）亮窗　　窗户 chuāng·hu　窗仔门　　窗歙

（4）搙　　　扚　　　　拔 bá　　　掷

（5）冬瓜瓠　冬瓜 dōng·gua　猪欹冬瓜

（6）团仔　　　细佬哥　　　**儿童** értóng　　　小囡　　　细人子

（7）交关　　　野诚　　　**非常** fēicháng　　　老老　　　蛮　　　异

（8）怪勿得　　　**怪不得** guài·bu·de　　　怪唔得　　　唔怪得

（9）好好叫　　　好咷咷　　　**好好儿** hǎohāor　　　好好里　　　好生

（10）金仔　　　**黄金** huángjīn　　　金欸

2.量词、名词搭配:请搭配并读出下列符合普通话规范的量名短语(例如:一条——鱼)。

颗　　　块　　　门　　　片　　　双　　　套

阳光　　手套　　试题　　种子　　糖　　婚姻　　大炮　　筷子　　图钉　　石碑

3.语序或表达形式判断:请判断并读出下列各组中的普通话语句。

（1）A. 我捉住它的小腿子,把它带回去。

　　 B. 我捉住它的小腿,把它带回去。

（2）**A. 妈妈说红的花多半不香。**

　　 B. 妈妈说红的花多半没有香。

（3）A. 拿一本书到我。

　　 B. 给我一本书。

（4）A. 咱赶着吃饭,赶着说话。

　　 B. 咱们一边吃饭,一边说话。

　　 C. 咱们一抹儿吃饭,一抹儿说话。

（5）**A. 我们把他抓起来。**

　　 B. 我们抓他起来。

四、朗读短文 （400 个音节，限时 4 分钟，共 30 分）

作品 1 号

五、命题说话 （请在下列话题中任选一个，限时 3 分钟，共 30 分）

1.过去的一年

2.难忘的旅行

试卷五

一、读单音节字词（100个音节，限时3.5分钟，共10分）

杯 bēi　劳 láo　烦 fán　蔡 Cài　冀 jì　穷 qióng　阿 ā/ē　滚 gǔn　丰 fēng　罕 hǎn

骂 mà　奔 bēn/bèn　杭 Háng　等 děng　刻 kè　康 kāng　科 kē　仗 zhàng　惨 cǎn　沟 gōu

瞒 mán　妥 tuǒ　内 nèi　牌 pái　逗 dòu　莱 lái　千 qiān　日 rì　捋 luō/lǚ　散 sǎn/sàn

优 yōu　惧 jù　歇 xiē　葬 zàng　涮 shuàn　窝 wō　房 fáng　漫 màn　黄 huáng　舌 shé

专 zhuān　联 lián　搭 dā　眨 zhǎ　灸 jiǔ　友 yǒu　剖 pōu　悬 xuán　乳 rǔ　偷 tōu

挠 náo　乃 nǎi　尊 zūn　绿 lù/lǜ　免 miǎn　农 nóng　秋 qiū　推 tuī　守 shǒu　穗 suì

奖 jiǎng　踢 tī　番 fān　蹲 dūn　含 hán　吾 wú　凑 còu　浑 hún　庞 páng　补 bǔ

躬 gōng　盘 pán　坟 fén　怎 zěn　秧 yāng　踹 chuài　扛 káng　掰 bāi　淮 Huái　艾 ài

棍 gùn　别 bié/biè　川 chuān　儒 rú　捣 dǎo　元 yuán　裤 kù　盔 kuī　瞎 xiā　启 qǐ

癣 xuǎn　击 jī　祛 qū　帛 bó　杉 shā/shān　擦 cā　涩 sè　聘 pìn　如 rú　篓 lǒu

二、读多音节词语（100个音节，限时2.5分钟，共20分）

作案 zuò'àn　迎接 yíngjiē　两口子 liǎngkǒu·zi　稳当 wěn·dang　铁索 tiěsuǒ

思量 sī·liang　热忱 rèchén　含糊 hán·hu　颈椎 jǐngzhuī　广场 guǎngchǎng

疟疾 nüè·ji　模特儿 mótèr　顽强 wánqiáng　顷刻 qǐngkè　古董 gǔdǒng

哥们儿 gē·menr　遏止 èzhǐ　野蛮 yěmán　短暂 duǎnzàn　语法 yǔfǎ

行李 xíng·li　买卖 mǎi·mai　否则 fǒuzé　末期 mòqī　作法 zuòfǎ

气氛 qì·fēn　水手 shuǐshǒu　望远镜 wàngyuǎnjìng　乞讨 qǐtǎo　愚昧 yúmèi

所有 suǒyǒu　养活 yǎng·huo　主意 zhǔ·yi　半点儿 bàndiǎnr　失火 shīhuǒ

核儿 húr　炽热 chìrè　靴子 xuē·zi　本色 běnsè　聪明 cōng·míng

土壤 tǔrǎng　本领 běnlǐng　补贴 bǔtiē　锦标赛 jǐnbiāosài　拥护 yōnghù

杂志 zázhì　审美 shěnměi　种群 zhǒngqún　安培 ānpéi

三、选择判断（限时3分钟，共10分）

1.词语判断：请判断并读出下列各组中的普通话词语。

（1）阿婶　大婶儿 dàshěnr　叔姆　叔姆欸

（2）无啖　唔错　不错 bùcuò　勿错　唔差

（3）各到各处　逐位　处处 chùchù　奈欸都　认滚

（4）揰　搓 cuō　搂

（5）打相打　相拍　打架 dǎjià　打交　打交欸

009

（6）下底头　　　底下 dǐ·xia　　　下底

（7）电涂　　　电油　　　电池 diànchí　　　电药　　　电泥

（8）对勿起　　　对不起 duì·buqǐ　　　对唔住

（9）灯蛾　　　扑灯虫　　　蛾子 é·zi　　　页仔　　　叶飞子　　　飞蛾子

（10）仔　　　崽　　　儿子 ér·zi　　　团　　　赖欬

2. 量词、名词搭配：请搭配并读出下列符合普通话规范的量名短语（例如：一条——鱼）。

道　　　顶　　　朵　　　辆　　　名　　　盘

蘑菇　　摩托车　　试题　　磁带　　菜　　录像带　　命令　　蚊帐　　帐篷　　教师

3. 语序或表达形式判断：请判断并读出下列各组中的普通话语句。

（1）A. 灯丝子又断了。

B. 灯丝儿又断了。

C. 灯丝的又断了。

（2）A. 他伤没好，不能走路。

B. 他伤没好，不会走路。

（3）A. 我有来过福州。

B. 我来过福州。

C. 福州我有来。

（4）A. 能我去，也不能叫你去。

B. 宁可我去，也不能叫你去。

（5）A. 我闻不来烟味儿。

B. 我不喜欢闻烟味儿。

四、朗读短文（400 个音节，限时 4 分钟，共 30 分）

作品 34 号

五、命题说话（请在下列话题中任选一个，限时 3 分钟，共 30 分）

1. 朋友

2. 我喜爱的艺术形式

试卷六

一、读单音节字词（100个音节，限时3.5分钟，共10分）

窘 jiǒng	岩 yán	疗 liáo	簇 cù	岸 àn	腿 tuǐ	多 duō	嗜 shì	赴 fù	纲 gāng
幕 mù	鬓 bìn	拿 ná	略 lüè	来 lái	惹 rě	机 jī	砍 kǎn	炭 tàn	贵 guì
娘 niáng	掸 dǎn/Shàn	坡 pō	恋 liàn	勤 qín	旧 jiù	酚 fēn	扫 sǎo/sào	蔫 niān	碳 tàn
资 zī	恕 shù	癞 là/lài	洼 wā	压 yā/yà	催 cuī	席 xí	卫 wèi	滞 zhì	脱 tuō
跃 yuè	保 bǎo	醒 xǐng	汪 wāng	藤 téng	宰 zǎi	扮 bàn	氢 qīng	怒 nù	犁 lí
杠 gàng	抠 kōu	法 fǎ	牧 mù	惨 cǎn	旦 dàn	匾 biǎn	妃 fēi	还 hái/huán	狼 láng
许 xǔ	遣 qiǎn	吓 hè/xià	跛 bǒ	攻 gōng	呵 hē	胆 dǎn	弯 wān	脆 cuì	栋 dòng
奥 ào	滥 làn	嗤 chī	启 qǐ	皴 cūn	棚 péng	椅 yǐ	容 róng	盟 méng	罐 guàn
葛 gé/Gě	剂 jì	捶 chuí	媒 méi	坤 kūn	都 dōu/dū	宾 bīn	驾 jià	喙 huì	禾 hé
格 gé	顺 shùn	瞥 piē	腻 nì	犬 quǎn	非 fēi	晚 wǎn	舔 tiǎn	昔 xī	曳 yè

二、读多音节词语（100个音节，限时2.5分钟，共20分）

阻挡 zǔdǎng	奥秘 àomì	纬度 wěidù	热带 rèdài	出活儿 chūhuór
一致 yīzhì	稳妥 wěntuǒ	疗养 liáoyǎng	迅速 xùnsù	婆家 pó·jiā
冗长 rǒngcháng	考究 kǎo·jiu	手绢儿 shǒujuànr	跳蚤 tiào·zao	浪头 làng·tou
嗓门儿 sǎngménr	解渴 jiěkě	黑暗 hēi'àn	产品 chǎnpǐn	党委 dǎngwěi
反应 fǎnyìng	咖啡 kāfēi	领导 lǐngdǎo	混淆 hùnxiáo	模糊 mó·hu
惩罚 chéngfá	比喻 bǐyù	感染 gǎnrǎn	口袋 kǒu·dai	歼灭 jiānmiè
稀罕 xī·han	没收 mòshōu	乒乓球 pīngpāngqiú	契约 qìyuē	如果 rúguǒ
舆论 yúlùn	垄断 lǒngduàn	没准儿 méizhǔnr	宣告 xuāngào	在乎 zài·hu
电磁 diàncí	摄影 shèyǐng	首领 shǒulǐng	遭受 zāoshòu	雨点儿 yǔdiǎnr
障碍 zhàng'ài	颤抖 chàndǒu	公有制 gōngyǒuzhì	发表 fābiǎo	

三、选择判断（限时3分钟，共10分）

1. 词语判断：请判断并读出下列各组中的普通话词语。

（1）囡儿	查某囝仔	姑娘 gū·niang	女崽子	妹子	细妹欸
（2）半夜天	半夜 bànyè	半暝	半日夜里	半夜间子	
（3）好呀嘅	好样儿的 hǎoyàngr·de	要得			
（4）夜里向	黑夜 hēiyè	冥时	夜晚黑	夜间子	夜晡头
（5）夜快头	夜快	黄昏 huánghūn	黄昏头	暗头	挨晚

(6)倒来	返嚟	回来 huí·lái	来归	转来	
(7)得卜	就嚟	将要 jiāngyào	就爱		
(8)就系话	就是话	就是说 jiùshìshuō	就系讲		
(9)来勿及	来不及 lái·bují	嚟唔切	来唔察		
(10)粟鸟仔	奸雀子	麻雀 máquè	麻雀子	禾必欤	

2. 量词、名词搭配:请搭配并读出下列符合普通话规范的量名短语(例如:一条——鱼)。

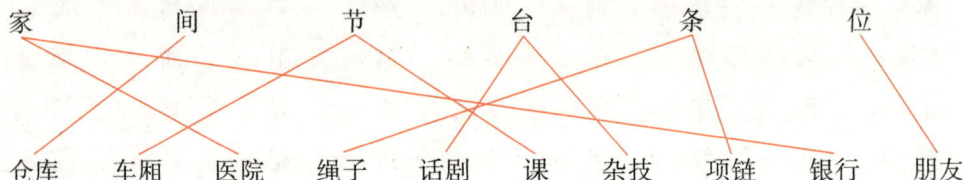

家　　　　间　　　　节　　　　台　　　　条　　　　位

仓库　　车厢　　医院　　绳子　　话剧　　课　　杂技　　项链　　银行　　朋友

3. 语序或表达形式判断:请判断并读出下列各组中的普通话语句。

(1)A. 还有两两油。

B. 还有二两油。

(2)A. 老师为此表扬过我。

B. 老师为此有表扬过我。

(3)A. 他脑子不笨。

B. 他脑子没有笨。

(4)A. 不着你碰它,盘子能打了吗?

B. 如果不是因为你碰它,盘子能打碎吗?

(5)A. 菜够咸了。

B. 菜有咸。

四、朗读短文(400 个音节,限时 4 分钟,共 30 分)

作品 46 号

五、命题说话(请在下列话题中任选一个,限时 3 分钟,共 30 分)

1. 谈谈卫生与健康

2. 我喜欢的美食

试卷七

一、读单音节字词（100 个音节，限时 3.5 分钟，共 10 分）

鬃 zōng	内 nèi	虞 yú	裂 liè	薰 xūn	名 míng	辖 xiá	剜 wān	筐 kuāng	渴 kě
廊 láng	遮 zhē	鳗 mán	厅 tīng	阙 quē/què	贫 pín	润 rùn	麝 shè	迫 pǎi/pò	笋 sǔn
廓 kuò	戚 qī	拘 jū	仕 shì	徽 huī	鸭 yā	朱 zhū	伐 fá	碳 tàn	概 gài
滋 zī	俟 sì	铺 pū/pù	搬 bān	赐 cì	爱 ài	嫌 xián	迭 dié	越 yuè	匪 fěi
蓝 lán	秸 jiē	砧 zhēn	啃 kěn	茧 jiǎn	岛 dǎo	胎 tāi	湖 hú	派 pài	搞 gǎo
力 lì	瘾 yǐn	畦 qí	卤 lǔ	刃 rèn	畜 chù/xù	晌 shǎng	淌 tǎng	朽 xiǔ	凭 píng
微 wēi	集 jí	凸 tū	海 hǎi	刊 kān	史 shǐ	秧 yāng	僧 sēng	去 qù	谴 qiǎn
细 xì	吊 diào	槽 cáo	拎 līn	锌 xīn	念 niàn	壑 hè	软 ruǎn	疑 yí	恒 héng
漏 lòu	歇 xiē	客 kè	较 jiào	花 huā	弦 xián	醉 zuì	艇 tǐng	羔 gāo	栽 zāi
伤 shāng	宋 Sòng	拖 tuō	俘 fú	想 xiǎng	怯 qiè	蟹 xiè	访 fǎng	笔 bǐ	威 wēi

二、读多音节词语（100 个音节，限时 2.5 分钟，共 20 分）

模仿 mófǎng	性能 xìngnéng	利润 lìrùn	妊娠 rènshēn	爱人 ài·ren
污蔑 wūmiè	打交道 dǎ jiāo·dao	懂得 dǒng·de	烈士 lièshì	聪明 cōng·míng
衡量 héngliáng	液态 yètài	把握 bǎwò	非法 fēifǎ	赶紧 gǎnjǐn
典型 diǎnxíng	蛋白 dànbái	活跃 huóyuè	酒盅儿 jiǔzhōngr	精神 jīngshén/jīng·shen
冒险 màoxiǎn	古典 gǔdiǎn	老头儿 lǎotóur	筛选 shāixuǎn	唾液 tuòyè
狞笑 níngxiào	恐慌 kǒnghuāng	纳粹 Nàcuì	会计 kuài·jì	女皇 nǚhuáng
饶恕 ráoshù	蒲公英 púgōngyīng	取经 qǔjīng	漆器 qīqì	坍塌 tāntā
冷静 lěngjìng	撒谎 sāhuǎng	好玩儿 hǎowánr	牌坊 pái·fāng	蜡烛 làzhú
乾坤 qiánkūn	搪瓷 tángcí	纽扣儿 niǔkòur	慰藉 wèijiè	报酬 bào·chou
眼睑 yǎnjiǎn	消遣 xiāoqiǎn	脏腑 zàngfǔ	场所 chǎngsuǒ	

三、选择判断（限时 3 分钟，共 10 分）

1. 词语判断：请判断并读出下列各组中的普通话词语。

(1) 囡儿　　　查某团　　　闺女 guī·nü　　　妹子　　　妹崽人　　　妹崽

(2) 厝边　　　邻居 línjū　　　隔篱

(3) 南便　　　南背　　　南边 nán·bian　　　南爿　　　南片爿

(4) 平常辰光　　　平常 píngcháng　　　大套子　　　平常时

(5) 偷偷叫　　　静静仔　　　悄悄 qiāoqiāo　　　静鸡鸡　　　么声么息

（6）一眼眼　　**少量 shǎoliàng**　　淡薄　　　些少　　　少少欸

（7）目头　　　**商标 shāngbiāo**　　唛　　　　牌欸

（8）店头　　　**商店 shāngdiàn**　　铺头　　　店欸

（9）越头　　　返转头　　　**回头 huítóu**　　黚头　　　傲转头

（10）常时　　练常　　　**时常 shícháng**　　常桩　　打常　　扯常　　长时

2. 量词、名词搭配：请搭配并读出下列符合普通话规范的量名短语（例如：一条——鱼）。

对　　　　件　　　　面　　　　头　　　　支　　　　项

香　　夫妻　　西装　　舞伴　　耳朵　　猪　　工作　　军队　　衣服　　锣

3. 语序或表达形式判断：请判断并读出下列各组中的普通话语句。

（1）A. 会看得，不会摸得。

　　B. 可以看，不可以摸。

（2）**A. 他不吃辣椒。**

　　B. 他吃不来辣椒。

（3）**A. 爸爸早年做过苦力。**

　　B. 爸爸早年有做过苦力。

（4）A. 我不值他。

　　B. 我没有他有料。

　　C. 我不如他。

（5）A. 衣服叫他弄脏了脏。

　　B. 衣服叫他弄脏了。

四、朗读短文（400 个音节，限时 4 分钟，共 30 分）

作品 11 号

五、命题说话（请在下列话题中任选一个，限时 3 分钟，共 30 分）

1. 我的兴趣爱好

2. 谈中国传统文化

试卷八

一、读单音节字词（100个音节，限时3.5分钟，共10分）

逼 bī	煞 shā/shà	入 rù	册 cè	寨 zhài	圃 pǔ	度 dù/duó	厢 xiāng	他 tā	繁 fán
颜 yán	洒 sǎ	激 jī	虎 hǔ	赋 fù	氧 yǎng	害 hài	凿 záo	缸 gāng	膏 gāo/gào
刻 kè	胃 wèi	乐 lè/yuè	癖 pǐ	露 lòu/lù	仿 fǎng	卑 bēi	能 néng	肋 lèi	平 píng
闪 shǎn	赛 sài	导 dǎo	髻 jì	鞭 biān	日 rì	绕 rào	劝 quàn	琴 qín	盆 pén
收 shōu	缰 jiāng	逃 táo	掐 qiā	垮 kuǎ	团 tuán	瓦 wǎ/wà	下 xià	神 shén	陷 xiàn
者 zhě	丙 bǐng	咱 zán	永 yǒng	培 péi	除 chú	烟 yān	刁 diāo	宠 chǒng	效 xiào
邦 bāng	跷 qiāo	坝 bà	摸 mō	坎 kǎn	筏 fá	卜 bǔ	畅 chàng	星 xīng	厨 chú
挥 huī	擀 gǎn	沸 fèi	睬 cǎi	桂 guì	旦 dàn	堤 dī	疮 chuāng	戴 dài	庵 ān
焊 hàn	紧 jǐn	琼 qióng	岔 chà	谏 jiàn	窥 kuī	脓 nóng	摞 luò	沫 mò	撵 niǎn
也 yě	临 lín	澳 ào	唇 chún	奴 nú	同 tóng/tòng	坐 zuò	竭 jié	蜷 quán	蒜 suàn

二、读多音节词语（100个音节，限时2.5分钟，共20分）

喜庆 xǐqìng	包干儿 bāogānr	锁链 suǒliàn	难题 nántí	晓得 xiǎo·de
笔者 bǐzhě	钥匙 yào·shi	管道 guǎndào	圆舞曲 yuánwǔqǔ	腐朽 fǔxiǔ
等待 děngdài	尺度 chǐdù	鉴别 jiànbié	本体 běntǐ	毁灭 huǐmiè
绝着儿 juézhāor	宰相 zǎixiàng	阴霾 yīnmái	孔雀 kǒngquè	目的 mùdì
硫酸 liúsuān	迫害 pòhài	谚语 yànyǔ	疏忽 shū·hu	纳税 nàshuì
联结 liánjié	特例 tèlì	麻醉 mázuì	清醒 qīngxǐng	一会儿 yīhuìr
人家 rénjiā/rén·jia	怂恿 sǒngyǒng	漫长 màncháng	憎恨 zēnghèn	妥善 tuǒshàn
挖潜 wāqián	喧嚣 xuānxiāo	判决 pànjué	玩意儿 wányìr	优雅 yōuyǎ
统辖 tǒngxiá	仲裁 zhòngcái	桅杆 wéigān	消磨 xiāomó	改革 gǎigé
金刚石 jīngāngshí	逊色 xùnsè	纳闷儿 nàmènr	灼热 zhuórè	

三、选择判断（限时3分钟，共10分）

1. 词语判断：请判断并读出下列各组中的普通话词语。

(1) 阿姐	大姊	姐姐 jiě·jie	家姐	阿姊
(2) 山冲里	山谷 shāngǔ	山空	山坑	
(3) 几几乎	差一眼	几乎 jīhū	差滴子	差滴
(4) 精牲	家畜 jiāchù	头牲		
(5) 号做	叫作 jiàozuò	喊做		

(6)金晴鱼　　　金鱼子　　　金鱼 jīnyú　　　金鱼欹

(7)雪雪白　　　洁白 jiébái　　　白脱　　　碰白

(8)阿舅　　　舅舅 jiù·jiu　　　娘舅　　　母舅

(9)半日天　　　半天 bàntiān　　　半工

(10)牲牲　　　牲口 shēng·kou　　　众牲　　　精牲　　　头牲

2. 量词、名词搭配:请搭配并读出下列符合普通话规范的量名短语(例如:一条——鱼)。

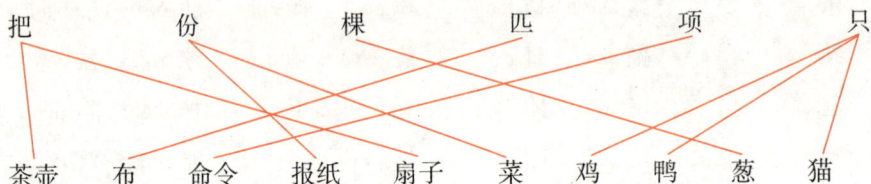

把　　　份　　　棵　　　匹　　　项　　　只

茶壶　布　命令　报纸　扇子　菜　鸡　鸭　葱　猫

3. 语序或表达形式判断:请判断并读出下列各组中的普通话语句。

(1)A.门上有一个眼眼。

　　B.门上有一个眼儿。

(2)A.他很不能说话。

　　B.他很不会说话。

(3)A.咱们逛街去。

　　B.咱们来去行街。

(4)A.我唱歌好过他。

　　B.我唱歌比他好。

(5)A.我把他推到地上。

　　B.我推他地下。

四、朗读短文 (400 个音节,限时 4 分钟,共 30 分)

作品 30 号

五、命题说话 (请在下列话题中任选一个,限时 3 分钟,共 30 分)

1.我喜爱的艺术形式

2.谈个人修养

▶ 试卷九 ◀

一、读单音节字词（100 个音节，限时 3.5 分钟，共 10 分）

渍 zì	仆 pū/pú	傻 shǎ	苑 yuàn	搭 dā	邑 yì	秒 miǎo	波 bō	叠 dié	铣 xǐ/xiǎn
瑞 ruì	轮 lún	慎 shèn	聘 pìn	谭 Tán	稻 dào	祀 sì	屠 tú	拣 jiǎn	悟 wù
瘸 qué	风 fēng	贝 bèi	擎 qíng	绥 suí	次 cì	毫 háo	藕 ǒu	蚌 bàng	拈 niān
口 kǒu	割 gē	类 lèi	鼓 gǔ	罗 luó	斋 zhāi	没 méi/mò	错 cuò	灰 huī	逆 nì
炕 kàng	辨 biàn	菌 jūn/jùn	孙 sūn	蹦 bèng	江 jiāng	迂 yū	某 mǒu	呈 chéng	疯 fēng
堵 dǔ	耳 ěr	镶 xiāng	裘 qiú	赋 fù	款 kuǎn	逢 féng	测 cè	岭 lǐng	葬 zàng
毒 dú	继 jì	爸 bà	舔 tiǎn	缀 zhuì	喘 chuǎn	赤 chì	贺 hè	钩 gōu	踩 cǎi
案 àn	命 mìng	帮 bāng	泣 qì	境 jìng	卡 kǎ/qiǎ	宾 bīn	絮 xù	布 bù	擦 cā
凹 āo	必 bì	吃 chī	灯 dēng	放 fàng	杂 zá	截 jié	韦 wéi	克 kè	梁 liáng
透 tòu	铝 lǚ	纪 Jǐ/jì	曲 qū/qǔ	判 pàn	赎 shú	耐 nài	靴 xuē	迈 mài	列 liè

二、读多音节词语（100 个音节，限时 2.5 分钟，共 20 分）

栖息 qīxī	那儿 nàr	宰相 zǎixiàng	猜测 cāicè	绳子 shéng·zi
拉力 lālì	蘑菇 mó·gu	缓和 huǎnhé	抚摸 fǔmō	改道 gǎidào
传统 chuántǒng	崩溃 bēngkuì	小说儿 xiǎoshuōr	薪水 xīn·shui	减少 jiǎnshǎo
疲乏 pífá	人民 rénmín	移植 yízhí	给以 gěiyǐ	气节 qìjié
豁免 huòmiǎn	冷水 lěngshuǐ	计算机 jìsuànjī	奶粉 nǎifěn	敏锐 mǐnruì
深情 shēnqíng	灾难 zāinàn	往往 wǎngwǎng	哀愁 āichóu	抹布 mābù
成立 chénglì	份儿 fènr	压力 yālì	提倡 tíchàng	西北 xīběi
差错 chācuò	额定 édìng	发报 fābào	笼罩 lǒngzhào	胆囊 dǎnnáng
过瘾 guòyǐn	海报 hǎibào	爬行 páxíng	此后 cǐhòu	不动声色 bùdòng-shēngsè
馅儿饼 xiànrbǐng	讥讽 jīfěng	卡车 kǎchē	小伙子 xiǎohuǒ·zi	

三、选择判断（限时 3 分钟，共 10 分）

1. 词语判断：请判断并读出下列各组中的普通话词语。

（1）老阿婆　　　　亚婆　　　　老大妈 lǎodàmā　　　娭毑

（2）斗骹手　　　　帮忙 bāngmáng　　邓手

（3）妗母　　　　　舅妈 jiùmā　　　　阿妗　　　　舅姆

（4）剩落　　　　　剩余 shèngyú　　　有伸

（5）事体　　　　　事际　　　　　　事情 shì·qing　　　路子径

（6）触气　　　可恶 kěwù　　　得人恼

（7）匀净　　　匀　　　均匀 jūnyún　　　牵均　　　褙

（8）倷客　　　客人 kè·rén　　　人客

（9）老阿伯　　　伯爷公　　　老头子 lǎotóu·zi　　　老倌子　　　老货

（10）绢头　　　手绢 shǒujuàn　　　手巾仔　　　手捏子　　　手巾欸

2. 量词、名词搭配：请搭配并读出下列符合普通话规范的量名短语（例如：一条——鱼）。

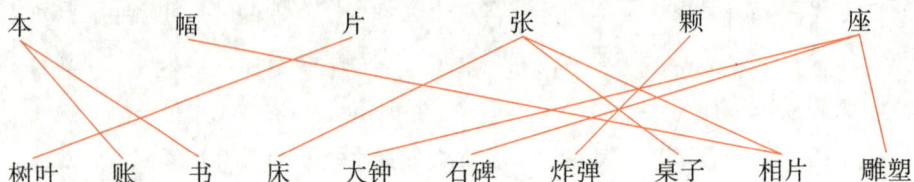

本　　　幅　　　片　　　张　　　颗　　　座

树叶　　账　　书　　床　　大钟　　石碑　　炸弹　　桌子　　相片　　雕塑

3. 语序或表达形式判断：请判断并读出下列各组中的普通话语句。

（1）A. 他会听得来。

　　B. 他能听得懂。

　　C. 他听会来。

（2）A. 我们说不来谎。

　　B. 我们不会说谎。

（3）A. 听说李强到过长城。

　　B. 听说李强有到过长城。

（4）A. 我说得他过。

　　B. 我说他得过。

　　C. 我说得过他。

（5）A. 他们还没扫干净。

　　B. 他们扫还没干净。

四、朗读短文（400 个音节，限时 4 分钟，共 30 分）

作品 20 号

五、命题说话（请在下列话题中任选一个，限时 3 分钟，共 30 分）

1. 我喜欢的季节（或天气）

2. 对环境保护的认识

一、读单音节字词（100个音节，限时3.5分钟，共10分）

佐 zuǒ	梭 suō	蜂 fēng	穆 mù	苞 bāo	违 wéi	菌 jūn/jùn	控 kòng	誉 yù	蓄 xù
溯 sù	济 Jǐ/jì	捅 tǒng	犬 quǎn	鲤 lǐ	跪 guì	瘟 wēn	辱 rǔ	幸 xìng	坪 píng
矢 shǐ	伍 wǔ	攻 gōng	刃 rèn	臀 tún	初 chū	窃 qiè	弥 mí	瀑 pù	锈 xiù
盲 máng	答 dā/dá	掐 qiā	皿 mǐn	逊 xùn	尼 ní	路 lù	啮 niè	鸥 ōu	疲 pí
轮 lún	坯 pī	版 bǎn	猿 yuán	磬 qìng	笋 sǔn	屠 tú	朽 xiǔ	旨 zhǐ	溺 nì
卵 luǎn	快 kuài	聚 jù	赎 shú	攒 zuàn	肩 jiān	夫 fū	凑 còu	逗 dòu	荷 hé/hè
丢 diū	舟 zhōu	道 dào	户 hù	二 èr	卒 cù/zú	肥 féi	该 gāi	池 chí	裹 guǒ
村 cūn	德 dé	扯 chě	坏 huài	岛 dǎo	熬 āo/áo	江 jiāng	汽 qì	粒 lì	标 biāo
顿 dùn	缀 zhuì	迂 yū	拐 guǎi	诏 zhào	恼 nǎo	彩 cǎi	基 jī	告 gào	不 bù
翻 fān	悦 yuè	媚 mèi	冰 bīng	毁 huǐ	钾 jiǎ	宽 kuān	鼻 bí	略 lüè	拿 ná

二、读多音节词语（100个音节，限时2.5分钟，共20分）

倒霉 dǎoméi	蜕皮 tuìpí	这儿 zhèr	分寸 fēn·cun	顶端 dǐngduān
劳动日 láodòngrì	狍子 páo·zi	手软 shǒuruǎn	转脸 zhuǎnliǎn	道理 dào·lǐ
改组 gǎizǔ	草案 cǎo'àn	扭转 niǔzhuǎn	宝贝 bǎo·bèi	佣金 yòngjīn
渲染 xuànrǎn	安康 ānkāng	涡流 wōliú	一块儿 yīkuàir	少女 shàonǚ
热量 rèliàng	借款 jièkuǎn	方法 fāngfǎ	民族 mínzú	编制 biānzhì
等候 děnghòu	乒乓球 pīngpāngqiú	巧妙 qiǎomiào	黄昏 huánghūn	蛋白 dànbái
技术员 jìshùyuán	颁布 bānbù	捕捉 bǔzhuō	客气 kè·qi	承受 chéngshòu
疙瘩 gē·da	老头儿 lǎotóur	诚实 chéng·shí	大概 dàgài	征收 zhēngshōu
花朵 huāduǒ	采购 cǎigòu	电脑 diànnǎo	综合 zōnghé	颗粒 kēlì
雨点儿 yǔdiǎnr	挫折 cuòzhé	江南 Jiāngnán	毛驴儿 máolǘr	

三、选择判断（限时3分钟，共10分）

1. 词语判断：请判断并读出下列各组中的普通话词语。

（1）哎妈　　　阿嫲　　　祖母 zǔmǔ　　　娭毑　　　阿婆

（2）包仔　　　包子 bāo·zi　　　包馍

（3）冇　　　没有 méi·yǒu　　　呒没　　　么

（4）谜子　　　靓欸　　　谜 mí　　　枚枚子

（5）结棍　　　厉害 lì·hai　　　得人畏

(6) 伊个　　　　许其　　　　那个 nà·ge　　　　哀个

(7) 老阿婆　　　伯爷婆　　　老太太 lǎotài·tai　　　媄驰　　　　婆婆子

(8) 无意思　　　冒意思　　　没意思 méiyì·si　　　吽没意思　　　冇搞手　　　么意思

(9) 有时仔　　　有阵时　　　时而 shí'ér　　　　一歇　　　　一时时

(10) 同房间　　　同屋 tóngwū　　　一个房间个　　　共屋　　　　共间

2. 量词、名词搭配：请搭配并读出下列符合普通话规范的量名短语（例如：一条——鱼）。

部　　　　副　　　　口　　　　扇　　　　只　　　　张

脸　　嘴　　大钟　　摄像机　　担架　　井　　手机　　屏风　　眼睛　　杯子

3. 语序或表达形式判断：请判断并读出下列各组中的普通话语句。

(1) A. 这朵花几香啊。

　　B. 这朵花真香。

(2) A. 这菜没有咸。

　　B. 这菜不咸。

(3) A. 他不得会强迫我们走。

　　B. 他不会强迫我们走。

(4) A. 这稿子明天写得起吗？

　　B. 这稿子明天写得完吗？

(5) A. 他评我高。

　　B. 他比我高。

　　C. 他赶我高。

　　D. 他跟我高。

四、朗读短文（400 个音节，限时 4 分钟，共 30 分）

作品 4 号

五、命题说话（请在下列话题中任选一个，限时 3 分钟，共 30 分）

1. 学习普通话（或其他语言）的体会

2. 体育运动的乐趣

▶ 试卷十一 ◀

一、读单音节字词（100 个音节，限时 3.5 分钟，共 10 分）

胞 bāo	品 pǐn	疤 bā	皱 zhòu	笛 dí	碑 bēi	乏 fá	邪 xié/yé	敬 jìng	策 cè
掐 qiā	因 yīn	梨 lí	绒 róng	裁 cái	兰 lán	绸 chóu	吻 wěn	瑟 sè	剃 tì
扼 è	纱 shā	帆 fān	咸 xián	柑 gān	或 huò	柜 guì/jǔ	婶 shěn	唯 wéi	郝 Hǎo
考 kǎo	熊 xióng	键 jiàn	肌 jī	赛 sài	羹 gēng	戳 chuō	伟 wěi	怒 nù	核 hé/hú
可 kě/kè	邑 yì	丹 dān	裂 liè	梦 mèng	后 hòu	泵 bèng	晚 wǎn	镶 xiāng	那 Nā/nà
仍 réng	困 kùn	宅 zhái	怨 yuàn	昂 áng	辫 biàn	爬 pá	开 kāi	寻 xún	脑 nǎo
若 ruò	洒 sǎ	换 huàn	饵 ěr	升 shēng	蚶 hān	七 qī	书 shū	瘪 biě	它 tā
吸 xī	雾 wù	拌 bàn	橙 chéng	挖 wā	糖 táng	债 zhài	然 rán	痰 tán	态 tài
夏 xià	捣 dǎo	吠 fèi	铲 chǎn	娘 niáng	餐 cān	棉 mián	依 yī	绣 xiù	演 yǎn
醉 zuì	巧 qiǎo	芽 yá	柏 bǎi	佃 diàn/tián	土 tǔ	藻 zǎo	钱 qián	享 xiǎng	野 yě

二、读多音节词语（100 个音节，限时 2.5 分钟，共 20 分）

白色 báisè	拍摄 pāishè	加速度 jiāsùdù	农场 nóngchǎng	嗓门儿 sǎngménr
灯笼 dēng·long	挑剔 tiāo·ti	手榴弹 shǒuliúdàn	损耗 sǔnhào	把持 bǎchí
吼声 hǒushēng	起伏 qǐfú	眼睑 yǎnjiǎn	转眼 zhuǎnyǎn	爱国 àiguó
灯泡儿 dēngpàor	达到 dádào	悲哀 bēi'āi	那么 nà·me	超额 chāo'é
不足 bùzú	奥秘 àomì	硬币 yìngbì	京剧 jīngjù	当场 dāngchǎng
苍白 cāngbái	服务 fúwù	才能 cáinéng	改变 gǎibiàn	马车 mǎchē
柔和 róuhé	茶馆儿 cháguǎnr	发病 fābìng	着眼 zhuóyǎn	孔雀 kǒngquè
凄凉 qīliáng	办公室 bàngōngshì	哪儿 nǎr	病变 bìngbiàn	国防 guófáng
漫长 màncháng	辣椒 làjiāo	强大 qiángdà	然而 rán'ér	散射 sǎnshè
咖啡 kāfēi	大婶儿 dàshěnr	褒贬 bāobiǎn	压倒 yādǎo	

三、选择判断（限时 3 分钟，共 10 分）

1. 词语判断：请判断并读出下列各组中的普通话词语。

（1）阿嫂　　　嫂子 sǎo·zi　　　兄嫂

（2）伊面　　　许爿　　　那边 nà·biān　　　哀面　　　哀搭　　　便　　　许边　　　个边

（3）瓯仔　　　杯子 bēi·zi　　　杯欼

（4）婴仔　　　细蚊仔　　　娃娃 wá·wa　　　小囝　　　细人子　　　细伢子　　　细人欼　　　细腻欼

（5）字相干　　　玩具 wánjù　　　七桃物

(6)呒没　未曾 wèicéng　勿曾　还冒　冇　唔田

(7)膝头哥　膝盖 xīgài　脚馒头　骹头坞　虱头　膝头骨　髂膝骨　膝头

(8)食熏　食烟　吸烟 xīyān　吃香烟　吃烟

(9)馅头　心子　馅儿 xiànr　馅子　心敹

(10)心肝头　心头 xīntóu　心里向　心肚敹

2. 量词、名词搭配：请搭配并读出下列符合普通话规范的量名短语(例如：一条——鱼)。

场(cháng)　个　块　双　支　位

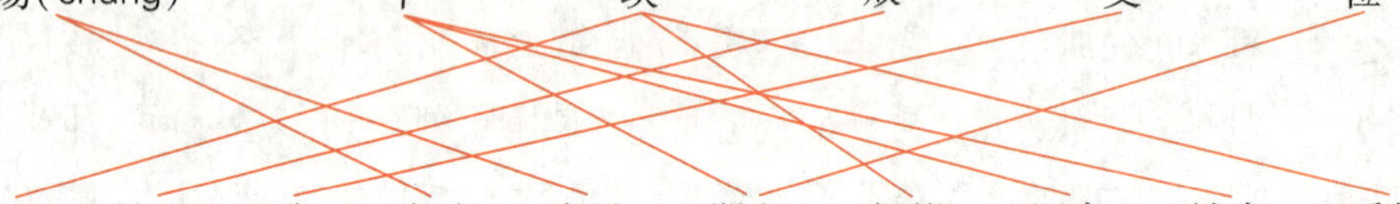

地　袜子　歌　冰雹　大风　朋友　绸缎　国家　社会　手绢儿

3. 语序或表达形式判断：请判断并读出下列各组中的普通话语句。

(1)A. 把瓶瓶上的盖盖拧开。

B. 把瓶子上的盖儿拧开。

(2)A. 我来去吃饭。

B. 我正要去吃饭。

(3)A. 这东西吃得不?

B. 这东西能不能吃?

(4)A. 一不嘞看电视，一不嘞打毛衣。

B. 一边看电视，一边打毛衣。

C. 一不地瞧电视，一不地打毛衣。

(5)A. 不着你，妈妈就不来了。

B. 如果不是因为你，妈妈就不来了。

四、朗读短文（400 个音节，限时 4 分钟，共 30 分）

作品 48 号

五、命题说话（请在下列话题中任选一个，限时 3 分钟，共 30 分）

1. 谈服饰

2. 童年生活

试卷十二

一、读单音节字词（100 个音节，限时 3.5 分钟，共 10 分）

佐 zuǒ	休 xiū	甩 shuǎi	频 pín	浓 nóng	谜 mí	剃 tì	渊 yuān	秦 Qín	肯 kěn
邮 yóu	屑 xiè	贪 tān	刷 shuā	扫 sǎo/sào	且 qiě	区 Ōu/qū	尿 niào	梅 méi	咳 hāi/ké
丙 bǐng	饭 fàn	祥 xiáng	汰 tài	树 shù	渍 zì	如 rú	槽 cáo	码 mǎ	爆 bào
赘 zhuì	膺 yīng	膝 xī	榻 tà	首 shǒu	察 chá	弃 qì	你 nǐ	乱 luàn	加 jiā
尹 yǐn	盯 dīng	侄 zhí	食 shí/sì	敷 fū	踪 zōng	拽 zhuài	破 pò	律 lǜ	计 jì
湾 wān	噎 yē	肘 zhǒu	酥 sū	蛇 shé	惹 rě	傻 shǎ	耐 nài	奔 bēn/bèn	魂 hún
批 pī	衍 yǎn	思 sī	沈 Shěn	群 qún	蛙 wā	躲 duǒ	顺 shùn	龙 lóng	滚 gǔn
硕 shuò	褶 zhě	镐 gǎo	东 dōng	剩 shèng	全 quán	捧 pěng	明 míng	磷 lín	够 gòu
逊 xùn	带 dài	母 mǔ	枣 zǎo	春 chūn	痕 hén	煎 jiān	摆 bǎi	困 kùn	贱 jiàn
轻 qīng	戌 xū	童 tóng	爽 shuǎng	捏 niē	哉 zāi	柬 jiǎn	棉 mián	哭 kū	伏 fú

二、读多音节词语（100 个音节，限时 2.5 分钟，共 20 分）

把握 bǎwò	铁蹄 tiětí	狼狈 lángbèi	记事儿 jìshìr	好感 hǎogǎn
蒸发 zhēngfā	属性 shǔxìng	蠢事 chǔnshì	主线 zhǔxiàn	太监 tài·jiàn
荡漾 dàngyàng	白天 báitiān	空想 kōngxiǎng	生殖 shēngzhí	赶场 gǎnchǎng
剔除 tīchú	传教士 chuánjiàoshì	水银 shuǐyín	栽培 zāipéi	烟囱 yāncōng
平常 píngcháng	尽早 jǐnzǎo	斟酌 zhēnzhuó	差别 chābié	把手 bǎ·shou
得罪 dézuì	宣布 xuānbù	捏造 niēzào	称呼 chēng·hu	小雪 xiǎoxuě
焚毁 fénhuǐ	骏马 jùnmǎ	差点儿 chàdiǎnr	携带 xiédài	电视剧 diànshìjù
刺猬 cì·wei	被窝儿 bèiwōr	横向 héngxiàng	秸秆 jiēgǎn	概况 gàikuàng
威信 wēixìn	定额 dìng'é	秀气 xiù·qi	炊烟 chuīyān	具备 jùbèi
做法 zuò·fǎ	私人 sīrén	灯泡儿 dēngpàor	成本 chéngběn	

三、选择判断（限时 3 分钟，共 10 分）

1.词语判断:请判断并读出下列各组中的普通话词语。

(1)阿妹	细妹	妹子	妹妹 mèi·mei	老妹	老妹欼
(2)哀面	伊面	那里 nà·lǐ	哀面搭	许搭	
(3)本欼	本子 běn·zi	簿仔	簿欼		
(4)袖子管	袖子 xiù·zi	衫袖	袖欼		
(5)学生意	学徒 xuétú	师仔	学徒伢子		

（6）眼乌珠　　　眼睛 yǎn·jing　　　目珠

（7）若无　　　要么 yào·me　　　一系　　　　唔系就

（8）下昏时　　晚头黑　　　夜晚 yèwǎn　　夜里向　　夜到头　　夜间子　　夜晡

（9）小毛头　　婴仔　　　苏虾仔　　婴儿 yīng'ér　　冒牙子　　毛它　　毛毛它

（10）珍珠米　　包粟　　　玉米 yùmǐ　　　粟米　　　金豆　　　苞谷

2. 量词、名词搭配：请搭配并读出下列符合普通话规范的量名短语（例如：一条——鱼）。

场（chǎng）　　　根　　　粒　　　所　　　座　　　盘

香　　针　　演出　　项链　　宝石　　桥　　房子　　比赛　　牙齿　　绳子

3. 语序或表达形式判断：请判断并读出下列各组中的普通话语句。

（1）A. 这天好好蓝啊！

　　B. 这天真蓝啊！

（2）A. 书阿弟弟撕坏了。

　　B. 书被弟弟撕坏了。

（3）A. 这是上次看的话剧哇？

　　B. 这是上次看的话剧吧？

（4）A. 我给三斤苹果给他。

　　B. 我给三斤苹果他。

　　C. 我苹果三斤给他。

　　D. 我给他三斤苹果。

（5）A. 他比我高。

　　B. 他赶我高。

　　C. 他品我高。

　　D. 他跟我高。

四、朗读短文（400 个音节，限时 4 分钟，共 30 分）

作品 43 号

五、命题说话（请在下列话题中任选一个，限时 3 分钟，共 30 分）

1. 假日生活

2. 我喜欢的节日

▶ 试卷十三 ◀

一、读单音节字词（100 个音节，限时 3.5 分钟，共 10 分）

矮 ǎi	答 dā/dá	肝 gān	环 huán	靠 kào	淋 lín/lìn	库 kù	屈 qū	砷 shēn 乌 wū/wù
巴 bā	袋 dài	港 gǎng	兮 xī	科 kē	六 liù	攀 pān	裙 qún	卑 bēi 荒 huāng
担 dān/dàn	瓣 bàn	各 gè	即 jí	怕 pà	骂 mà	跑 páo/pǎo	扰 rǎo	撕 sī 峡 xiá
固 gù	荐 jiàn	刀 dāo	甲 jiǎ	狂 kuáng	猫 māo	盆 pén	韧 rèn	涎 xián 蒜 suàn
兼 jiān	不 bù	滴 dī	拐 guǎi	蜡 là/zhà	每 měi	票 piào	柔 róu	晓 xiǎo 泰 tài
州 zhōu	掉 diào	光 guāng	叩 kòu	捞 lāo	民 mín	齐 qí	蕊 ruǐ	啼 tí 辛 xīn
蚕 cán	饿 è	黑 hēi	诈 zhà	愣 lèng	奶 nǎi	千 qiān	仨 sā	途 tú 檐 yán
层 céng	发 fā/fà	寒 hán	九 jiǔ	理 lǐ	内 nèi	瞧 qiáo	桑 sāng	臀 tún 耀 yào
厂 chǎng	分 fēn/fèn	厚 hòu	聚 jù	鲤 lǐ	霉 méi	请 qǐng	煞 shā/shà	洼 wā 灾 zāi
酿 niàng	服 fú/fù	沪 Hù	砍 kǎn	列 liè	怒 nù	求 qiú	捎 shāo/shào	腕 wàn 噪 zào

二、读多音节词语（100 个音节，限时 2.5 分钟，共 20 分）

乞讨 qǐtǎo	好奇 hàoqí	开办 kāibàn	一会儿 yīhuìr	苗圃 miáopǔ
国际 guójì	钳工 qiángōng	波长 bōcháng	侮辱 wǔrǔ	眨巴 zhǎ·ba
合同 hé·tóng	奶粉 nǎifěn	孔雀 kǒngquè	枪毙 qiāngbì	地板 dìbǎn
演讲 yǎnjiǎng	旦角儿 dànjuér	念白 niànbái	来回 láihuí	机车 jīchē
穷尽 qióngjìn	杂粮 záliáng	百年 bǎinián	由来 yóulái	粒子 lìzǐ
月饼 yuè·bing	偶像 ǒuxiàng	人丁 réndīng	垄断 lǒngduàn	都市 dūshì
笑话儿 xiào·huar	中级 zhōngjí	磅礴 pángbó	本地 běndì	实习 shíxí
紧凑 jǐncòu	发达 fādá	战败 zhànbài	核儿 húr	弥补 míbǔ
拼音 pīnyīn	运载 yùnzài	琵琶 pí·pa	赶车 gǎnchē	军阀 jūnfá
名称 míngchēng	气喘 qìchuǎn	半导体 bàndǎotǐ	大公无私 dàgōng-wúsī	

三、选择判断（限时 3 分钟，共 10 分）

1. 词语判断：请判断并读出下列各组中的普通话词语。

（1）老爸	阿爸	爷	爸爸 bà·ba	爷老子	爹爹	阿伯
（2）堵着	碰哒	遇见 yùjiàn	碰倒	遇倒		
（3）哀个辰光	那时 nàshí	许时	个时			
（4）箠	鞭子 biān·zi	鞭欻				
（5）点样	聋样	怎样 zěnyàng	哪能样子	何是		

(6)迭能	迭能样子	这样 zhèyàng	个能	个能样子	即款	略样
(7)节头官	掌头仔	指头 zhǐ·tou	手节头	指头子	指脑子	指拇子
(8)竹头	竹里	竹子 zhú·zi	竹欸			
(9)自家	家自	自行 zìxíng				
(10)昨昏	琴日	昨天 zuótiān	昨日子	秋晡日		

2. 量词、名词搭配：请搭配并读出下列符合普通话规范的量名短语(例如：一条——鱼)。

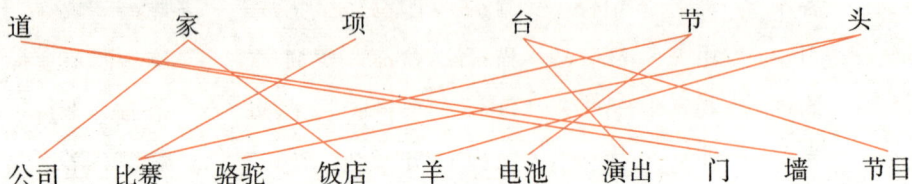

```
道        家        项        台        节        头
```

```
公司   比赛   骆驼   饭店   羊   电池   演出   门   墙   节目
```

3. 语序或表达形式判断：请判断并读出下列各组中的普通话语句。

(1) A. 我来去告诉他。

   B. 我去告诉他。

(2) A. 我们慢慢子走。

   B. 我们慢慢地走。

(3) A. 这个人我不会认得到。

   B. 这个人我认不到。

   C. 这个人我不认得。

(4) A. 别客气,你说在先。

   B. 别客气,你说先。

   C. 别客气,你说头先。

   D. 别客气,你先说。

(5) A. 这只鸭死了。

   B. 只鸭死了。

四、朗读短文 (400 个音节,限时 4 分钟,共 30 分)

作品 2 号

五、命题说话 (请在下列话题中任选一个,限时 3 分钟,共 30 分)

1. 我了解的地域文化(或风俗)

2. 谈社会公德(或职业道德)

试卷十四

一、读单音节字词（100个音节，限时3.5分钟，共10分）

遵 zūn	蝇 yíng	梯 tī	悲 bēi	摆 bǎi	到 dào	谷 gǔ	晋 jìn	驴 lú	垫 diàn
邑 yì	坛 tán	萍 píng	帮 bāng	叠 dié	籽 zǐ	刮 guā	久 jiǔ	舔 tiǎn	楚 chǔ
侍 shì	坯 pī	笨 bèn	榕 róng	杉 shā/shān	硅 guī	阎 Yán	块 kuài	栏 lán	拨 bō
汛 xùn	枢 shū	趴 pā	壁 bì	队 duì	广 guǎng	烛 zhú	亏 kuī	据 jū/jù	暗 àn
酿 niàng	乾 qián	涩 sè	部 bù	炙 zhì	凡 fán	还 hái/huán	款 kuǎn	决 jué	旨 zhǐ
闰 rùn	眸 móu	踩 cǎi	方 fāng	合 hé	诊 zhěn	赖 lài	挟 xié	脚 jiǎo儿	役 yì
乐 lè/yuè	饷 xiǎng	绒 róng	闽 Mǐn	画 huà	抄 chāo	费 fèi	仄 zè	挥 huī	亚 yà
池 chí	瘟 wēn	擒 qín	幂 mì	崽 zǎi	奉 fèng	隅 yú	立 lì	锅 guō	姓 xìng
腐 fǔ	皖 Wǎn	撬 qiào	昧 mèi	错 cuò	搁 gē/gé	积 jī	垣 yuán	辆 liàng	盏 zhǎn
妥 tuǒ	榆 yú	迄 qì	螨 mǎn	畏 wèi	共 gòng	价 jià	靴 xuē	顿 dùn	讲 jiǎng

二、读多音节词语（100个音节，限时2.5分钟，共20分）

讨伐 tǎofá	舞蹈 wǔdǎo	材料 cáiliào	含量 hánliàng	韭菜 jiǔcài
麻醉 mázuì	踏步 tàbù	被子 bèi·zi	模特儿 mótèr	宇宙 yǔzhòu
挫折 cuòzhé	饥饿 jī'è	萌芽 méngyá	厅堂 tīngtáng	京剧 jīngjù
苍蝇 cāng·ying	选择 xuǎnzé	电池 diànchí	没准儿 méizhǔnr	男人 nánrén
挖潜 wāqián	党员 dǎngyuán	对称 duìchèn	葡萄糖 pú·taotáng	刊登 kāndēng
解渴 jiěkě	拍摄 pāishè	西医 xīyī	朋友 péng·you	甲板 jiǎbǎn
翻身 fānshēn	氨基酸 ānjīsuān	昆虫 kūnchóng	凄凉 qīliáng	厢房 xiāngfáng
风暴 fēngbào	冰川 bīngchuān	浪花 lànghuā	起草 qǐcǎo	燃烧 ránshāo
纳闷儿 nàmènr	压榨 yāzhà	紧迫 jǐnpò	不安 bù'ān	口哨儿 kǒushàor
干脆 gāncuì	陆地 lùdì	色彩 sècǎi	贮备 zhùbèi	

三、选择判断（限时3分钟，共10分）

1. 词语判断：请判断并读出下列各组中的普通话词语。

（1）爷　　老爸　　　老豆　　　父亲 fù·qīn　　爷老子　　爹爹

（2）哀面　许位　　那儿 nàr　　哀面搭　　许里　　那块子

（3）勿要　唔通　　别 bié　　咪　　　唔爱　　唔好

（4）骹印　脚印 jiǎoyìn　脚迹

（5）者久　呢牌　　近来 jìnlái　　辫呛　　得人惊

(6) 决勿　　　决不 juébù　　　绝对勿　　　定着唔

(7) 青盲的　　　盲公　　　盲人 mángrén　　　摸目欸

(8) 贼佬　　　强盗 qiángdào　　　强贡　　　抢犯　　　抢劫贼　　　打劫贼

(9) 后生仔　　　后生子　　　青年 qīngnián　　　后生家　　　青年伢子　　　后生欸

(10) 侪　　　全都 quándōu　　　冚巴郎都

2. 量词、名词搭配:请搭配并读出下列符合普通话规范的量名短语(例如:一条——鱼)。

滴　　　架　　　门　　　套　　　朵　　　面

医疗设备　　汗水　　钢琴　　云　　鼓　　摄像机　　考试　　亲戚　　餐具　　邮票

3. 语序或表达形式判断:请判断并读出下列各组中的普通话语句。

(1) A. 妹妹的书包被树枝挂破了。

B. 妹妹的书包遭树枝枝挂破啰。

(2) A. 菜老很啰,吃不得啰。

B. 菜太老了,不能吃了。

(3) A. 腿变粗了。

B. 腿子变粗了。

(4) A. 我听有。

B. 我听清楚了。

(5) A. 这本书给他弄丢了。

B. 这本书给他弄丢了丢。

四、朗读短文（400 个音节，限时 4 分钟，共 30 分）

作品 8 号

五、命题说话（请在下列话题中任选一个，限时 3 分钟，共 30 分）

1. 家乡（或熟悉的地方）

2. 科技发展与社会生活

▶ 试卷十五 ◀

一、读单音节字词（100 个音节，限时 3.5 分钟，共 10 分）

左 zuǒ	月 yuè	伪 wěi	祖 zǔ	牛 niú	络 lào/luò	距 jù	荤 hūn	缸 gāng	盗 dào
唬 hǔ	奏 zòu	绕 rào	缺 quē	年 nián	啐 cuì	境 jìng	甫 fǔ	滤 lǜ	团 tuán
金 jīn	隐 yǐn	突 tū	涌 yǒng	纳 nà	略 lüè	葱 cōng	禾 hé	讽 fěng	渠 qú
南 nán	字 zì	醇 chún	遣 qiǎn	似 shì/sì	搂 lōu/lǒu	截 jié	焊 hàn	沸 fèi	押 yā
棍 gùn	主 zhǔ	气 qì	碑 bēi	田 tián	叫 jiào	流 liú	储 chǔ	贩 fàn	墓 mù
了 le/liǎo	砖 zhuān	兄 xiōng	睡 shuì	箔 bó	某 mǒu	翠 cuì	抚 fǔ	腭 è	铺 pū/pù
诗 shī	破 pò	例 lì	鞋 xié	睬 cǎi	膜 mó	剑 jiàn	桨 jiǎng	椒 jiāo	纸 zhǐ
灭 miè	藻 zǎo	梗 gěng	渤 Bó	颤 chàn	扣 kòu	家 jiā	窟 kū	犊 dú	针 zhēn
稚 zhì	瘪 biě	入 rù	匹 pǐ	垢 gòu	匾 biǎn	轨 guǐ	己 jǐ	革 gé	线 xiàn
云 yún	物 wù	排 pái	掰 bāi	肯 kěn	染 rǎn	货 huò	糕 gāo	笛 dí	忙 máng

二、读多音节词语（100 个音节，限时 2.5 分钟，共 20 分）

委婉 wěiwǎn	猕猴 míhóu	钢笔 gāngbǐ	大伙儿 dàhuǒr	期待 qīdài
压力 yālì	耗费 hàofèi	垂钓 chuídiào	舞曲 wǔqǔ	讥笑 jīxiào
热量 rèliàng	琢磨 zhuómó/zuó·mo	杂质 zázhì	坚强 jiānqiáng	铁索 tiěsuǒ
渺茫 miǎománg	炸弹 zhàdàn	靠近 kàojìn	哀悼 āidào	丧失 sàngshī
课本 kèběn	转瞬 zhuǎnshùn	体察 tǐchá	黄澄澄 huángdēngdēng	雷达 léidá
伤害 shānghài	辩护 biànhù	楼房 lóufáng	小菜 xiǎocài	合群儿 héqúnr
仇敌 chóudí	慢性 mànxìng	太阳 tài·yáng	代谢 dàixiè	秘书 mìshū
帮手 bāng·shou	当晚 dàngwǎn	内部 nèibù	王朝 wángcháo	雨点儿 yǔdiǎnr
繁多 fánduō	农场 nóngchǎng	防备 fángbèi	脖颈儿 bógěngr	膨胀 péngzhàng
高潮 gāocháo	吸附 xīfù	核桃 hé·tao	判决书 pànjuéshū	

三、选择判断（限时 3 分钟，共 10 分）

1. 词语判断：请判断并读出下列各组中的普通话词语。

    (1) 阿哥　　　阿兄　　　哥哥 gē·ge

    (2) 另外个　　别的 biéde　　别个　　　　别么　　　　第二啲

    (3) 戆　　　　笨 bèn　　　戆居

    (4) 沙婆　　　沙子 shā·zi　　沙婆子　　细砂欻

    (5) 啥地方　　哪儿 nǎr　　　何里　　　　底落　　　　边度　　　哪块子　　奈欻

（6）落力　　　　使劲 shǐjìn　　　　用力气　　　　攒劲　　　　异扎

（7）头头子　　　首领 shǒulǐng　　　头侬　　　　　头欻

（8）困　　　　　睡觉 shuìjiào　　　　瞤觉　　　　　困觉　　　　睡目

（9）孙伢子　　　孙崽子　　　　孙子 sūn·zi　　　　孙里　　　　孙欻

（10）跳皮　　　　调皮 tiáopí　　　　刁皮　　　　　翻灿

2. 量词、名词搭配：请搭配并读出下列符合普通话规范的量名短语（例如：一条——鱼）。

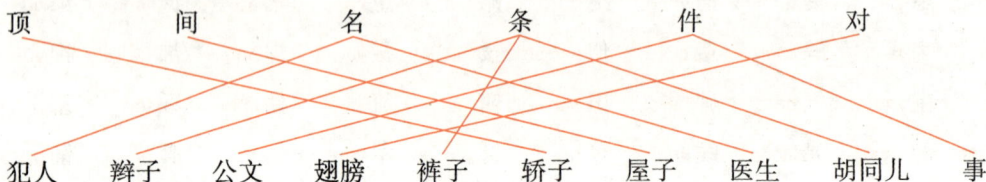

顶　　　　　间　　　　　名　　　　　条　　　　　件　　　　　对

犯人　　辫子　　公文　　翅膀　　裤子　　轿子　　屋子　　医生　　胡同儿　　事

3. 语序或表达形式判断：请判断并读出下列各组中的普通话语句。

（1）A. 慢慢子吃。

　　B. 慢慢地吃。

（2）A. 我们去问他。

　　B. 我们去问他来。

（3）A. 我的书遭别人借走啰。

　　B. 我的书被别人借走了。

　　C. 我的书拿给别人借走了。

（4）A. 我比他大。

　　B. 我大过他。

（5）A. 他关我门外了。

　　B. 他把我关在门外了。

四、朗读短文（400 个音节，限时 4 分钟，共 30 分）

作品 38 号

五、命题说话（请在下列话题中任选一个，限时 3 分钟，共 30 分）

1. 我所在的学校（或公司、团队、其他机构）

2. 对亲情（或友情、爱情）的理解

▶ 试卷十六 ◀

一、读单音节字词（100 个音节，限时 3.5 分钟，共 10 分）

欧 Ōu	咏 yǒng	啼 tí	表 biǎo	坑 kēng	钙 gài	寄 jì	日 rì	叠 dié	攥 zuàn
渍 zì	涛 tāo	拟 nǐ	让 ràng	妆 zhuāng	簇 cù	活 huó	痒 yǎng	赋 fù	颗 kē
循 xún	拳 quán	摆 bǎi	婚 hūn	伴 bàn	开 kāi	粉 fěn	塌 tā	凑 còu	木 mù
峰 fēng	均 jūn	饲 sì	绪 xù	宝 bǎo	蜜 mì	滑 huá	拽 zhuài	崩 bēng	驱 qū
抡 lūn	腥 xīng	栓 shuān	臂 bì	陈 chén	笛 dí	放 fàng	蛀 zhù	胡 hú	起 qǐ
恕 shù	湘 Xiāng	录 lù	倾 qīng	具 jù	拆 chāi	岭 lǐng	郭 guō	尔 ěr	择 zé/zhái
归 guī	伍 wǔ	拭 shì	盟 méng	肥 féi	恰 qià	枣 zǎo	恩 ēn	草 cǎo	前 qián
阅 yuè	苇 wěi	卅 sà	舱 cāng	瓶 píng	借 jiè	惯 guàn	礼 lǐ	额 é	辞 cí
丸 wán	瑟 sè	搅 jiǎo	抛 pāo	牢 láo	浴 yù	股 gǔ	端 duān	步 bù	赦 shè
口 kǒu	釉 yòu	捅 tǒng	碰 pèng	肉 ròu	狗 gǒu	懂 dǒng	碱 jiǎn	病 bìng	摇 yáo

二、读多音节词语（100 个音节，限时 2.5 分钟，共 20 分）

讨好 tǎohǎo	陀螺 tuóluó	鼻梁儿 bíliángr	答复 dá·fù	蒲扇 púshàn
汉奸 hànjiān	客厅 kètīng	讴歌 ōugē	濒危 bīnwēi	仙鹤 xiānhè
群岛 qúndǎo	戏法儿 xìfǎr	劳动 láodòng	后代 hòudài	农耕 nónggēng
天窗 tiānchuāng	审理 shěnlǐ	稀罕 xī·han	恶化 èhuà	机械 jīxiè
烈士 lièshì	总称 zǒngchēng	私产 sīchǎn	模板 múbǎn	粮食 liáng·shi
罚款 fákuǎn	建国 jiànguó	忙碌 mánglù	已然 yǐrán	颁布 bānbù
眼镜儿 yǎnjìngr	疯狂 fēngkuáng	概括 gàikuò	惊醒 jīngxǐng	南极 nánjí
暖和 nuǎn·huo	蹂躏 róulìn	享福 xiǎngfú	财政 cáizhèng	倏然 shūrán
决策 juécè	跳跃 tiàoyuè	伪造 wěizào	地下水 dìxiàshuǐ	差别 chābié
这儿 zhèr	规律 guīlǜ	开垦 kāikěn	急中生智 jízhōng-shēngzhì	

三、选择判断（限时 3 分钟，共 10 分）

1. 词语判断：请判断并读出下列各组中的普通话词语。

（1）爷叔　　大叔 dàshū　　阿叔

（2）裘　　袄 ǎo　　棉衲　　袄子

（3）特事　　罢是　　特地 tèdì　　超工　　特登　　特钉

（4）罩衫　　外衫　　外衣 wàiyī　　罩面褂子　　罩褂子　　面衫

（5）物事　　东西 dōng·xi　　嘢

(6)头先　　　即久　　　*方才 fāngcái*　　　刚刚再　　　啱先　　　将脚　　　才刚

(7)妇人侬　　　*妇女 fùnǚ*　　　堂客们　　　妇人家

(8)镬子　　　鼎　　　*锅 guō*　　　镬　　　镬头　　　镬欵

(9)好得　　　*好在 hǎozài*　　　亏煞　　　该哉

(10)枵饿　　　*饥饿 jī'è*　　　肚饥

2.量词、名词搭配:请搭配并读出下列符合普通话规范的量名短语(例如:一条——鱼)。

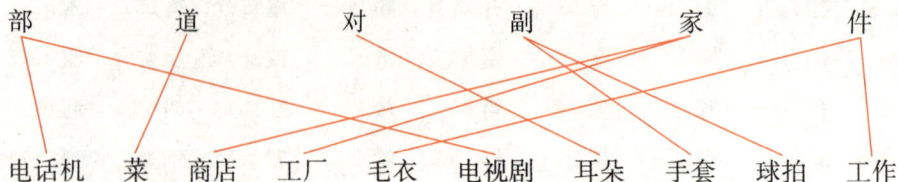

部　　　　道　　　　对　　　　副　　　　家　　　　件

电话机　菜　商店　工厂　毛衣　电视剧　耳朵　手套　球拍　工作

3.语序或表达形式判断:请判断并读出下列各组中的普通话语句。

(1)A.我们一起来去看电影好吗?

　　B.我们一起去看电影好吗?

(2)A.把花放撂窗台上吧。

　　B.把花放咧窗台上吧。

　　C.把花放到窗台上吧。

(3)A.先坐下,你别慌哟。

　　B.先坐下,你别慌嘛。

　　C.先坐下,你不慌着。

(4)A.他不得比你差。

　　B.他不会比你差。

　　C.差,他就不得来。

　　D.他不会差过你。

(5)A.不着姐姐扶着我,我就磕儿那去了。

　　B.如果不是因为姐姐扶着我,我就跌倒在那儿了。

四、朗读短文(400 个音节,限时 4 分钟,共 30 分)

作品 26 号

五、命题说话(请在下列话题中任选一个,限时 3 分钟,共 30 分)

1.我喜欢的美食

2.假日生活

试卷十七

一、读单音节字词（100个音节，限时3.5分钟，共10分）

川 chuān	格 gé	击 jī	忆 yì	安 ān	逆 nì	虽 suī	泵 bèng	辖 xiá	淋 lín/lìn
剪 jiǎn	淡 dàn	另 lìng	岳 yuè	笋 sǔn	仍 réng	捅 tǒng	炭 tàn	掀 xiān	念 niàn
变 biàn	瘤 liú	稻 dào	皆 jiē	您 nín	逾 yú	乳 rǔ	抗 kàng	舔 tiǎn	翁 wēng
伞 sǎn	茎 jīng	豆 dòu	跑 páo/pǎo	害 hài	馆 guǎn	瞪 dèng	屯 tún	凿 záo	楔 xiē
材 cái	斩 zhǎn	叙 xù	拱 gǒng	脉 mài/mò	雕 diāo	杀 shā	郁 yù	玄 xuán	皮 pí
袜 wà	缕 lǚ	冒 mào	培 péi	跨 kuà	补 bǔ	捎 shāo/shào	残 cán	逊 xùn	褶 zhě
雅 yǎ	操 cāo	旱 hàn	松 sōng	旨 zhǐ	夺 duó	卡 kǎ/qiǎ	佐 zuǒ	钞 chāo	猛 měng
堰 yàn	认 rèn	危 wēi	范 fàn	捞 lāo	鸣 míng	墙 qiáng	核 hé/hú	时 shí	泪 lèi
肥 féi	话 huà	悟 wù	稚 zhì	籽 zǐ	兹 zī	兰 lán	青 qīng	邀 yāo	承 chéng
佛 fó/fú	遵 zūn	黄 huáng	闹 nào	算 suàn	穷 qióng	抽 chōu	冶 yě	昔 xī	利 lì

二、读多音节词语（100个音节，限时2.5分钟，共20分）

繁殖 fánzhí	嘱托 zhǔtuō	包装 bāozhuāng	皇帝 huángdì	棉球儿 miánqiúr
联想 liánxiǎng	凭借 píngjiè	标题 biāotí	哑剧 yǎjù	加塞儿 jiāsāir
风景 fēngjǐng	皱纹 zhòuwén	绿化 lǜhuà	期限 qīxiàn	土产 tǔchǎn
超越 chāoyuè	窑洞 yáodòng	棒槌 bàng·chui	尖锐 jiānruì	毛病 máo·bìng
悄悄 qiāoqiāo	热爱 rè'ài	水獭 shuǐtǎ	红火 hóng·huo	进程 jìnchéng
民间 mínjiān	根据地 gēnjùdì	粗糙 cūcāo	嗓音 sǎngyīn	坎肩儿 kǎnjiānr
大队 dàduì	官僚 guānliáo	刻苦 kèkǔ	凝固 nínggù	认定 rèndìng
称呼 chēng·hu	启程 qǐchéng	对象 duìxiàng	棕榈 zōnglǘ	快速 kuàisù
内涵 nèihán	视野 shìyě	巡逻 xúnluó	黑人 hēirén	领取 lǐngqǔ
落款儿 luòkuǎnr	乐观 lèguān	配置 pèizhì	牛仔裤 niúzǎikù	

三、选择判断（限时3分钟，共10分）

1. 词语判断：请判断并读出下列各组中的普通话词语。

（1）老阿爹　　　老阿公　　　亚伯　　　老大爷 lǎodà·ye　　爹爹　　　老阿伯

（2）柄头　　　把儿 bàr　　　把把子

（3）模　　　坚硬 jiānyìng　　　硬扎

（4）卵熊　　　精子 jīngzǐ　　　韶　　　卵浆

（5）看勿起　　　看不起 kàn·buqǐ　　　看唔起　　　睇唔起

(6)哀面	伊面	那里 nà·li	哀面搭	许搭
(7)不溜	历来 lìlái	落底	一路来	一溜来
(8)冷衫	绳子衣	毛衣 máoyī	绒线衫	洋绳子衣
(9)娘老子	阿姆	母亲 mǔ·qīn	姆妈	阿嬷
(10)吃勿消	难堪 nánkān	否势		

2.量词、名词搭配:请搭配并读出下列符合普通话规范的量名短语(例如:一条——鱼)。

| 口 | 辆 | 面 | 扇 | 台 | 头 |

| 牛 | 节目 | 大缸 | 自行车 | 窗户 | 钢琴 | 摄像机 | 彩旗 | 驴 | 大锅 |

3.语序或表达形式判断:请判断并读出下列各组中的普通话语句。

(1)A.支笔是谁的?

　　B.这支笔是谁的?

(2)A.他有读书。

　　B.他读过书。

(3)A.他吃饭着呢。

　　B.他吃着饭呢。

(4)A.我一定要弄清楚。

　　B.我一定要弄弄清楚。

(5)A.这件衣服不跟那件漂亮。

　　B.这件衣服不如那件漂亮。

四、朗读短文（400 个音节，限时 4 分钟，共 30 分）

作品 36 号

五、命题说话（请在下列话题中任选一个，限时 3 分钟，共 30 分）

1.谈个人修养

2.朋友

一、读单音节字词（100个音节，限时3.5分钟，共10分）

岸 àn　　搭 dā　　鄙 bǐ　　殿 diàn　　擂 léi/lèi　　牧 mù　　怪 guài　　入 rù　　显 xiǎn　　汁 zhī

代 dài　　揩 kāi　　振 zhèn　　象 xiàng　　倪 ní　　班 bān　　耗 hào　　日 rì　　踢 tī　　辅 fǔ

辈 bèi　　乎 hū　　周 zhōu　　条 tiáo　　碾 niǎn　　德 dé　　鲤 lǐ　　熔 róng　　邪 xié/yé　　坎 kǎn

敛 liǎn　　彼 bǐ　　认 rèn　　定 dìng　　肿 zhǒng　　投 tóu　　控 kòng　　裴 Péi　　盐 yán　　绘 huì

僧 sēng　　遍 biàn　　资 zī　　季 jì　　盔 kuī　　癖 pǐ　　峦 luán　　图 tú　　秧 yāng　　抖 dǒu

肺 fèi　　饼 bǐng　　括 kuò　　走 zǒu　　一 yī　　频 pín　　鳃 sāi　　句 gōu/jù　　土 tǔ　　蟒 mǎng

彩 cǎi　　较 jiào　　腊 là　　否 fǒu/pǐ　　矛 máo　　足 zú　　赫 hè　　硬 yìng　　完 wán　　剖 pōu

媚 mèi　　痴 chī　　界 jiè　　篮 lán　　做 zuò　　育 yù　　寇 kòu　　闻 wén　　生 shēng　　沏 qī

炒 chǎo　　耕 gēng　　郎 láng　　萌 méng　　井 jǐng　　守 shǒu　　务 wù　　俱 jù　　眠 mián　　姓 xìng

管 guǎn　　庆 qìng　　居 jū　　勒 lè/lēi　　蔑 miè　　翅 chì　　思 sī　　盏 zhǎn　　习 xí　　靳 jìn

二、读多音节词语（100个音节，限时2.5分钟，共20分）

扫帚 sào·zhou　　凯旋 kǎixuán　　后悔 hòuhuǐ　　严禁 yánjìn　　火锅儿 huǒguōr

草案 cǎo'àn　　旅馆 lǚguǎn　　小米 xiǎomǐ　　胸膛 xiōngtáng　　尝试 chángshì

知识 zhī·shi　　胆量 dǎnliàng　　畸形 jīxíng　　偶然 ǒurán　　屋脊 wūjǐ

药方儿 yàofāngr　　累赘 léi·zhui　　大风 dàfēng　　有理 yǒulǐ　　加剧 jiājù

奴役 núyì　　首脑 shǒunǎo　　妥当 tuǒ·dàng　　帽子 mào·zi　　东方 dōngfāng

维生素 wéishēngsù　　经验 jīngyàn　　排斥 páichì　　脸颊 liǎnjiá　　完备 wánbèi

沸腾 fèiténg　　冒尖儿 màojiānr　　报纸 bàozhǐ　　刻度 kèdù　　清晨 qīngchén

雌蕊 círuǐ　　瞻仰 zhānyǎng　　满月 mǎnyuè　　不要 bùyào　　妇女 fùnǚ

昆虫 kūnchóng　　硝酸 xiāosuān　　门槛儿 ménkǎnr　　京城 jīngchéng　　残余 cányú

革新 géxīn　　油条 yóutiáo　　良好 liánghǎo　　林荫道 línyīndào

三、选择判断（限时3分钟，共10分）

1. 词语判断：请判断并读出下列各组中的普通话词语。

（1）唵公　　阿爷　　祖父 zǔfù　　爹爹　　阿公

（2）擘　　掰 bāi　　搣

（3）查某囝　　女儿 nǚ'ér　　囡儿　　妹子　　妹欻

（4）目头　　牌子 pái·zi　　唛头　　牌欻

（5）女个　　堂客　　妻子 qī·zi　　屋家个

(6) 头前　　前头 qián·tou　前背

(7) 前日子　前天子　　前天 qiántiān　前日欤

(8) 啥地方　底落　　哪里 nǎ·lǐ　何里　　边处　　边度　　奈欤

(9) 萝白　萝卜 luó·bo　菜头　　萝帛

(10) 化古　倾偶　　打牙较　聊天儿 liáotiānr　讲张　　谈驶　　扯粟壳

2. 量词、名词搭配:请搭配并读出下列符合普通话规范的量名短语(例如:一条——鱼)。

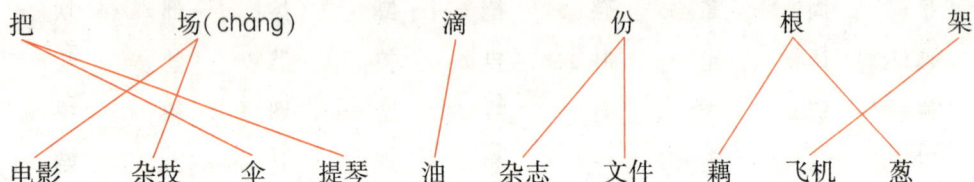

把　　　场(chǎng)　　　滴　　　份　　　根　　　架

电影　杂技　伞　提琴　油　杂志　文件　藕　飞机　葱

3. 语序或表达形式判断:请判断并读出下列各组中的普通话语句。

(1) A. 下起雨来了。

B. 下雨开了。

(2) A. 这是你葛字典。

B. 这是你的字典。

(3) A. 这道题怎么答,我晓不得。

B. 这道题怎么答,我知不道。

C. 这道题怎么答,我不知道。

(4) A. 他累得汗流。

B. 他累得满头大汗。

C. 他累得汗滴滴声。

(5) A. 我月饼三斤给他。

B. 我给他三斤月饼。

C. 我月饼给他三斤。

D. 我给三斤月饼他。

四、朗读短文 (400 个音节,限时 4 分钟,共 30 分)

作品 14 号

五、命题说话 (请在下列话题中任选一个,限时 3 分钟,共 30 分)

1. 我的兴趣爱好

2. 我喜欢的节日

试卷十九

一、读单音节字词（100个音节，限时3.5分钟，共10分）

碍 ài	币 bì	筏 fá	喊 hǎn	坑 kēng	毕 bì	深 shēn	贴 tiē	像 xiàng	晨 chén
昌 chāng	坟 fén	袄 ǎo	盒 hé	立 lì	柔 róu	圣 shèng	啥 shá	甜 tián	脾 pí
斑 bān	禽 qín	凤 fèng	亮 liàng	盏 zhǎn	澈 chè	铜 tóng	师 shī	驶 shǐ	骗 piàn
漏 lòu	缚 fù	患 huàn	斥 chì	钡 bèi	翁 wēng	书 shū	这 zhè	学 xué	脱 tuō
踹 chuài	整 zhěng	货 huò	柳 liǔ	迸 bèng	髓 suǐ	奇 jī/qí	扬 yáng	瓦 wǎ/wà	赣 Gàn
牵 qiān	镐 gǎo	鸡 jī	捶 chuí	轮 lún	弊 bì	制 zhì	所 suǒ	王 wáng	也 yě
膘 biāo	膈 gé	米 mǐ	捡 jiǎn	撞 zhuàng	寓 yù	斯 sī	衣 yī	握 wò	切 qiē/qiè
苗 miáo	滇 Diān	胶 jiāo	醉 zuì	塔 tǎ	禀 bǐng	耿 gěng	银 yín	武 wǔ	秋 qiū
尤 yóu	柜 guì/jǔ	津 jīn	取 qǔ	磨 mó/mò	蝶 dié	掏 tāo	瞎 xiā	钵 bō	蛀 zhù
兑 duì	孤 gū	群 qún	具 jù	弄 nòng	远 yuǎn	疼 téng	餐 cān	险 xiǎn	略 lüè

二、读多音节词语（100个音节，限时2.5分钟，共20分）

岛屿 dǎoyǔ	步履 bùlǚ	增高 zēnggāo	簸箕 bò·ji	层次 céngcì
机构 jīgòu	勋章 xūnzhāng	安定 āndìng	纺织 fǎngzhī	找碴儿 zhǎochár
幼苗 yòumiáo	撤销 chèxiāo	滋补 zībǔ	汹涌 xiōngyǒng	性质 xìngzhì
章程 zhāngchéng	火柴 huǒchái	存款 cúnkuǎn	风筝 fēng·zheng	座谈 zuòtán
新婚 xīnhūn	解剖 jiěpōu	律师 lǜshī	值班 zhíbān	儿女 érnǚ
珠宝 zhūbǎo	脑瓜儿 nǎoguār	提成 tíchéng	蒸汽 zhēngqì	剧本 jùběn
嘟囔 dū·nang	自治区 zìzhìqū	父母 fùmǔ	考古 kǎogǔ	偷懒 tōulǎn
请求 qǐngqiú	人缘儿 rényuánr	衡量 héngliáng	代替 dàitì	函数 hánshù
预感 yùgǎn	撒谎 sāhuǎng	草本 cǎoběn	样式 yàngshì	奏鸣曲 zòumíngqǔ
饭盒儿 fànhér	宏伟 hóngwěi	引擎 yǐnqíng	烹饪 pēngrèn	

三、选择判断（限时3分钟，共10分）

1.词语判断：请判断并读出下列各组中的普通话词语。

(1) 男个　　　　　翁　　　　　　丈夫侬　　　　丈夫 zhàng·fu　　老倌子

(2) 何里点　　　　何里眼　　　　哪些 nǎxiē　　　倒蜀仔　　　边啲　　　　　奈兜

(3) 白白里　　　　白白地 báibáide　　干燋

(4) 头绳子　　　　洋绳子　　　　毛线 máoxiàn　　绒欽

(5) 头壳　　　　　脑壳　　　　　脑子 nǎo·zi　　　脑屎

（6）搏命　　　　拼搏 pīnbó　　拍拼　　　　杀猛

（7）哪能介　　　如何 rúhé　　安怎　　　点样　　　何是　　　何里

（8）在生　　　　生前 shēngqián　活辣海个辰光

（9）田里向　　　田哩　　　　田间 tiánjiān　田肚欬

（10）心里向　　心人便　　　心底 xīndǐ　　心肚欬

2. 量词、名词搭配：请搭配并读出下列符合普通话规范的量名短语（例如：一条——鱼）。

棵　　　　　粒　　　　　门　　　　　匹　　　　　所　　　　　套

布　　学校　草　　珍珠　技术　家具　衣服　种子　课程　大炮

3. 语序或表达形式判断：请判断并读出下列各组中的普通话语句。

（1）A. 行不行？

　　B. 中啊不？

（2）A. 这朵花真好看。

　　B. 朵花真好看。

（3）A. 我们遭他骂了一顿。

　　B. 我们被他骂了一顿。

　　C. 我们招他骂了一顿。

（4）A. 今天给送多一点礼物。

　　B. 今天多送你一点礼物。

（5）A. 注意，少喝点酒对身体有好处。

　　B. 注意，喝少点酒对身体有好处。

四、朗读短文（400 个音节，限时 4 分钟，共 30 分）

作品 35 号

五、命题说话（请在下列话题中任选一个，限时 3 分钟，共 30 分）

1. 对美的看法

2. 我的理想（或愿望）

试卷二十

一、读单音节字词（100 个音节，限时 3.5 分钟，共 10 分）

熬 āo/áo	碗 wǎn	荒 huāng	列 liè	艘 sōu	谱 pǔ	渡 dù	兆 zhào	芯 xīn/xìn	豪 háo
锋 fēng	辑 jí	璧 bì	砌 qì	吹 chuī	臻 zhēn	惟 wéi	炉 lú	械 xiè	索 suǒ
散 sǎn/sàn	表 biǎo	腱 jiàn	届 jiè	趾 zhǐ	欠 qiàn	伏 fú	屋 wū	迅 xùn	满 mǎn
奶 nǎi	包 bāo	谨 jǐn	席 xí	家 jiā	求 qiú	绵 mián	刚 gāng	卒 cù/zú	她 tā
液 yè	疮 chuāng	某 mǒu	痰 tán	菜 cài	抠 kōu	虾 xiā	兹 zī	隔 gé	筏 fá
夷 yí	城 chéng	讽 fěng	迷 mí	晒 shài	改 gǎi	仙 xiān	特 tè	瓢 piáo	局 jú
泥 ní/nì	闭 bì	公 gōng	泄 xiè	科 kē	若 ruò	策 cè	体 tī/tǐ	淫 yín	羔 gāo
贵 guì	丑 chǒu	愣 lèng	暖 nuǎn	热 rè	箱 xiāng	仅 jǐn	岔 chà	瀑 pù	寇 kòu
偷 tōu	镀 dù	评 píng	裹 guǒ	肾 shèn	醒 xǐng	料 liào	铲 chǎn	噪 zào	冷 lěng
洞 dòng	褐 hè	泽 zé	盼 pàn	吐 tǔ/tù	候 hòu	晌 shǎng	踹 chuài	是 shì	摹 mó

二、读多音节词语（100 个音节，限时 2.5 分钟，共 20 分）

最终 zuìzhōng	花纹 huāwén	喇叭 lǎ·ba	胆小鬼 dǎnxiǎoguǐ	神奇 shénqí
或许 huòxǔ	歌颂 gēsòng	反感 fǎngǎn	凝聚 níngjù	出圈儿 chūquānr
位置 wèi·zhì	盘算 pán·suan	双方 shuāngfāng	复辟 fùbì	哽咽 gěngyè
女人 nǚrén	万物 wànwù	烟卷儿 yānjuǎnr	防御 fángyù	日趋 rìqū
中华 Zhōnghuá	姊妹 zǐmèi	缓解 huǎnjiě	冒险 màoxiǎn	同伴 tóngbàn
人间 rénjiān	枝条 zhītiáo	斗争 dòuzhēng	矫健 jiǎojiàn	摸索 mō·suǒ
骄傲 jiāo'ào	应酬 yìng·chou	弹簧 tánhuáng	代价 dàijià	其次 qícì
领略 lǐnglüè	拉链儿 lāliànr	觉察 juéchá	墙壁 qiángbì	俗称 súchēng
看望 kànwàng	崇拜 chóngbài	拟人 nǐrén	规模 guīmó	剖面 pōumiàn
散步 sànbù	科研 kēyán	小熊儿 xiǎoxióngr	南半球 nánbànqiú	

三、选择判断（限时 3 分钟，共 10 分）

1. 词语判断：请判断并读出下列各组中的普通话词语。

(1) 老爹　　咹公　　爷爷 yé·ye　　阿公　　爹爹

(2) 底落　　哪 nǎ　　何里　　奈

(3) 日里向　　日时　　日头　　白天 báitiān　　日上　　日里　　日辰头

(4) 扇里　　扇子 shàn·zi　　夏扇　　扇欻

(5) 血血红　　旋红　　鲜红 xiānhóng　　掀红　　瞅红

(6) 清气　　　　清洁 qīngjié　　　零利

(7) 会赴　　　　来得及 lái·dejí　　　来得察

(8) 尽紧　　　　尽快 jǐnkuài　　　快快脆脆　　　撞快

(9) 果子树　　　果树 guǒshù　　　果欸树

(10) 大手节头　　大缚母　　大拇指 dàmǔzhǐ　大节头　手指公　大指脑　大指姆

2. 量词、名词搭配:请搭配并读出下列符合普通话规范的量名短语(例如:一条——鱼)。

本	场(cháng)	把	幅	个	间

伞　　图画　　皮球　　杂志　　大战　　太阳　　月亮　　房子　　病　　著作

3. 语序或表达形式判断:请判断并读出下列各组中的普通话语句。

(1) A. 说起话来没个完。

B. 说话起来没个完。

(2) A. 姐姐看孩子的哩。

B. 姐姐看孩子的嘞。

C. 姐姐看孩子呢。

(3) A. 这件事我知不道。

B. 这件事我晓不得。

C. 这件事我不知道。

(4) A. 上海到快了。

B. 上海快到了。

(5) A. 你少说两句。

B. 你说少两句。

四、朗读短文(400 个音节,限时 4 分钟,共 30 分)

作品 41 号

五、命题说话(请在下列话题中任选一个,限时 3 分钟,共 30 分)

1. 体育运动的乐趣

2. 让我感动的事情

▶ 试卷二十一 ◀

一、读单音节字词（100 个音节，限时 3.5 分钟，共 10 分）

叼 diāo	喙 huì	挤 jǐ	冒 mào	素 sù	扳 bān	洋 yáng	敢 gǎn	遭 zāo	前 qián
鼎 dǐng	梅 méi	勤 qín	态 tài	贬 biǎn	贼 zéi	乙 yǐ	告 gào	饼 bǐng	戟 jǐ
瘪 biě	阀 fá	雨 yǔ	免 miǎn	绕 rào	退 tuì	椒 jiāo	挂 guà	窜 cuàn	乃 nǎi
苍 cāng	匾 biǎn	管 guǎn	戒 jiè	甜 tián	辅 fǔ	净 jìng	暂 zàn	柴 chái	瑞 ruì
愤 fèn	可 kě/kè	熔 róng	念 niàn	外 wài	阵 zhèn	舂 chōng	滚 gǔn	丢 diū	坑 kēng
滞 zhì	秆 gǎn	捏 niē	扫 sǎo/sào	握 wò	渝 yú	锉 cuò	递 dì	酷 kù	捐 juān
牌 pái	醋 cù	葛 gé/Gě	身 shēn	况 kuàng	味 wèi	冻 dòng	捉 zhuō	乎 hū	掷 zhì
溯 sù	惩 chéng	贡 gòng	敞 chǎng	薛 Xuē	帝 dì	锡 xī	怀 huái	饭 fàn	颇 pō
谱 pǔ	腊 là	罕 hǎn	腺 xiàn	厘 lí	司 sī	火 huǒ	紫 zǐ	非 fēi	禄 lù
褐 hè	器 qì	卵 luǎn	翁 wēng	抖 dǒu	穴 xué	恒 héng	整 zhěng	分 fēn/fèn	兹 zī

二、读多音节词语（100 个音节，限时 2.5 分钟，共 20 分）

赶紧 gǎnjǐn	爱情 àiqíng	火锅儿 huǒguōr	纠纷 jiūfēn	存在 cúnzài
让步 ràngbù	绦虫 tāochóng	安静 ānjìng	减少 jiǎnshǎo	吞没 tūnmò
离开 líkāi	媳妇 xí·fu	锐利 ruìlì	逮捕 dàibǔ	订货 dìnghuò
钢镚儿 gāngbèngr	流露 liúlù	文坛 wéntán	赛场 sàichǎng	可以 kěyǐ
边疆 biānjiāng	普通 pǔtōng	包括 bāokuò	发芽 fāyá	难免 nánmiǎn
壶盖儿 húgàir	色情 sèqíng	外套 wàitào	残酷 cánkù	取消 qǔxiāo
范畴 fànchóu	窟窿 kū·long	囊括 nángkuò	深奥 shēn'ào	叙事 xùshì
损害 sǔnhài	勾结 gōujié	车厢 chēxiāng	摸黑儿 mōhēir	庞大 pángdà
睡梦 shuìmèng	佣金 yòngjīn	黄昏 huánghūn	演绎 yǎnyì	高血压 gāoxuèyā
抽象 chōuxiàng	松鼠 sōngshǔ	媒人 méi·ren	蒸馏水 zhēngliúshuǐ	

三、选择判断（限时 3 分钟，共 10 分）

1.词语判断：请判断并读出下列各组中的普通话词语。

（1）阿弟　　　兄弟团　　　兄弟 xiōng·di　细佬　　　老弟欸

（2）棒头　　　槌杖　　　棒子 bàng·zi　棍里　　　棍欸

（3）上面讲个　上述 shàngshù　上背讲个

（4）手肚　　　手臂 shǒubì　胳古里　　　手把子

（5）差勿多　　差不多 chà·buduō　差唔多

(6) 胡蝇　　　　乌蝇　　　　苍蝇 cāng·ying　　苍蝇里　　　饭蚊子　　　青头蚊

(7) 黄酸　　　　嘎白　　　　苍白 cāngbái　　蚬白

(8) 倒去　　　　倒脱　　　　倒闭 dǎobì　　　执笠

(9) 洞子　　　　洞眼　　　　洞 dòng　　　窿　　　　窿欹

(10) 卜吐　　　作腻　　　　恶心 ě·xin　　　作涌　　　想翻　　　想呕

2. 量词、名词搭配:请搭配并读出下列符合普通话规范的量名短语(例如:一条——鱼)。

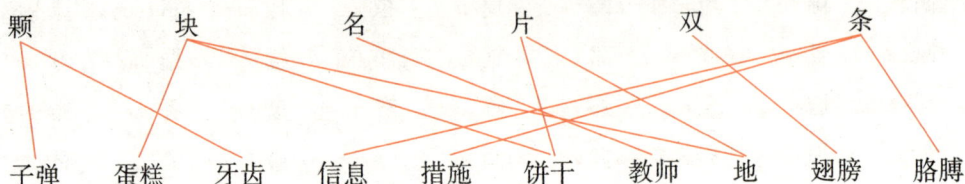

颗　　　　块　　　　名　　　　片　　　　双　　　　条

子弹　蛋糕　牙齿　信息　措施　饼干　教师　地　翅膀　胳膊

3. 语序或表达形式判断:请判断并读出下列各组中的普通话语句。

(1) A. 他的手洗得白白白。

　　B. 他的手洗得白白。

　　C. 他的手洗得很白。

(2) A. 汽车快来了。

　　B. 汽车来快了。

(3) A. 电影儿实好看?

　　B. 电影好看不好看?

(4) A. 用多一点时间来陪孩子。

　　B. 多用一点时间来陪孩子。

(5) A. 我们走不倒啰。

　　B. 我们走不了啦。

四、朗读短文 (400 个音节，限时 4 分钟，共 30 分)

作品 16 号

五、命题说话 (请在下列话题中任选一个，限时 3 分钟，共 30 分)

1. 印象深刻的书籍(或报刊)

2. 童年生活

▶ 试卷二十二 ◀

一、读单音节字词（100个音节，限时3.5分钟，共10分）

大 dà/dài	开 kāi	莫 mò	宫 gōng	氨 ān	祈 qí	医 yī	石 dàn/shí	歪 wāi	走 zǒu
保 bǎo	国 guó	拴 shuān	枯 kū	嘴 zuǐ	掐 qiā	带 dài	印 yìn	辩 biàn	帽 mào
娜 nà/nuó	杜 dù	黔 Qián	海 hǎi	柯 kē	徽 huī	元 yuán	宋 Sòng	卧 wò	艾 ài
编 biān	何 hé	锰 měng	罐 guàn	敌 dí	孙 sūn	锹 qiāo	捂 wǔ	粤 Yuè	榜 bǎng
财 cái	厚 hòu	毡 zhān	崩 bēng	卿 qīng	发 fā/fà	西 xī	酿 niàng	摘 zhāi	辣 là
霞 xiá	驳 bó	换 huàn	揽 lǎn	蚕 cán	奴 nú	暂 zàn	让 ràng	钛 tài	奋 fèn
佛 fó/fú	吏 lì	几 jǐ/jī	人 rén	袍 páo	梯 tī	霰 xiàn	厂 chǎng	贼 zéi	颤 chàn
听 tīng	尘 chén	孵 fū	麓 lù	辟 bì/pì	讲 jiǎng	锄 chú	赵 Zhào	土 tǔ	闰 rùn
慈 cí	梭 suō	肢 zhī	村 cūn	圃 pǔ	幸 xìng	搔 sāo	盖 gài	旬 xún	截 jié
吃 chī	瘟 wēn	萧 xiāo	吟 yín	密 mì	设 shè	挖 wā	坡 pō	阳 yáng	兑 duì

二、读多音节词语（100个音节，限时2.5分钟，共20分）

总管 zǒngguǎn	毕生 bìshēng	失去 shīqù	梨核儿 líhúr	肩膀 jiānbǎng
烦恼 fánnǎo	难题 nántí	干脆 gāncuì	体检 tǐjiǎn	学问 xué·wen
内心 nèixīn	兵力 bīnglì	刻画 kèhuà	驰名 chímíng	尝试 chángshì
脑瓜儿 nǎoguār	病历 bìnglì	使馆 shǐguǎn	力图 lìtú	归纳 guīnà
佩服 pèi·fú	起诉 qǐsù	咳嗽 ké·sou	扑克 pūkè	促成 cùchéng
行列 hángliè	菩萨 pú·sà	辽阔 liáokuò	栅栏 zhà·lan	大豆 dàdòu
打盹儿 dǎdǔnr	酒吧 jiǔbā	忽略 hūlüè	轮流 lúnliú	迁移 qiānyí
逾期 yúqī	曲线 qūxiàn	机械 jīxiè	茫然 mángrán	漂白粉 piǎobáifěn
入境 rùjìng	毒素 dúsù	发言 fāyán	彩虹 cǎihóng	变压器 biànyāqì
交往 jiāowǎng	摩擦 mócā	粉末儿 fěnmòr	儒家 Rújiā	

三、选择判断（限时3分钟，共10分）

1. 词语判断：请判断并读出下列各组中的普通话词语。

（1）新官人	新侬官	新郎 xīnláng	新郎公		
（2）哀个	伊个	那 nà	许个		
（3）黄昏头	暗晡	挨晚	傍晚 bàngwǎn	夜快	夜快头
（4）嫌比	讨厌 tǎoyàn	嫌之	厌眼		
（5）丫婆	外祖母 wàizǔmǔ	外家妈	外阿婆		

(6) 暖热　　　烧啰　　　温暖 wēnnuǎn　　　热沸　　　热和　　　烧暖

(7) 臭柿仔　　　西红柿 xīhóngshì　　　番茄欸

(8) 老早子　　　先前 xiānqián　　　旧底　　　本底　　　往摆

(9) 小囡　　　细囝　　　细人子　　　小孩儿 xiǎoháir　　　细蚊仔　　　细佬

(10) 交关　　　许多 xǔduō　　　真侪　　　异多

2. 量词、名词搭配:请搭配并读出下列符合普通话规范的量名短语(例如:一条——鱼)。

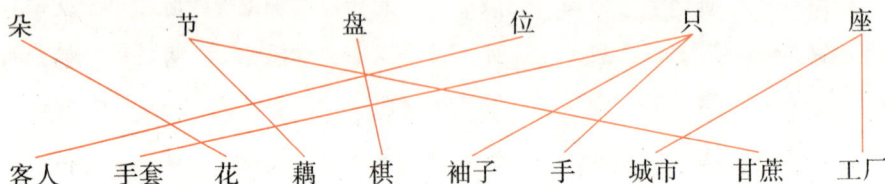

朵　　　节　　　盘　　　位　　　只　　　座

客人　　　手套　　　花　　　藕　　　棋　　　袖子　　　手　　　城市　　　甘蔗　　　工厂

3. 语序或表达形式判断:请判断并读出下列各组中的普通话语句。

(1) A. 我朝苏州来。

　　B. 我从苏州来。

　　C. 我赶苏州来。

　　D. 我迎苏州来。

(2) A. 本书是我的。

　　B. 这本书是我的。

(3) A. 大家都招他说乐了。

　　B. 大家都被他说乐了。

　　C. 众人都得他说乐了。

(4) A. 这个事情现在还定不倒。

　　B. 这件事现在还定不了。

(5) A. 你矮我。

　　B. 你比我过矮。

　　C. 你比较矮我。

　　D. 你比我矮。

四、朗读短文 (400 个音节,限时 4 分钟,共 30 分)

作品 9 号

五、命题说话 (请在下列话题中任选一个,限时 3 分钟,共 30 分)

1. 我了解的地域文化(或风俗)

2. 难忘的旅行

试卷二十三

一、读单音节字词（100 个音节，限时 3.5 分钟，共 10 分）

庵 ān	覆 fù	冷 lěng	辩 biàn	征 zhēng	遣 qiǎn	戳 chuō	游 yóu	玩 wán	资 zī
搓 cuō	鳌 áo	缰 jiāng	钧 jūn	情 qíng	寇 kòu	砸 zá	未 wèi	您 nín	攫 jué
字 zì	疤 bā	贷 dài	阁 gé	劣 liè	那 Nā/nà	兽 shòu	则 zé	误 wù	炕 kàng
水 shuǐ	蚌 bàng	弄 nòng	丹 dān	罐 guàn	孔 kǒng	再 zài	确 què	系 jì/xì	都 dōu/dū
豹 bào	哈 hā/hǎ	染 rǎn	困 kùn	肘 zhǒu	暖 nuǎn	钓 diào	丝 sī	嫌 xián	桂 guì
碟 dié	壕 háo	碎 suì	客 kè	跑 páo/pǎo	簿 bù	荣 róng	矢 shǐ	享 xiǎng	辈 bèi
惨 cǎn	眠 mián	探 tàn	圃 pǔ	批 pī	踱 duó	汁 zhī	日 rì	徐 xú	鞭 biān
饵 ěr	桦 huà	礼 lǐ	蹭 cèng	票 piào	众 zhòng	唐 táng	验 yàn	撒 sā/sǎ	川 chuān
茬 chá	姬 jī	阀 fá	煮 zhǔ	卿 qīng	页 yè	艇 tǐng	贴 tiē	亮 liàng	错 cuò
妃 fēi	筒 tǒng	荚 jiá	其 qí	衬 chèn	商 shāng	龄 líng	准 zhǔn	仪 yí	型 xíng

二、读多音节词语（100 个音节，限时 2.5 分钟，共 20 分）

丝绸 sīchóu	倘使 tǎngshǐ	油脂 yóuzhī	爱人 ài·ren	台阶 táijiē
排除 páichú	淋巴 línbā	打点 dǎ·dian	香蕉 xiāngjiāo	美酒 měijiǔ
征兆 zhēngzhào	庶民 shùmín	平行 píngxíng	扩张 kuòzhāng	烤火 kǎohuǒ
石子儿 shízǐr	短促 duǎncù	勘探 kāntàn	散落 sànluò	牛顿 niúdùn
寻常 xúncháng	解救 jiějiù	啧啧 zézé	亵渎 xièdú	柔软 róuruǎn
哪儿 nǎr	能源 néngyuán	进化 jìnhuà	家具 jiājù	认真 rènzhēn
问卷 wènjuàn	提成儿 tíchéngr	耳朵 ěr·duo	目光 mùguāng	蚱蜢 zhàměng
宠爱 chǒng'ài	叶绿素 yèlǜsù	灾情 zāiqíng	妄想 wàngxiǎng	没有 méi·yǒu
墙壁 qiángbì	辉煌 huīhuáng	笼络 lǒngluò	痛哭 tòngkū	元宵 yuánxiāo
契约 qìyuē	毛驴儿 máolǘr	陆军 lùjūn	慢条斯理 màntiáo-sīlǐ	

三、选择判断（限时 3 分钟，共 10 分）

1. 词语判断：请判断并读出下列各组中的普通话词语。

(1) 翁姥　两公婆　夫妻 fūqī　两马老子

(2) 巴脊　背 bèi　背脊

(3) 哀能　哀能介　那么 nà·me　格末　许呢　咁　许

(4) 尻川　屎忽　屁股 pì·gu　啰柚　屎肠

(5) 穷人子　穷人 qióngrén　穷侬

(6) 讲白贼　　呃大话　　撒谎 sāhuǎng　　骗倷　　打谎　　捏白　　扯白　　噎人

(7) 大热　　炎热 yánrè　　异热

(8) 一世人　　一辈子 yībèi·zi　　一世倷　　一生人

(9) 衫裤　　衣裳 yī·shang　　衫

(10) 鹰婆子　　鹰 yīng　　觅鸥　　鸥婆

2. 量词、名词搭配：请搭配并读出下列符合普通话规范的量名短语（例如：一条——鱼）。

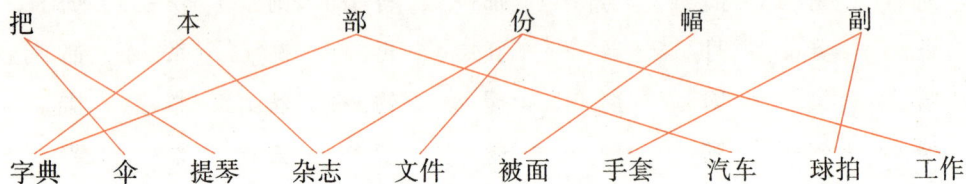

把　　　　本　　　　部　　　　份　　　　幅　　　　副

字典　　伞　　提琴　　杂志　　文件　　被面　　手套　　汽车　　球拍　　工作

3. 语序或表达形式判断：请判断并读出下列各组中的普通话语句。

(1) A. 他今年二一岁。

B. 他今年二十一岁。

(2) A. 插座有电，你不敢乱摸。

B. 插座有电，你不能乱摸。

(3) A. 别尽他跑了。

B. 别让他跑了。

(4) A. 你躲得脱和尚躲不脱庙。

B. 你躲得了和尚躲不了庙。

(5) A. 哥哥长得不高起我。

B. 哥哥长得不比我高。

C. 哥哥长得不高过我。

四、朗读短文 （400 个音节，限时 4 分钟，共 30 分）

作品 49 号

五、命题说话 （请在下列话题中任选一个，限时 3 分钟，共 30 分）

1. 我喜欢的职业（或专业）

2. 我喜爱的植物

试卷二十四

一、读单音节字词（100 个音节，限时 3.5 分钟，共 10 分）

惠 huì	雪 xuě	瘪 biě	誓 shì	鸭 yā	午 wǔ	磕 kē	妇 fù	翔 xiáng	绵 mián
尊 zūn	明 míng	涂 tú	耸 sǒng	推 tuī	潘 Pān	惑 huò	叩 kòu	翻 fān	秤 chèng
摞 luò	太 tài	仍 réng	虚 xū	唇 chún	缓 huǎn	纵 zòng	糠 kāng	法 fǎ	棚 péng
刊 kān	条 tiáo	雄 xióng	仓 cāng	哟 yō	姿 zī	抡 lūn	饿 è	河 hé	肉 ròu
菊 jú	草 cǎo	惹 rě	段 duàn	聂 Niè	掠 lüè	智 zhì	恨 hèn	锁 suǒ	信 xìn
郑 Zhèng	群 qún	闹 nào	蔫 niān	消 xiāo	颅 lú	迭 dié	窘 jiǒng	滑 huá	鹤 hè
俗 sú	灶 zào	顺 shùn	泉 quán	桨 jiǎng	聊 liáo	逛 guàng	灸 jiǔ	屋 wū	滚 gǔn
髓 suǐ	莲 lián	秋 qiū	柏 bǎi	域 yù	襟 jīn	吊 diào	牧 mù	店 diàn	卑 bēi
阴 yīn	望 wàng	疏 shū	癞 là/lài	侵 qīn	默 mò	德 dé	捷 jié	关 guān	泵 bèng
娶 qǔ	斟 zhēn	蚁 yǐ	憋 biē	窟 kū	玖 jiǔ	嘴 zuǐ	窖 jiào	光 guāng	赐 cì

二、读多音节词语（100 个音节，限时 2.5 分钟，共 20 分）

偶像 ǒuxiàng	小儿 xiǎo'ér	混凝土 hùnníngtǔ	参展 cānzhǎn	脊梁 jǐ·liáng
宪法 xiànfǎ	频繁 pínfán	笼统 lǒngtǒng	伴随 bànsuí	恢复 huīfù
小孩儿 xiǎoháir	乘法 chéngfǎ	羊毛 yángmáo	桥梁 qiáoliáng	人事 rénshì
板擦儿 bǎncār	灿烂 cànlàn	支撑 zhīchēng	造型 zàoxíng	抵挡 dǐdǎng
寄托 jìtuō	石榴 shí·liu	小姐 xiǎojiě	低微 dīwēi	玳瑁 dàimào
空白 kòngbái	僧侣 sēnglǚ	乘客 chéngkè	海拔 hǎibá	淀粉 diànfěn
牲口 shēng·kou	白皙 báixī	列举 lièjǔ	慎重 shènzhòng	呼啸 hūxiào
骨骼 gǔgé	恶劣 èliè	魅力 mèilì	陶冶 táoyě	果冻儿 guǒdòngr
便秘 biànmì	飞碟 fēidié	死亡 sǐwáng	方针 fāngzhēn	宁静 níngjìng
维修 wéixiū	菠萝 bōluó	瓜子儿 guāzǐr	体育馆 tǐyùguǎn	

三、选择判断（限时 3 分钟，共 10 分）

1. 词语判断：请判断并读出下列各组中的普通话词语。

(1) 爷娘　　　爸母　　　父母 fùmǔ　　　老豆老母

(2) 细佬仔　　崽里子　　少年 shàonián　　团仔头　　伢子　　细人欻

(3) 上半日　　顶昼　　上午 shàngwǔ　　上昼　　上间里

(4) 花臣　　式样 shìyàng　　样欻

(5) 捋仔　　梳里　　梳子 shū·zi　　梳欻

(6) 抿仔　　刷子 shuā·zi　　刷歘

(7) 渠拉　　她们 tā·men　　佢哋　　渠个里　　佢等人

(8) 背后头　　背后 bèihòu　　巴脊后

(9) 右爿　　右便　　右边 yòu·bian　　右片爿

(10) 辣辣　　在 zài　　仁　　喺　　嗨

2.量词、名词搭配:请搭配并读出下列符合普通话规范的量名短语(例如:一条——鱼)。

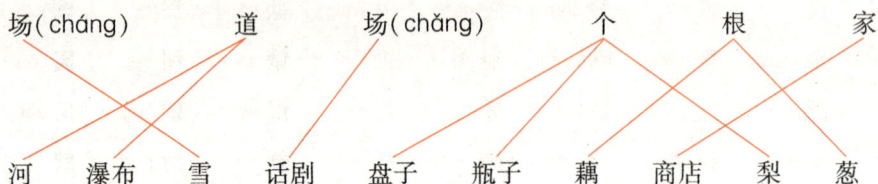

场(cháng)　　道　　场(chǎng)　　个　　根　　家

河　　瀑布　　雪　　话剧　　盘子　　瓶子　　藕　　商店　　梨　　葱

3.语序或表达形式判断:请判断并读出下列各组中的普通话语句。

(1) A.这是上次看的电影吧?

　　B.这是上次看的电影哇?

(2) A.起杭州出发。

　　B.对杭州出发。

　　C.从杭州出发。

(3) A.这个事情现在还定不倒。

　　B.这件事现在还定不了。

(4) A.我大他。

　　B.我比他大。

(5) A.你站好。

　　B.你站站好。

四、朗读短文 (400 个音节,限时 4 分钟,共 30 分)

作品 28 号

五、命题说话 (请在下列话题中任选一个,限时 3 分钟,共 30 分)

1.尊敬的人

2.我喜欢的季节(或天气)

▶ 试卷二十五 ◀

一、读单音节字词（100 个音节，限时 3.5 分钟，共 10 分）

兹 zī	轧 yà/zhá	唾 tuò	工 gōng	旁 páng	铝 lǚ	憋 biē	沟 gōu	存 cún	肠 cháng
薰 xūn	佟 Tóng	触 chù	禀 bǐng	牌 pái	揍 zòu	架 jià	词 cí	若 ruò	露 lòu/lù
拙 zhuō	靴 xuē	盖 gài	淌 tǎng	怒 nù	然 rán	林 lín	获 huò	尺 chě/chǐ	咪 mī
清 qīng	斋 zhāi	框 kuàng	宣 xuān	啼 tí	狼 láng	虫 chóng	黑 hēi	福 fú	疯 fēng
笋 sǔn	偕 xié	咂 zā	你 nǐ	掠 lüè	虎 hǔ	筐 kuāng	潮 cháo	匪 fěi	高 gāo
军 jūn	掷 zhì	寒 hán	颂 sòng	前 qián	镶 xiāng	哪 nǎ/né	侧 cè	对 duì	聘 pìn
援 yuán	巫 wū	谋 móu	奇 jī/qí	举 jǔ	囚 qiú	盯 dīng	嗣 sì	补 bǔ	皆 jiē
瓮 wèng	舜 Shùn	秒 miǎo	扑 pū	俞 shù/yú	等 děng	泪 lèi	病 bìng	点 diǎn	鲸 jīng
街 jiē	蛹 yǒng	饰 shì	维 wéi	饱 bǎo	寿 shòu	品 pǐn	麦 mài	挂 guà	煤 méi
腮 sāi	湾 wān	伊 yī	脾 pí	杯 bēi	乱 luàn	鼓 gǔ	搅 jiǎo	但 dàn	身 shēn

二、读多音节词语（100 个音节，限时 2.5 分钟，共 20 分）

饱和 bǎohé	毛巾 máojīn	快板儿 kuàibǎnr	危险 wēixiǎn	背叛 bèipàn
缝纫 féngrèn	浓厚 nónghòu	财主 cái·zhu	储存 chǔcún	年轻 niánqīng
西瓜 xī·guā	不计其数 bùjì-qíshù	跟踪 gēnzōng	平等 píngděng	典型 diǎnxíng
牙签儿 yáqiānr	判决 pànjué	音调 yīndiào	惭愧 cánkuì	汗水 hànshuǐ
轻易 qīngyì	法则 fǎzé	区域 qūyù	责任 zérèn	巴掌 bā·zhang
抽搐 chōuchù	近代 jìndài	荣誉 róngyù	感染 gǎnrǎn	沙发 shāfā
周围 zhōuwéi	呆板 dāibǎn	夸张 kuāzhāng	怪物 guài·wu	丧失 sàngshī
素材 sùcái	考古 kǎogǔ	爱惜 àixī	大腕儿 dàwànr	滴灌 dīguàn
灵敏 língmǐn	狩猎 shòuliè	弹簧 tánhuáng	昂首 ángshǒu	理想 lǐxiǎng
厄运 èyùn	摸索 mō·suǒ	半截儿 bànjiér	童话 tónghuà	

三、选择判断（限时 3 分钟，共 10 分）

1. 词语判断：请判断并读出下列各组中的普通话词语。

(1) 房东 fángdōng　　厝主　　　　屋主

(2) 背褡子　　　　背心欸　　　　背心 bèixīn　　袜衫欸

(3) 何是　　　　　何解　　　　　怎么 zěn·me　　哪能介

(4) 阙　　　　　　眨 zhǎ　　　　矖

(5) 打金针　　　　针灸 zhēnjiǔ　　扎干针

(6) 渠　　　　他 tā　　　　伊　　　　佢

(7) 知影　　　　知道 zhǐ·dào　　　　晓得　　　　知得

(8) 半当中　　　　中浪　　　　半路顶　　　　中途 zhōngtú　　　　半路里

(9) 骹球　　　　足球 zúqiú　　　　脚球

(10) 倒手爿　　　　左便　　　　左边 zuǒ·bian　　　　细爿　　　　左片爿

2. 量词、名词搭配:请搭配并读出下列符合普通话规范的量名短语(例如:一条——鱼)。

滴　　　　把　　　　对　　　　架　　　　间　　　　件

夫妻　　舞伴　　飞机　　油　　伞　　房子　　大衣　　耳朵　　衬衣　　仓库

3. 语序或表达形式判断:请判断并读出下列各组中的普通话语句。

(1) A. 开了一圪朵红花。

B. 开了一朵红花。

(2) A. 我有百一八块钱。

B. 我有一百一十八块钱。

(3) A. 快把你的东西弄走。

B. 快把你的东西弄起走。

(4) A. 他跑得不快的我。

B. 他跑得不快过我。

C. 他跑得不比我快。

(5) A. 她很不能说话。

B. 她很不会说话。

四、朗读短文 (400 个音节,限时 4 分钟,共 30 分)

作品 5 号

五、命题说话 (请在下列话题中任选一个,限时 3 分钟,共 30 分)

1. 对幸福的理解

2. 我喜爱的艺术形式

▶ 试卷二十六 ◀

一、读单音节字词（100 个音节，限时 3.5 分钟，共 10 分）

板 bǎn	撑 chēng	懂 dǒng	绝 jué	给 gěi/jǐ	遵 zūn	绒 róng	了 le/liǎo	撵 niǎn	吞 tūn
逸 yì	都 dōu/dū	辱 rǔ	唤 huàn	弓 gōng	翅 chì	缕 lǚ	驼 tuó	博 bó	就 jiù
喘 chuǎn	促 cù	蹦 bèng	灰 huī	卡 kǎ/qiǎ	构 gòu	畔 pàn	铃 líng	锐 ruì	午 wǔ
雇 gù	赞 zàn	短 duǎn	蔗 zhè	急 jí	孔 kǒng	麻 má	劈 pī/pǐ	妄 wàng	嗓 sǎng
肥 féi	宾 bīn	拐 guǎi	答 dā/dá	啸 xiào	硼 péng	苇 wěi	慢 màn	仨 sā	口 kǒu
否 fǒu/pǐ	部 bù	赠 zèng	乙 yǐ	检 jiǎn	孟 mèng	筐 kuāng	官 guān	频 pín	袭 xí
郁 yù	酥 sū	驶 shǐ	复 fù	老 lǎo	枚 méi	贤 xián	浦 pǔ	锅 guō	浇 jiāo
瞻 zhān	改 gǎi	材 cái	携 xié	接 jiē	屠 tú	类 lèi	搜 sōu	棋 qí	木 mù
歉 qiàn	槽 cáo	绪 xù	后 hòu	津 jīn	点 diǎn	署 shǔ	例 lì	女 nǚ	感 gǎn
籽 zǐ	常 cháng	惊 jīng	护 hù	爹 diē	勇 yǒng	娘 niáng	廷 tíng	妾 qiè	尧 Yáo

二、读多音节词语（100 个音节，限时 2.5 分钟，共 20 分）

此间 cǐjiān	几率 jǐlǜ	弥漫 mímàn	白净 bái·jing	善良 shànliáng
卧室 wòshì	状况 zhuàngkuàng	党纪 dǎngjì	酱油 jiàngyóu	男人 nánrén
名牌儿 míngpáir	神情 shénqíng	刑罚 xíngfá	质子 zhìzǐ	爵士乐 juéshìyuè
法典 fǎdiǎn	年级 niánjí	塑料 sùliào	蛾子 é·zi	胸脯 xiōngpú
变更 biàngēng	开朗 kāilǎng	蓬勃 péngbó	粉笔 fěnbǐ	寺院 sìyuàn
脸盘儿 liǎnpánr	牙齿 yáchǐ	不妨 bùfáng	拱手 gǒngshǒu	狂热 kuángrè
气流 qìliú	疼痛 téngtòng	称呼 chēng·hu	渔业 yúyè	潮湿 cháoshī
好评 hǎopíng	豆芽儿 dòuyár	黎明 límíng	情绪 qíngxù	脱离 tuōlí
在家 zàijiā	摧毁 cuīhuǐ	简陋 jiǎnlòu	绿洲 lǜzhōu	热心 rèxīn
位移 wèiyí	遭受 zāoshòu	碎步儿 suìbùr	同位素 tóngwèisù	

三、选择判断（限时 3 分钟，共 10 分）

1. 词语判断：请判断并读出下列各组中的普通话词语。

（1）自家	家自	自己 zìjǐ	家己	自拣		
（2）戆大	戆居	笨蛋 bèndàn	木端里	蠢人子	戆古	
（3）朝早饭	早饭 zǎofàn	早顿				
（4）像头	照片 zhàopiàn	相片子				
（5）露灾	糟糕 zāogāo	推扳	弊家伙	拐场	凹苦	坏欤

(6)有淡薄	有点儿 yǒudiǎnr	有一眼	有啲多	有滴子	有点咖子	有滴
(7)挤拥	拥挤 yōngjǐ	扰				
(8)一旁边	一边 yībiān	蜀面	蜀边			
(9)说勿定	也许 yěxǔ	无定着				
(10)样相	样子 yàng · zi	样范	样敹			

2. 量词、名词搭配:请搭配并读出下列符合普通话规范的量名短语(例如:一条——鱼)。

棵　　颗　　口　　匹　　片　　扇

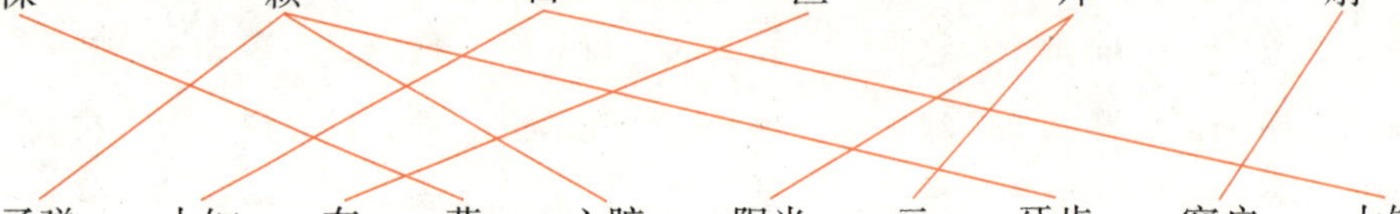

子弹　大缸　布　草　心脏　阳光　云　牙齿　窗户　大锅

3. 语序或表达形式判断:请判断并读出下列各组中的普通话语句。

(1)A. 腿变细了。

B. 腿子变细了。

(2)A. 红红哇的

B. 红蛮红的

C. 血红红的

D. 血红血红的

(3)A. 起这儿离开。

B. 走这儿离开。

C. 从这儿离开。

(4)A. 你少说两句。

B. 你说少两句。

(5)A. 这朵花红得极。

B. 这朵花儿红极。

C. 这朵花儿很红。

四、朗读短文(400 个音节,限时 4 分钟,共 30 分)

作品 33 号

五、命题说话(请在下列话题中任选一个,限时 3 分钟,共 30 分)

1. 让我快乐的事情

2. 谈社会公德(或职业道德)

▶ 试卷二十七 ◀

一、读单音节字词（100个音节，限时3.5分钟，共10分）

疫 yì	灼 zhuó	花 huā	丸 wán	驳 bó	仁 rén	列 liè	刺 cī/cì	柄 bǐng	二 èr
蛙 wā	砚 yàn	如 rú	闹 nào	昼 zhòu	蓝 lán	堆 duī	对 duì	纯 chún	边 biān
蜕 tuì	循 xún	年 nián	闭 bì	肯 kěn	执 zhí	闯 chuǎng	顶 dǐng	合 hé	斩 zhǎn
癣 xuǎn	淘 táo	缺 quē	串 chuàn	膜 mó	本 běn	刻 kè	择 zé/zhái	渡 dù	哈 hā/hǎ
穷 qióng	灭 miè	哭 kū	澡 zǎo	掉 diào	汰 tài	絮 xù	拜 bài	归 guī	愁 chóu
绥 suí	瞒 mán	辛 xīn	爸 bà	哉 zāi	抵 dǐ	广 guǎng	酿 niàng	均 jūn	瞧 qiáo
罗 luó	孕 yùn	饲 sì	七 qī	拱 gǒng	巨 jù	层 céng	导 dǎo	硝 xiāo	风 fēng
纲 gāng	愚 yú	爽 shuǎng	镶 xiāng	乱 luàn	篇 piān	残 cán	袋 dài	紧 jǐn	些 xiē
赦 shè	溪 xī	釉 yòu	龙 lóng	抛 pāo	步 bù	浮 fú	焦 jiāo	村 cūn	洋 yáng
粪 fèn	涡 Guō/wō	饶 ráo	逝 shì	怕 pà	盈 yíng	临 lín	伯 bó	催 cuī	溜 liū/liù

二、读多音节词语（100个音节，限时2.5分钟，共20分）

宝贝 bǎo·bèi	打盹儿 dǎdǔnr	黄昏 huánghūn	命运 mìngyùn	西域 Xīyù
他人 tārén	拳头 quán·tóu	采访 cǎifǎng	鉴别 jiànbié	那些 nàxiē
福气 fú·qi	容器 róngqì	天鹅 tiān'é	泄露 xièlòu	虚心 xūxīn
场所 chǎngsuǒ	泥土 nítǔ	送信儿 sòngxìnr	人格 réngé	同意 tóngyì
静脉 jìngmài	倒霉 dǎoméi	快乐 kuàilè	庞大 pángdà	森林 sēnlín
棒槌 bàng·chui	投降 tóuxiáng	谚语 yànyǔ	反动 fǎndòng	来源 láiyuán
月饼 yuè·bing	片刻 piànkè	世界观 shìjièguān	阴霾 yīnmái	挖掘 wājué
感慨 gǎnkǎi	没谱儿 méipǔr	责怪 zéguài	恰当 qiàdàng	衰老 shuāilǎo
微笑 wēixiào	逻辑 luó·jí	口语 kǒuyǔ	媒介 méijiè	曲线 qūxiàn
搜集 sōují	诬陷 wūxiàn	抓阄儿 zhuājiūr	老百姓 lǎobǎixìng	

三、选择判断（限时3分钟，共10分）

1.词语判断:请判断并读出下列各组中的普通话词语。

（1）炊事员 chuīshìyuán	馆夫	伙头	煮饭个	火头
（2）板	板定	必定 bìdìng	定着	呆的
（3）命	要命 yàomìng	卜死	爱死	
（4）一记头	蜀下	一下儿 yíxiàr	一下欸	
（5）照原	原至	依旧 yījiù	原旧	闲系

(6) 定是　　　　　**一定 yīdìng**　　　　定着　　　　一于

(7) 夜到　　　　　暝时　　　　**夜里 yè·lǐ**　　　夜里向　　　夜到头　　　夜晚黑

(8) 扯扯匀　　　　偏铺　　　　**匀 yún**　　　　扯牵匀　　　褙　　　　匀存

(9) 星子　　　　　**星星 xīng·xing**　　　星欸

(10) 齿抿　　　　　**牙刷 yáshuā**　　　牙刷子

2. 量词、名词搭配:请搭配并读出下列符合普通话规范的量名短语(例如:一条——鱼)。

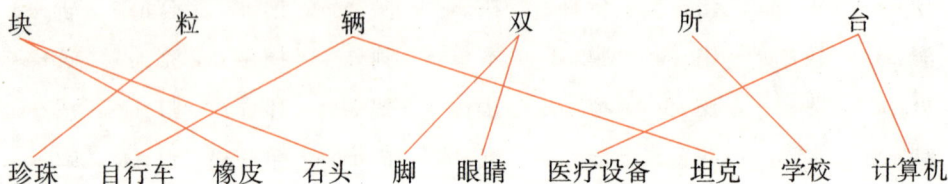

块　　　　粒　　　　辆　　　　双　　　　所　　　　台

珍珠　自行车　橡皮　石头　脚　眼睛　医疗设备　坦克　学校　计算机

3. 语序或表达形式判断:请判断并读出下列各组中的普通话语句。

(1) A. 冷冰哒

　　B. 冰冰冷

　　C. 冰嘎凉

　　D. 冷冰冰

(2) A. 这凳子坐得三个人。

　　B. 这凳子会坐得三个人。

　　C. 这凳子能坐三个人。

　　D. 这凳子会坐三个人。

(3) A. 不溅了一地水。

　　B. 溅了一地水。

(4) A. 这件事我晓不得。

　　B. 这件事我知不道。

　　C. 这件事我不知道。

(5) A. 你吃一碗添。

　　B. 你再吃一碗。

四、朗读短文（400 个音节，限时 4 分钟，共 30 分）

作品 7 号

五、命题说话（请在下列话题中任选一个，限时 3 分钟，共 30 分）

1. 学习普通话(或其他语言)的体会

2. 谈谈卫生与健康

▶ 试卷二十八 ◀

一、读单音节字词（100 个音节，限时 3.5 分钟，共 10 分）

派 pài	粉 fěn	炒 chǎo	判 pàn	懂 dǒng	级 jí	脖 bó	剃 tì	粟 sù	猿 yuán
陈 chén	挨 āi/ái	建 jiàn	拢 lǒng	绕 rào	犬 quǎn	熔 róng	饷 xiǎng	谭 Tán	枣 zǎo
络 lào/luò	摆 bǎi	练 liàn	赤 chì	佛 fó/fú	孝 xiào	哨 shào	闸 zhá	软 ruǎn	贫 pín
腹 fù	楚 chǔ	竟 jìng	忙 máng	抱 bào	赛 sài	铺 pū/pù	挟 xié	蘸 zhàn	亭 tíng
杯 bēi	肝 gān	丛 cóng	魄 pò	平 píng	凹 āo	面 miàn	梭 suō	可 kě/kè	炙 zhì
磨 mó/mò	别 bié/biè	栓 shuān	扣 kòu	腌 yān	起 qǐ	窜 cuàn	盅 zhōng	韦 wéi	尚 shàng
捕 bǔ	购 gòu	唾 tuò	跨 kuà	淤 yū	烧 shāo	瘟 wēn	肘 zhǒu	嫩 nèn	痒 yǎng
扭 niǔ	赘 zhuì	辛 xīn	道 dào	灌 guàn	琴 qín	姚 Yáo	师 shī	摀 wǔ	困 kùn
耗 hào	浓 nóng	测 cè	冷 lěng	帝 dì	姿 zī	手 shǒu	腋 yè	惜 xī	曲 qū/qǔ
痈 yōng	丢 diū	火 huǒ	拆 chāi	匣 xiá	您 nín	攥 zuàn	束 shù	来 lái	囚 qiú

二、读多音节词语（100 个音节，限时 2.5 分钟，共 20 分）

紫菜 zǐcài	坚毅 jiānyì	锯齿儿 jùchǐr	公社 gōngshè	大街 dàjiē
部门 bùmén	下去 xià·qù	小巧 xiǎoqiǎo	讴歌 ōugē	分泌 fēnmì
粗糙 cūcāo	麻花儿 máhuār	不论 bùlùn	颜色 yánsè	守旧 shǒujiù
杂院儿 záyuànr	撇开 piē·kāi	放心 fàngxīn	从前 cóngqián	薄弱 bóruò
造就 zàojiù	顷刻 qǐngkè	还原 huányuán	儿女 érnǚ	磁铁 cítiě
被动 bèidòng	花盆儿 huāpénr	证书 zhèngshū	泯灭 mǐnmiè	号召 hàozhào
读书 dúshū	出席 chūxí	脑袋 nǎo·dai	伴随 bànsuí	跳动 tiàodòng
观测 guāncè	领海 lǐnghǎi	耷拉 dā·la	电荷 diànhè	成员 chéngyuán
科研 kēyán	树林 shùlín	茶叶 cháyè	丧失 sàngshī	地壳 dìqiào
缓解 huǎnjiě	包涵 bāo·han	微妙 wēimiào	目瞪口呆 mùdèng-kǒudāi	

三、选择判断（限时 3 分钟，共 10 分）

1. 词语判断：请判断并读出下列各组中的普通话词语。

（1）生病人　　病侬　　**病人 bìngrén**　　病人里　　病人子

（2）边墩　　边头　　**边缘 biānyuán**　　边唇

（3）照原　　原至　　**依然 yīrán**　　原旧　　闲系

（4）烟筒　　**烟囱 yāncōng**　　薰箸

（5）眼火　　**眼力 yǎnlì**　　目色　　眼水

(6) 惊吵　　　搅吵　　　打扰 dǎrǎo　　　滚搅　　　搅噪

(7) 吵相骂　　寻相骂　　嗌交　　　吵架 chǎojià　　闹夹绊　　扯夹绊

(8) 大事体　　大事 dàshì　　大事志

(9) 伊　　　她 tā　　　渠　　　佢

(10) 乥　　　唔见　　　丢 diū　　　落脱　　　跌撇

2. 量词、名词搭配：请搭配并读出下列符合普通话规范的量名短语（例如：一条——鱼）。

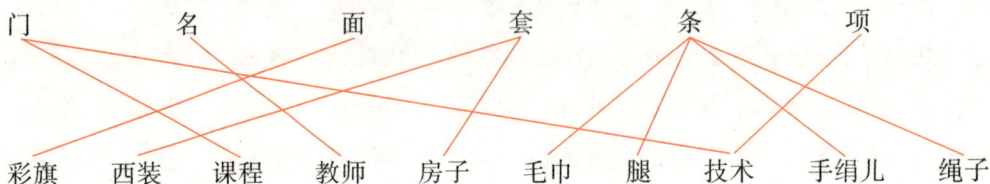

门　　　名　　　面　　　套　　　条　　　项

彩旗　西装　课程　教师　房子　毛巾　腿　技术　手绢儿　绳子

3. 语序或表达形式判断：请判断并读出下列各组中的普通话语句。

(1) A. 这大米有千三公斤。

　　B. 这大米有一千三百公斤。

(2) A. 我朝太原来。

　　B. 我迎太原来。

　　C. 我赶太原来。

　　D. 我从太原来。

(3) A. 兔子跑得比乌龟快。

　　B. 兔子跑快乌龟。

(4) A. 请你喝多两杯。

　　B. 请你多喝两杯。

(5) A. 妹妹只吃得倒半碗饭。

　　B. 妹妹只吃得了半碗饭。

四、朗读短文（400 个音节，限时 4 分钟，共 30 分）

作品 19 号

五、命题说话（请在下列话题中任选一个，限时 3 分钟，共 30 分）

1. 我所在的学校（或公司、团队、其他机构）

2. 家乡（或熟悉的地方）

◆ 试卷二十九 ◆

一、读单音节字词（100 个音节，限时 3.5 分钟，共 10 分）

岸 àn	伏 fú	搭 dā	梨 lí	晶 jīng	贼 zéi	袜 wà	取 qǔ	蚀 shí	纳 nà
聚 jù	呆 dāi	却 què	渤 Bó	联 lián	南 nán	般 bān	腕 wàn	暑 shǔ	佯 yáng
比 bǐ	淤 yū	党 dǎng	谷 gǔ	让 ràng	磷 lín	委 wěi	你 nǐ	趾 zhǐ	涮 shuàn
可 kě/kè	敌 dí	逛 guàng	标 biāo	内 nèi	溢 yì	毋 wú	惹 rě	讼 sòng	刘 Liú
楼 lóu	浓 nóng	不 bù	害 hài	婴 yīng	吏 lì	度 dù/duó	塑 sù	夕 xī	媚 mèi
蹭 cèng	凿 záo	蔡 Cài	蹲 dūn	苦 kǔ	霞 xiá	扔 rēng	路 lù	梭 suō	黄 huáng
码 mǎ	否 fǒu/pǐ	匠 jiàng	晓 xiǎo	壶 hú	矿 kuàng	扫 sǎo/sào	拼 pīn	塌 tā	迂 yū
阔 kuò	模 mó/mú	键 jiàn	贪 tān	扯 chě	砧 zhēn	返 fǎn	腮 sāi	祥 xiáng	皮 pí
宏 hóng	诛 zhū	舔 tiǎn	矩 jǔ	济 Jǐ/jì	羞 xiū	每 měi	砂 shā	初 chū	丰 fēng
栏 lán	个 gě/gè	船 chuán	且 qiě	届 jiè	踪 zōng	某 mǒu	巡 xún	闪 shǎn	屠 tú

二、读多音节词语（100 个音节，限时 2.5 分钟，共 20 分）

毛巾 máojīn	趣味 qùwèi	百合 bǎihé	停留 tíngliú	鞋带儿 xiédàir
压缩 yāsuō	中枢 zhōngshū	枷锁 jiāsuǒ	自信 zìxìn	提防 dī·fang
完整 wánzhěng	岩石 yánshí	处女 chǔnǚ	人性 rénxìng	胆略 dǎnlüè
蛋黄儿 dànhuángr	客商 kèshāng	散步 sànbù	误差 wùchā	邀请 yāoqǐng
鼻孔 bíkǒng	声调 shēngdiào	扁担 biǎn·dan	狭隘 xiá'ài	尔后 ěrhòu
拥挤 yōngjǐ	筹集 chóují	独特 dútè	牛顿 niúdùn	石榴 shí·liu
围嘴儿 wéizuǐr	县城 xiànchéng	辅导 fǔdǎo	栽培 zāipéi	肥料 féiliào
果肉 guǒròu	佩服 pèi·fu	俗称 súchēng	星球 xīngqiú	增强 zēngqiáng
瞬间 shùnjiān	过渡 guòdù	海岛 hǎidǎo	亲属 qīnshǔ	胎儿 tāi'ér
火苗儿 huǒmiáor	血液 xuèyè	战略 zhànlüè	独一无二 dúyī-wú'èr	

三、选择判断（限时 3 分钟，共 10 分）

1. 词语判断：请判断并读出下列各组中的普通话词语。

（1）清早晨	天光早	天蒙光	黎明 límíng	天光边子	一黑早
（2）条仔	便条 biàntiáo	纸条欵			
（3）若无	要不 yàobù	唔啱	唔系就		
（4）色气	颜色 yánsè	色致			
（5）老早子	以往 yǐwǎng	往摆	旧阵时		

(6) 用勿着　　用不着 yòng·bùzháo　　唔免　　　　唔使

(7) 夷　　　　又 yòu　　　　　　　阁再

(8) 流松　　　脏 zāng　　　　　　腌臜　　　　汹耨

(9) 相争　　　相诤　　　　　　　争吵 zhēngchǎo　争拗　　　拗事

(10) 油蒜　　芝麻 zhī·ma　　　麻欶

2. 量词、名词搭配：请搭配并读出下列符合普通话规范的量名短语（例如：一条——鱼）。

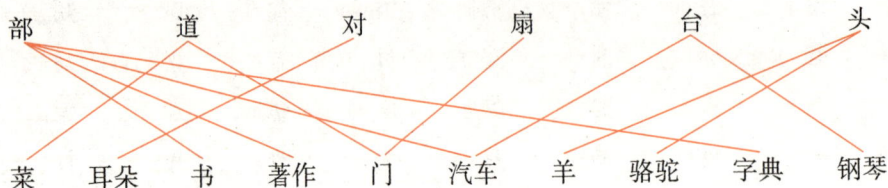

部　　　　道　　　　对　　　　扇　　　　台　　　　头

菜　　耳朵　　书　　著作　　门　　汽车　　羊　　骆驼　　字典　　钢琴

3. 语序或表达形式判断：请判断并读出下列各组中的普通话语句。

(1) A. 我比不过他。

　　B. 我比他不过。

　　C. 我比不他过。

(2) A. 雪雪白的

　　B. 雪白雪白的

　　C. 雪白白的

(3) A. 他可会哄人呢。

　　B. 他可会日哄人哩。

(4) A. 面包掉摞地上了。

　　B. 面包掉咧地上了。

　　C. 面包掉在地上了。

(5) A. 骑车快过走路。

　　B. 骑车比走路快。

四、朗读短文（400 个音节，限时 4 分钟，共 30 分）

作品 23 号

五、命题说话（请在下列话题中任选一个，限时 3 分钟，共 30 分）

1. 对环境保护的认识

2. 科技发展与社会生活

▶ 试卷三十 ◀

一、读单音节字词（100 个音节，限时 3.5 分钟，共 10 分）

卒 cù/zú	焰 yàn	枉 wǎng	善 shàn	骗 piàn	跛 bǒ	老 lǎo	俱 jù	喝 hē/hè	对 duì
哑 yǎ	滋 zī	瘸 qué	剜 wān	骑 qí	喊 hǎn	棉 mián	晒 shài	薛 Xuē	链 liàn
谱 pǔ	救 jiù	椎 zhuī	妥 tuǒ	若 ruò	迷 mí	斤 jīn	类 lèi	滚 gǔn	凑 còu
玄 xuán	臀 tún	日 rì	拽 zhuài	瓜 guā	虫 chóng	捆 kǔn	命 mìng	结 jiē/jié	凭 píng
涛 tāo	腥 xīng	粥 zhōu	批 pī	脚 jiǎo	眉 méi	车 chē/jū	蚀 shí	染 rǎn	固 gù
蒜 suàn	辛 xīn	全 quán	赠 zèng	触 chù	搜 sōu	陪 péi	狂 kuáng	告 gào	简 jiǎn
允 yǔn	帅 shuài	缺 quē	活 huó	危 wēi	夫 fū	扭 niǔ	旅 lǚ	亏 kuī	操 cāo
求 qiú	熄 xī	孰 shú	那 Nā/nà	谕 yù	霞 xiá	君 jūn	鲁 lǔ	环 huán	并 bìng
沪 Hù	乌 wū/wù	嗜 shì	轻 qīng	闹 nào	酉 yǒu	倍 bèi	犯 fàn	蝇 yíng	刘 Liú
淋 lín/lìn	掖 yē/yè	萎 wěi	埠 bù	亩 mǔ	审 shěn	枣 zǎo	捐 juān	堵 dǔ	千 qiān

二、读多音节词语（100 个音节，限时 2.5 分钟，共 20 分）

济济 jǐjǐ	苍白 cāngbái	志愿军 zhìyuànjūn	锄头 chú·tou	逻辑 luó·jí
让步 ràngbù	素描 sùmiáo	加塞儿 jiāsāir	笔者 bǐzhě	热血 rèxuè
当选 dāngxuǎn	台灯 táidēng	面积 miànjī	机关 jīguān	采取 cǎiqǔ
动作 dòngzuò	经典 jīngdiǎn	拉链儿 lāliànr	模样 múyàng	撒手 sāshǒu
湍急 tuānjí	广泛 guǎngfàn	放弃 fàngqì	功夫 gōng·fu	咀嚼 jǔjué
万恶 wàn'è	内容 nèiróng	色素 sèsù	高等 gāoděng	海外 hǎiwài
膳食 shànshí	亏损 kuīsǔn	平坦 píngtǎn	衙门 yá·men	务农 wùnóng
可能 kěnéng	航海 hánghǎi	蜜枣儿 mìzǎor	历代 lìdài	其余 qíyú
受贿 shòuhuì	舷窗 xiánchuāng	脸色 liǎnsè	流氓 liúmáng	湖泊 húpō
情报 qíngbào	霜冻 shuāngdòng	被窝儿 bèiwōr	中间人 zhōngjiānrén	

三、选择判断（限时 3 分钟，共 10 分）

1. 词语判断：请判断并读出下列各组中的普通话词语。

（1）头毛　　　头翻　　　头发 tóu·fa　　　头拿毛

（2）一生人　　终身 zhōngshēn　　终死

（3）一无世界　遍地 biàndì　　　蜀世界　　　认滚

（4）嘴唇子　　嘴巴皮子　　嘴唇 zuǐchún　　嘴唇皮　　　喙唇　　　嘴舷子

（5）清气相　　整洁 zhěngjié　　索利　　　又齐整又零利

(6) 下半日　　下晡　　**下午 xiàwǔ**　　下昼　　下间里

(7) 幼细　　**细小 xìxiǎo**　　异细

(8) 勿要　　唔通　　**勿 wù**　　咪　　唔好

(9) 掖　　**歪 wāi**　　敥

(10) 百厌　　**淘气 táoqì**　　孽韶　　翻灿

2. 量词、名词搭配：请搭配并读出下列符合普通话规范的量名短语（例如：一条——鱼）。

副　　道　　件　　口　　辆　　面

伤痕　　礼物　　球拍　　行李　　大锅　　汽车　　工作　　闪电　　镜子　　担架

3. 语序或表达形式判断：请判断并读出下列各组中的普通话语句。

(1) **A. 我打不过他。**

　　 B. 我打他不过。

　　 C. 我打不他过。

(2) A. 那是个日能人，要一套有一套。

　　 B. 那是个能人，要一套有一套。

(3) A. 你把钱稳儿桌子上吧！

　　 B. 你把钱放桌子吧！

　　 C. 你把钱放在桌子上吧！

(4) **A. 送一个礼物给我。**

　　 B. 送一个礼物我。

　　 C. 礼物送一个给我。

　　 D. 礼物一个送我。

(5) A. 这座山有千九五米高。

　　 B. 这座山有一千九百五十米高。

　　 C. 这座山有一千九五米高。

四、朗读短文（400 个音节，限时 4 分钟，共 30 分）

作品 10 号

五、命题说话（请在下列话题中任选一个，限时 3 分钟，共 30 分）

1. 老师

2. 小家、大家与国家

▶ 试卷三十一 ◀

一、读单音节字词（100个音节，限时3.5分钟，共10分）

氨 ān	盖 gài	达 dá	潘 Pān	价 jià	邻 lín	时 shí	颜 yán	枉 wǎng	憎 zēng
巴 bā	固 gù	军 jūn	懂 dǒng	瞻 zhān	噎 yē	授 shòu	票 piào	威 wēi	领 lǐng
接 jiē	流 liú	割 gē	卜 bǔ	径 jìng	刷 shuā	拼 pīn	罩 zhào	纹 wén	姨 yí
跟 gēn	啸 xiào	滴 dī	吟 yín	劝 quàn	侄 zhí	腥 xīng	悟 wù	蜀 Shǔ	码 mǎ
菜 cài	顾 gù	垫 diàn	刀 dāo	锁 suǒ	明 míng	切 qiē/qiè	蝇 yíng	霰 xiàn	冢 zhǒng
迈 mài	跪 guì	抖 dǒu	坑 kēng	域 yù	肠 cháng	蛀 zhù	详 xiáng	趟 tàng	溶 róng
而 ér	含 hán	程 chéng	灼 zhuó	入 rù	奶 nǎi	援 yuán	特 tè	潇 xiāo	扛 káng
孙 sūn	能 néng	饭 fàn	姿 zī	乎 hū	袍 páo	咂 zā	屑 xiè	床 chuáng	快 kuài
尿 niào	房 fáng	乐 lè/yuè	婚 hūn	赐 cì	崽 zǎi	汝 rǔ	赎 shú	趣 qù	薪 xīn
绪 xù	理 lǐ	揍 zòu	否 fǒu/pǐ	舍 shě/shè	之 zhī	透 tòu	噪 zào	记 jì	脓 nóng

二、读多音节词语（100个音节，限时2.5分钟，共20分）

开春 kāichūn	蘑菇 mó·gu	蓝图 lántú	玉米 yùmǐ	塑料 sùliào
判断 pànduàn	零售 língshòu	指点 zhǐdiǎn	板擦儿 bǎncār	离婚 líhūn
阴影 yīnyǐng	特务 tè·wu	气候 qìhòu	抒情 shūqíng	拇指 mǔzhǐ
胸脯 xiōngpú	金龟子 jīnguīzǐ	扫荡 sǎodàng	废物 fèiwù/fèi·wu	女性 nǚxìng
课本 kèběn	美味 měiwèi	嘹亮 liáoliàng	咖啡 kāfēi	深远 shēnyuǎn
冉冉 rǎnrǎn	乃至 nǎizhì	旺盛 wàngshèng	恍惚 huǎng·hū	毛驴 máolǘ
完美 wánměi	收摊儿 shōutānr	日趋 rìqū	明亮 míngliàng	晶体 jīngtǐ
香肠儿 xiāngchángr	边关 biānguān	给予 jǐyǔ	弹簧 tánhuáng	肉体 ròutǐ
煤炭 méitàn	种植 zhòngzhí	骨折 gǔzhé	栽培 zāipéi	驱逐 qūzhú
田地 tiándì	耳膜儿 ěrmór	轮流 lúnliú	细胞核 xìbāohé	

三、选择判断（限时3分钟，共10分）

1. 词语判断：请判断并读出下列各组中的普通话词语。

（1）头壳   脑壳   脑袋 nǎo·dai   头拿

（2）辫子 biàn·zi   鬓仔   毛辫欤

（3）跟了   随后 suíhòu   跟住   跟等

（4）禾索   穗 suì   穗头   禾线子   灿

（5）渠个里   他们 tā·men   渠拉   佢哋   佢等人

(6)影相　　摄影 shèyǐng　　熻像

(7)撒 sǎ　　曳　　敥

(8)敤　　敲 qiāo　　榷

(9)拍拼　　拼搏 pīnbó　　搏命

(10)谜里　　谜子　　谜语 míyǔ　　枚枚子　　靓欸

2. 量词、名词搭配:请搭配并读出下列符合普通话规范的量名短语(例如:一条——鱼)。

把　　场(chǎng)　　滴　　张　　所　　套

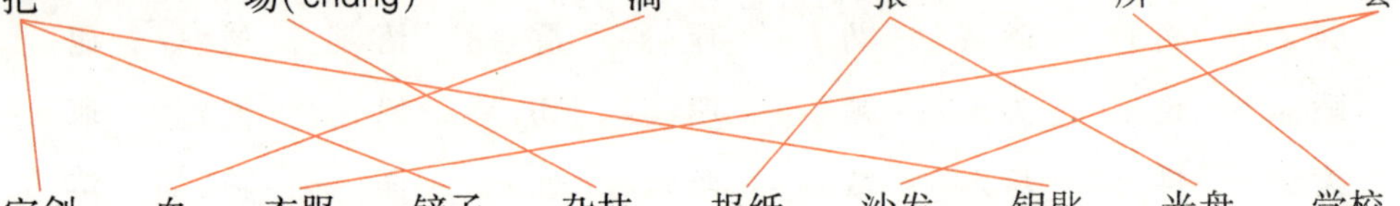

宝剑　　血　　衣服　　铲子　　杂技　　报纸　　沙发　　钥匙　　光盘　　学校

3. 语序或表达形式判断:请判断并读出下列各组中的普通话语句。

(1)A. 距离考试还有月把天。

B. 距离考试还有一个多月。

(2)A. 搁黑板上写字。

B. 跟黑板上写字。

C. 在黑板上写字。

(3)A. 喷香香

B. 喷喷香

(4)A. 你是不看电影?

B. 你看不看电影?

(5)A. 我买了一顶帽的、一条裤的。

B. 我买了一顶帽儿、一条裤儿。

C. 我买了一顶帽子、一条裤子。

四、朗读短文(400 个音节,限时 4 分钟,共 30 分)

作品 22 号

五、命题说话(请在下列话题中任选一个,限时 3 分钟,共 30 分)

1. 朋友

2. 体育运动的乐趣

▶ 试卷三十二 ◀

一、读单音节字词（100 个音节，限时 3.5 分钟，共 10 分）

怕 pà	并 bìng	族 zú	图 tú	州 zhōu	绒 róng	瞪 dèng	风 fēng	区 Ōu/qū	尔 ěr
肆 sì	妃 fēi	悟 wù	日 rì	缫 sāo	符 fú	律 lǜ	挪 nuó	开 kāi	品 pǐn
恨 hèn	熊 xióng	鸟 niǎo	梨 lí	份 fèn	森 sēn	妆 zhuāng	港 gǎng	鹤 hè	伞 sǎn
炯 jiǒng	卧 wò	巫 wū	已 yǐ	黄 huáng	嘹 liáo	池 chí	推 tuī	雷 léi	埠 bù
雪 xuě	叼 diāo	导 dǎo	擦 cā	尹 yǐn	槐 huái	木 mù	钾 jiǎ	撞 zhuàng	但 dàn
水 shuǐ	氯 lǜ	拴 shuān	夺 duó	麻 má	奈 nài	怎 zěn	宽 kuān	聂 Niè	挂 guà
贼 zéi	花 huā	凝 níng	肥 féi	测 cè	碘 diǎn	润 rùn	用 yòng	辛 xīn	奎 kuí
姜 jiāng	瘸 qué	牛 niú	走 zǒu	喊 hǎn	够 gòu	岭 lǐng	波 bō	帅 shuài	嗤 chī
闭 bì	乳 rǔ	梦 mèng	滑 huá	腌 yān	您 nín	鬼 guǐ	藤 téng	铲 chǎn	概 gài
法 fǎ	冰 bīng	崖 yá	倍 bèi	秋 qiū	蓝 lán	梯 tī	秒 miǎo	彭 Péng	平 píng

二、读多音节词语（100 个音节，限时 2.5 分钟，共 20 分）

流传 liúchuán	补丁 bǔ·ding	舍弃 shěqì	瓦解 wǎjiě	迫切 pòqiè
篡改 cuàngǎi	其次 qícì	犬齿 quǎnchǐ	观摩 guānmó	大褂儿 dàguàr
冶金 yějīn	跑道 pǎodào	劳驾 láojià	富翁 fùwēng	沸腾 fèiténg
茄子 qié·zi	体液 tǐyè	条款 tiáokuǎn	主人公 zhǔréngōng	对话 duìhuà
少女 shàonǚ	小腿 xiǎotuǐ	逗乐儿 dòulèr	旋转 xuánzhuǎn	高粱 gāo·liang
麻雀 máquè	君权 jūnquán	夜晚 yèwǎn	掩蔽 yǎnbì	接待 jiēdài
保温 bǎowēn	春天 chūntiān	阻隔 zǔgé	检查 jiǎnchá	利索 lì·suo
转战 zhuǎnzhàn	爱国 àiguó	封锁 fēngsuǒ	口哨儿 kǒushàor	全面 quánmiàn
声调 shēngdiào	扎实 zhā·shi	躲避 duǒbì	电气化 diànqìhuà	两栖 liǎngqī
安详 ānxiáng	双方 shuāngfāng	线轴儿 xiànzhóur	玻璃 bō·li	

三、选择判断（限时 3 分钟，共 10 分）

1. 词语判断：请判断并读出下列各组中的普通话词语。

（1）头颈　　　颌管　　　脖子 bó·zi　　　颈根　　　颈

（2）假设使　　倘若 tǎngruò　　若敢　　　若果

（3）师仔　　　徒弟 tú·dì　　　徒弟伢子

（4）外家公　　外祖父 wàizǔfù　　丫公　　　外阿公

（5）搠气　　　憋 biē　　　焗

（6）眼泪水　　　泪水 lèishuǐ　　　目屎　　　　　目汁

（7）篮头　　　　篮子 lán·zi　　　篮仔　　　　　篮欸

（8）嘟仔　　　　碰啱　　　　　可巧 kěqiǎo　　　刚合　　　　啱啱

（9）锯仔　　　　锯 jù　　　　　锯欸

（10）角落头　　　角头　　　　角落 jiǎoluò　　　角下里　　　角弯

2. 量词、名词搭配：请搭配并读出下列符合普通话规范的量名短语（例如：一条——鱼）。

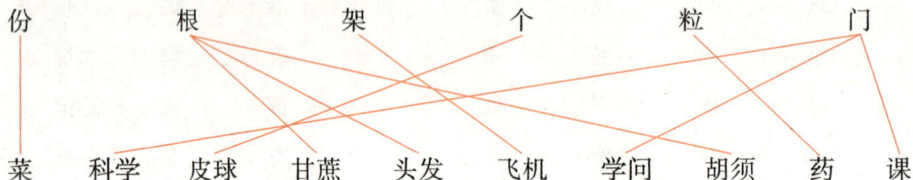

份　　　根　　　架　　　个　　　粒　　　门

菜　　科学　　皮球　　甘蔗　　头发　　飞机　　学问　　胡须　　药　　课

3. 语序或表达形式判断：请判断并读出下列各组中的普通话语句。

（1）A. 天是没黑？

　　B. 天黑没黑？

（2）A. 清白清白

　　B. 清清白

　　C. 清清白白

（3）A. 这本书不好看过那本。

　　B. 这本书不好看起那本。

　　C. 这本书不比那本好看。

（4）A. 我跑不过他。

　　B. 我跑他不过。

　　C. 我跑不他过。

（5）A. 你去东走，我去西走。

　　B. 你往东走，我往西走。

四、朗读短文（400个音节，限时4分钟，共30分）

作品24号

五、命题说话（请在下列话题中任选一个，限时3分钟，共30分）

1. 谈个人修养

2. 我了解的地域文化（或风俗）

▶ 试卷三十三 ◀

一、读单音节字词（100个音节，限时3.5分钟，共10分）

怪 guài	常 cháng	罚 fá	今 jīn	辆 liàng	熬 āo/áo	阅 yuè	母 mǔ	盼 pàn	械 xiè
泣 qì	爸 bà	出 chū	归 guī	援 yuán	料 liào	灭 miè	分 fēn/fèn	渍 zì	乌 wū/wù
笨 bèn	怯 qiè	还 hái/huán	撑 chēng	啄 zhuó	润 rùn	就 jiù	奶 nǎi	丸 wán	喻 yù
噙 qín	服 fú/fù	此 cǐ	口 kǒu	危 wēi	颤 chàn	邮 yóu	逼 bī	黯 àn	疤 bā
答 dā/dá	后 hòu	蛹 yǒng	别 bié/biè	佛 fó/fú	泥 ní/nì	刻 kè	珠 zhū	绿 lù/lǜ	昌 chāng
改 gǎi	坪 píng	哭 kū	得 dé/děi	弧 hú	步 bù	鸟 niǎo	淌 tǎng	婴 yīng	舟 zhōu
稿 gǎo	马 mǎ	第 dì	灰 huī	坟 fén	糊 hū/hú/hù	伊 yī	趾 zhǐ	块 kuài	溯 sù
蜡 là/zhà	逊 xùn	点 diǎn	诈 zhà	个 gě/gè	基 jī	从 cóng	诵 sòng	忌 jì	农 nóng
饶 ráo	暖 nuǎn	层 céng	噪 zào	柑 gān	公 gōng	甲 jiǎ	每 měi	戌 xū	沈 Shěn
饿 è	矢 shǐ	巢 cháo	交 jiāo	狗 gǒu	赞 zàn	摸 mō	爬 pá	邢 Xíng	连 lián

二、读多音节词语（100个音节，限时2.5分钟，共20分）

补贴 bǔtiē	陶冶 táoyě	芝麻 zhī·ma	白日 báirì	肥沃 féiwò
离开 líkāi	任意 rènyì	顶点 dǐngdiǎn	玩笑 wánxiào	搏击 bójī
走味儿 zǒuwèir	封面 fēngmiàn	零件 língjiàn	山脉 shānmài	感慨 gǎnkǎi
念叨 niàn·dao	向往 xiàngwǎng	测算 cèsuàn	高昂 gāo'áng	难题 nántí
生动 shēngdòng	门口儿 ménkǒur	脚步 jiǎobù	一再 yīzài	柴油 cháiyóu
细节 xìjié	盆地 péndì	司令 sīlìng	旅馆 lǚguǎn	单身 dānshēn
火星儿 huǒxīngr	豢养 huànyǎng	在乎 zài·hu	平静 píngjìng	通过 tōngguò
偶然 ǒurán	自豪 zìháo	惰性 duòxìng	急遽 jíjù	招生 zhāoshēng
其中 qízhōng	为难 wéinán	使命 shǐmìng	按捺 ànnà	而今 érjīn
恪守 kèshǒu	缺陷 quēxiàn	泪珠儿 lèizhūr	矫揉造作 jiǎoróu-zàozuò	

三、选择判断（限时3分钟，共10分）

1. 词语判断：请判断并读出下列各组中的普通话词语。

(1) 背脊骨　　巴脊骨　　**脊梁 jǐ·liáng**　　腰骨

(2) 隐脱　　灭脱　　**熄灭 xīmiè**　　熄去　　熄咗　　乌撒

(3) 并勿是　　并唔是　　**并非 bìngfēi**　　并唔系

(4) 巴脊　　**后背 hòubèi**　　背囊

(5) 男个　　大夫依　　**汉子 hàn·zi**　　男欻人

（6）粒仔　　　疙瘩 gē·da　　　勃欸

（7）番黍　　　高粱 gāo·liang　　　芦粟　　　　高粱粟

（8）厝租　　　房租 fángzū　　　屋租

（9）起毛　　　发火 fāhuǒ　　　光火　　　　发气

（10）几许　　　偌　　　多么 duō·me　　　几咁　　　　几多

2. 量词、名词搭配：请搭配并读出下列符合普通话规范的量名短语（例如：一条——鱼）。

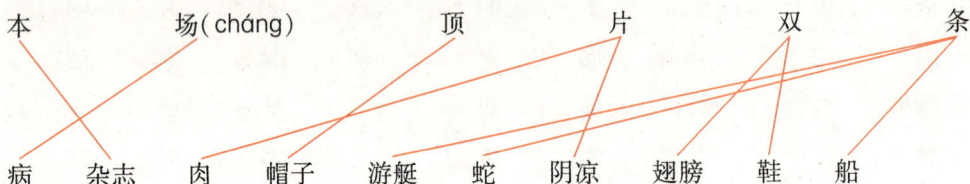

本　　　　　场（cháng）　　　　顶　　　　片　　　　双　　　　条

病　　杂志　　肉　　帽子　　游艇　　蛇　　阴凉　　翅膀　　鞋　　船

3. 语序或表达形式判断：请判断并读出下列各组中的普通话语句。

（1）A. 开了刀，他笑都笑不得。

　　B. 开了刀，他笑都不能笑。

（2）A. 认认真

　　B. 认认真真

（3）A. 我带得有钱。

　　B. 我带着钱呢。

（4）A. 全班没有比他再聪明的了。

　　B. 全班儿没聪明起他。

（5）A. 重庆天热得太太。

　　B. 重庆天气热得很。

　　C. 重庆天热得来来。

四、朗读短文（400 个音节，限时 4 分钟，共 30 分）

作品 8 号

五、命题说话（请在下列话题中任选一个，限时 3 分钟，共 30 分）

1. 我喜欢的美食

2. 印象深刻的书籍（或报刊）

▶ 试卷三十四 ◀

一、读单音节字词（100 个音节，限时 3.5 分钟，共 10 分）

萤 yíng	粥 zhōu	陈 chén	翁 wēng	青 qīng	伸 shēn	粗 cū	邻 lín	据 jū/jù	给 gěi/jǐ
酸 suān	拱 gǒng	佐 zuǒ	涡 Guō/wō	噎 yē	桥 qiáo	弹 dàn/tán	内 nèi	敞 chǎng	九 jiǔ
哪 nǎ/né	洒 sǎ	漾 yàng	韦 wéi	不 bù	索 suǒ	攥 zuàn	盔 kuī	瓢 piáo	李 lǐ
舱 cāng	骑 qí	焉 yān	昂 áng	谋 móu	蛀 zhù	来 lái	蒋 Jiǎng	碎 suì	否 fǒu/pǐ
洼 wā	如 rú	驯 xùn	稚 zhì	松 sōng	烂 làn	方 fāng	背 bēi/bèi	篮 lán	贫 pín
吞 tūn	扒 bā/pá	择 zé/zhái	休 xiū	苏 sū	毁 huǐ	溶 róng	苗 miáo	困 kùn	丁 dīng
热 rè	灾 zāi	携 xié	顺 shùn	蜕 tuì	毛 máo	牌 pái	亏 kuī	导 dǎo	轰 hōng
涎 xián	童 tóng	孕 yùn	双 shuāng	陈 chén	妮 nī	脾 pí	跨 kuà	孟 mèng	确 què
淤 yū	夕 xī	亭 tíng	授 shòu	欧 Ōu	曲 qū/qǔ	滚 gǔn	轮 lún	蓬 péng	错 cuò
士 shì	晤 wù	勇 yǒng	舔 tiǎn	军 jūn	女 nǚ	秋 qiū	陆 liù/lù	馆 guǎn	平 píng

二、读多音节词语（100 个音节，限时 2.5 分钟，共 20 分）

狭隘 xiá'ài	提防 dī·fang	榜样 bǎngyàng	老虎 lǎohǔ	受伤 shòushāng
自居 zìjū	扬言 yángyán	美好 měihǎo	出发点 chūfādiǎn	丝毫 sīháo
香烟 xiāngyān	将就 jiāng·jiu	尊称 zūnchēng	血型 xuèxíng	打败 dǎbài
母体 mǔtǐ	脸盘儿 liǎnpánr	随意 suíyì	兴建 xīngjiàn	抓获 zhuāhuò
温馨 wēnxīn	否定 fǒudìng	派遣 pàiqiǎn	台风 táifēng	花样儿 huāyàngr
烧饼 shāo·bing	知晓 zhīxiǎo	甜菜 tiáncài	门铃儿 ménlíngr	强盗 qiángdào
途径 tújìng	运动 yùndòng	哲理 zhélǐ	严重 yánzhòng	肃清 sùqīng
火光 huǒguāng	人类 rénlèi	误会 wùhuì	古典 gǔdiǎn	增加 zēngjiā
缘由 yuányóu	商贾 shānggǔ	镜头 jìngtóu	深夜 shēnyè	歪曲 wāiqū
着急 zháojí	饭盒儿 fànhér	迂回 yūhuí	混合物 hùnhéwù	

三、选择判断（限时 3 分钟，共 10 分）

1. 词语判断：请判断并读出下列各组中的普通话词语。

(1) 力道　　　力草　　　力气 lì·qi　　　力水

(2) 喜鹊子　　喜鹊 xǐquè　　丫鹊　　　阿鹊欸

(3) 凌冰　　　冰 bīng　　　浪

(4) 起手　　　动手 dòngshǒu　　嘟手

(5) 胆头　　　胆量 dǎnliàng　　胆水

(6) 大倷　　　**大人** dà·ren　　　大人子

(7) 自细　　　从细　　　**从小** cóngxiǎo　　　从细大子

(8) 柜桶　　　**抽屉** chōu·ti　　　抽斗　　　书桌隔

(9) 奄埔蛴　　　蟑良子　　　**蝉** chán　　　呀咦欻

(10) 尺仔　　　**尺子** chǐ·zi　　　尺欻

2. 量词、名词搭配:请搭配并读出下列符合普通话规范的量名短语(例如:一条——鱼)。

幅	个	间	颗	块	名

橘子　　肥皂　　教师　　彩旗　　故事　　珍珠　　苹果　　房子　　种子　　砖

3. 语序或表达形式判断:请判断并读出下列各组中的普通话语句。

(1) **A. 这个不比那个更好。**

　　　B. 这个不更强的那个。

(2) A. 菜阿咸?

　　　B. 菜实咸?

　　　C. 菜咸不咸?

(3) A. 今天走得有五十里路。

　　　B. 今天走了五十里路。

(4) A. 有一窝鸡都让狐子给吃了。

　　　B. 有一窝鸡都让狐的吃了。

　　　C. 有一窝鸡都让狐狸吃了。

(5) A. 咱们来去行街。

　　　B. 咱们去逛街。

四、朗读短文(400 个音节,限时 4 分钟,共 30 分)

作品 20 号

五、命题说话(请在下列话题中任选一个,限时 3 分钟,共 30 分)

1. 我喜欢的节日

2. 假日生活

▶ 试卷三十五 ◀

一、读单音节字词（100 个音节，限时 3.5 分钟，共 10 分）

膳 shàn	畅 chàng	娜 nà/nuó	渊 yuān	锥 zhuī	湾 wān	烙 lào	独 dú	嫁 jià	拆 chāi
袄 ǎo	穆 mù	拽 zhuài	梯 tī	臊 sāo/sào	岳 yuè	缆 lǎn	哈 hā/hǎ	递 dì	布 bù
泰 tài	瑞 ruì	瘾 yǐn	硼 péng	烛 zhú	荣 róng	伯 bó	廓 kuò	含 hán	摹 mó
液 yè	滕 Téng	刃 rèn	骤 zhòu	赔 péi	凑 còu	泻 xiè	坤 kūn	铭 míng	避 bì
笋 sǔn	旨 zhǐ	桑 sāng	瑶 yáo	迄 qì	闽 Mǐn	寇 kòu	逛 guàng	存 cún	安 ān
琼 qióng	溪 xī	衍 yǎn	撕 sī	浙 Zhè	垦 kěn	故 gù	刺 cī/cì	瞄 miáo	捐 juān
铡 zhá	靴 xuē	署 shǔ	寝 qǐn	鸥 ōu	螺 luó	菊 jú	刚 gāng	纯 chún	醉 zuì
椎 zhuī	瀑 pù	枣 zǎo	萧 xiāo	卢 Lú	售 shòu	崖 yá	警 jǐng	腹 fù	腥 xīng
卒 cù/zú	瓮 wèng	赦 shè	碾 niǎn	魄 pò	方 fāng	产 chǎn	拎 līn	襟 jīn	徒 tú
诱 yòu	勺 sháo	萍 píng	残 cán	畏 wèi	腻 nì	劫 jié	恋 liàn	恩 ēn	墨 mò

二、读多音节词语（100 个音节，限时 2.5 分钟，共 20 分）

扭转 niǔzhuǎn	嫂子 sǎo·zi	水位 shuǐwèi	顶点 dǐngdiǎn	味道 wèi·dào
棕色 zōngsè	糟蹋 zāo·tà	法人 fǎrén	疲倦 píjuàn	岁月 suìyuè
牺牲 xīshēng	号码儿 hàomǎr	租赁 zūlìn	鸳鸯 yuān·yāng	港口 gǎngkǒu
香肠儿 xiāngchángr	酋长 qiúzhǎng	渔村 yúcūn	无效 wúxiào	追捕 zhuībǔ
太阳 tài·yáng	好转 hǎozhuǎn	日记 rìjì	别针儿 biézhēnr	秧歌 yāng·ge
英镑 yīngbàng	贮备 zhùbèi	旺盛 wàngshèng	解除 jiěchú	牙龈 yáyín
溜达 liū·da	田野 tiányě	下旬 xiàxún	终端 zhōngduān	丧失 sàngshī
老大 lǎodà	摄影 shèyǐng	胰岛素 yídǎosù	特权 tèquán	鲜血 xiānxuè
侦探 zhēntàn	投资 tóuzī	脚印儿 jiǎoyìnr	猛烈 měngliè	窈窕 yǎotiǎo
推销 tuīxiāo	效益 xiàoyì	杂技 zájì	神经质 shénjīngzhì	

三、选择判断（限时 3 分钟，共 10 分）

1. 词语判断：请判断并读出下列各组中的普通话词语。

（1）洋山芋	番仔番薯	土豆 tǔdòu	薯仔	洋芋头	荷兰薯
（2）热天家	夏天 xiàtiān	热天时	热天里	热天子	热天头
（3）菠菱菜	菠菜 bōcài	角菜欤			
（4）落脸	甩须	出洋相 chū yángxiàng	出宝	出六	
（5）即搭	呢处	此地 cǐdì			

(6)滴滴绿	碧碧绿	翠绿 cuìlǜ	吉绿	浸青
(7)小弟仔	细佬	弟弟 dì·di	阿弟	老弟欸
(8)洋钉	钉子 dīng·zi	钉欸		
(9)豆团	豆子 dòu·zi	豆欸		
(10)无着	唔妥	不当 bùdàng	勿当	唔当　　唔啱

2.量词、名词搭配:请搭配并读出下列符合普通话规范的量名短语(例如:一条——鱼)。

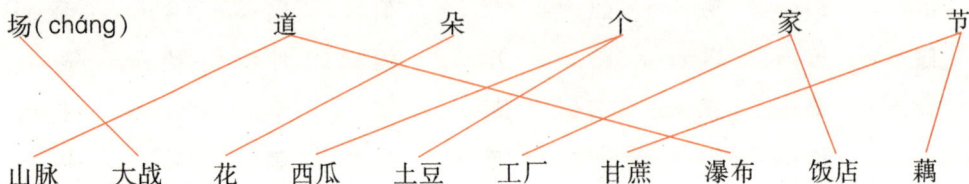

场(cháng)　　　　道　　　朵　　　个　　　家　　　节

山脉　大战　花　西瓜　土豆　工厂　甘蔗　瀑布　饭店　藕

3.语序或表达形式判断:请判断并读出下列各组中的普通话语句。

(1)A.我吃没有板栗。

　B.我吃不到板栗。

(2)A.你去不去?

　B.你实去?

(3)A.我们写作业用了一个半小时。

　B.我们写作业用了一点半钟。

　C.我们写作业用了点半钟。

(4)A.他快吃完饭了。

　B.他饭吃好快了。

(5)A.他要做,你也只能看倒。

　B.他要做,你也只好看起。

　C.他要做,你也只好看着。

四、朗读短文（400 个音节，限时 4 分钟，共 30 分）

作品 32 号

五、命题说话（请在下列话题中任选一个，限时 3 分钟，共 30 分）

1.我的理想(或愿望)

2.如何保持良好的心态

▶ 试卷三十六 ◀

一、读单音节字词（100 个音节，限时 3.5 分钟，共 10 分）

怒 nù	柔 róu	糖 táng	岸 àn	吹 chuī	朵 duǒ	果 guǒ	钞 chāo	流 liú	蕴 yùn
次 cì	八 bā	法 fǎ	海 hǎi	披 pī	扛 káng	滤 lǜ	捅 tǒng	儒 rú	凿 záo
泛 fàn	何 hé	包 bāo	打 dá/dǎ	坑 kēng	腮 sāi	马 mǎ	棕 zōng	崽 zǎi	袜 wà
跨 kuà	埋 mái/mán	瓶 píng	比 bǐ	带 dài	飞 fēi	威 wēi	环 huán	嗓 sǎng	蘸 zhàn
蛋 dàn	风 fēng	变 biàn	慌 huāng	款 kuǎn	梦 mèng	刹 chà/shā	诊 zhěn	涡 Guō/wō	扑 pū
钙 gài	宾 bīn	极 jí	惠 huì	忠 zhōng	狼 láng	笙 shēng	奇 jī/qí	霞 xiá	迷 mí
泰 tài	卓 zhuó	猜 cāi	电 diàn	歌 gē	舰 jiàn	门 mén	轻 qīng	赎 shú	乐 lè/yuè
草 cǎo	丢 diū	姿 zī	理 lǐ	叫 jiào	搜 sōu	羞 xiū	嫩 nèn	秋 qiū	耕 gēng
羹 gēng	撤 chè	跌 diē	尽 jǐn/jìn	垦 kěn	砚 yàn	遵 zūn	列 liè	能 néng	祀 sì
揩 kāi	关 guān	穿 chuān	净 jìng	览 lǎn	龄 líng	贪 tān	然 rán	妖 yāo	娘 niáng

二、读多音节词语（100 个音节，限时 2.5 分钟，共 20 分）

嘱托 zhǔtuō	赶集 gǎnjí	姑姑 gū·gu	说服 shuōfú	切实 qièshí
没有 méi·yǒu	电磁波 diàncíbō	许久 xǔjiǔ	放假 fàngjià	透明 tòumíng
笔杆儿 bǐgǎnr	楼房 lóufáng	契约 qìyuē	从前 cóngqián	玛瑙 mǎnǎo
照片儿 zhàopiānr	勾勒 gōulè	一般 yìbān	苹果 píngguǒ	朝廷 cháotíng
廉价 liánjià	屡次 lǚcì	狂妄 kuángwàng	灾难 zāinàn	策略 cèlüè
迷糊 mí·hu	翻译 fānyì	胚胎 pēitāi	惩罚 chéngfá	实体 shítǐ
农户 nónghù	脑袋 nǎo·dai	打鸣儿 dǎmíngr	刻苦 kèkǔ	捏造 niēzào
警车 jǐngchē	毗邻 pílín	小葱儿 xiǎocōngr	森林 sēnlín	年初 niánchū
局限 júxiàn	不要 bùyào	伙房 huǒfáng	劝解 quànjiě	坎坷 kǎnkě
热带 rèdài	白天 báitiān	对抗 duìkàng	禁不住 jīn·buzhù	

三、选择判断（限时 3 分钟，共 10 分）

1. 词语判断：请判断并读出下列各组中的普通话词语。

（1）菇里　　　　菌子　　　　菌 jūn　　　　菌欻

（2）勿服　　　　不服 bùfú　　　　唔服

（3）头额　　　　额头 é·tóu　　　　额角头　　　　额壳

（4）转倒来　　　打转　　　　返回 fǎnhuí　　　　到转

（5）勿然　　　　若无　　　　否则 fǒuzé　　　　唔系就

（6）家生   工具 gōngjù   家私头

（7）刁故意 特登 故意 gùyì 特为 专登 特事 罢是

（8）错失 过失 guòshī 唔着

（9）胡咙 喉咙 hóu·lóng 咙喉 喉连

（10）房内 家具 jiājù 家私

2.量词、名词搭配：请搭配并读出下列符合普通话规范的量名短语（例如：一条——鱼）。

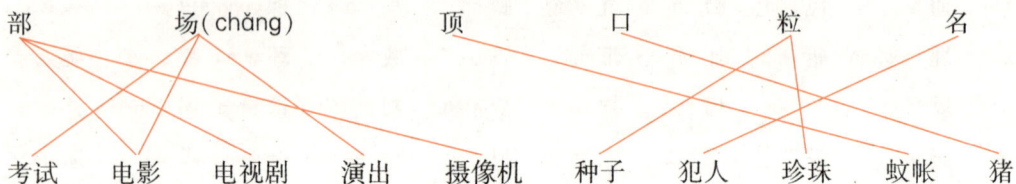

部   场（chǎng）   顶   口   粒   名

考试 电影 电视剧 演出 摄像机 种子 犯人 珍珠 蚊帐 猪

3.语序或表达形式判断：请判断并读出下列各组中的普通话语句。

（1）A. 这菊花香香？

    B. 这菊花香不香？

（2）A. 高高兴兴

    B. 高高兴

（3）A. 这种活你干得来干不来？

    B. 这种活你干得来不？

    C. 你干得来这种活不？

    D. 这种活你会不会干？

（4）A. 包包在墙壁上挂起在。

    B. 提包在墙上挂着呢。

（5）A. 你们来得了来不了？

    B. 你们来得倒来不倒？

四、朗读短文（400 个音节，限时 4 分钟，共 30 分）

作品 30 号

五、命题说话（请在下列话题中任选一个，限时 3 分钟，共 30 分）

1.谈传统美德

2.谈谈卫生与健康

▶ 试卷三十七 ◀

一、读单音节字词（100个音节，限时3.5分钟，共10分）

淤 yū	湘 Xiāng	酌 zhuó	清 qīng	仨 sā	萌 méng	瓜 guā	剿 chāo/jiǎo	短 duǎn	虫 chóng
滋 zī	苑 yuàn	熄 xī	若 ruò	络 lào/luò	捻 niǎn	浇 jiāo	跟 gēn	撑 chēng	定 dìng
软 ruǎn	蓬 péng	龙 lóng	妆 zhuāng	午 wǔ	咏 yǒng	冬 dōng	节 jiē/jié	赶 gǎn	册 cè
坠 zhuì	抑 yì	腕 wàn	磷 lín	仍 réng	凝 níng	吊 diào	加 jiā	吵 chǎo	府 fǔ
掩 yǎn	让 ràng	农 nóng	肘 zhǒu	瘟 wēn	常 cháng	挡 dǎng	冷 lěng	粪 fèn	魂 hún
快 kuài	国 guó	雅 yǎ	妥 tuǒ	宅 zhái	热 rè	脑 nǎo	返 fǎn	代 dài	簿 bù
渠 qú	耐 nài	哲 zhé	迅 xùn	宾 bīn	途 tú	鹅 é	寸 cùn	洪 hóng	孔 kǒng
榻 tà	且 qiě	宣 xuān	二 èr	班 bān	庙 miào	澡 zǎo	互 hù	催 cuī	科 kē
吮 shǔn	嵌 qiàn	薪 xīn	慢 màn	咂 zā	被 bèi	船 chuán	菌 jūn/jùn	怀 huái	朵 duǒ
赞 zàn	孝 xiào	瑞 ruì	鞭 biān	冒 mào	急 jí	贵 guì	蹲 dūn	除 chú	器 qì

二、读多音节词语（100个音节，限时2.5分钟，共20分）

否则 fǒuzé	灵敏 língmǐn	扁担 biǎn·dan	蔬菜 shūcài	寺院 sìyuàn
杂音 záyīn	押送 yāsòng	等级 děngjí	饺子 jiǎo·zi	弥漫 mímàn
望远镜 wàngyuǎnjìng	葬礼 zànglǐ	颜料 yánliào	西瓜 xī·guā	古代 gǔdài
悄悄 qiāoqiāo	天窗儿 tiānchuāngr	占卜 zhānbǔ	狭窄 xiázhǎi	夜幕 yèmù
缩小 suōxiǎo	瓜瓤儿 guārángr	海洋 hǎiyáng	片刻 piànkè	谈判 tánpàn
乡村 xiāngcūn	阴森 yīnsēn	证券 zhèngquàn	苦恼 kǔnǎo	如今 rújīn
钟表 zhōngbiǎo	新娘 xīnniáng	朋友 péng·you	原籍 yuánjí	跳跃 tiàoyuè
理解 lǐjiě	茁壮 zhuózhuàng	湍流 tuānliú	削弱 xuēruò	杏仁儿 xìngrénr
约定 yuēdìng	施肥 shīféi	扭转 niǔzhuǎn	散射 sǎnshè	脱离 tuōlí
询问 xúnwèn	预感 yùgǎn	小熊儿 xiǎoxióngr	统一体 tǒngyītǐ	

三、选择判断（限时3分钟，共10分）

1.词语判断：请判断并读出下列各组中的普通话词语。

（1）生梨　　　　梨仔　　　　梨 lí　　　　梨里　　　　梨子　　　　梨欤

（2）掀起 xiānqǐ　　　撬开　　　援开

（3）弓蕉　　　　香蕉 xiāngjiāo　　　芎蕉

（4）橡皮凑子　　　橡皮 xiàngpí　　　树桠　　　树仁欤

（5）勿安定　　　过意勿去　　　不安 bù'ān　　　心勿定　　　唔安稳　　　唔安

(6)连牢	连了	接连 jiēlián	连世	接等	跟等
(7)男囝头	男小囝	小子 xiǎo·zi	伢子	细哥欸	细鬼欸
(8)柑仔	柑欸	橘子 jú·zi	橘欸		
(9)恐防	惊了	恐怕 kǒngpà	怕莫	惊怕	
(10)柴料	木材 mùcái	树欸			

2.量词、名词搭配:请搭配并读出下列符合普通话规范的量名短语(例如:一条——鱼)。

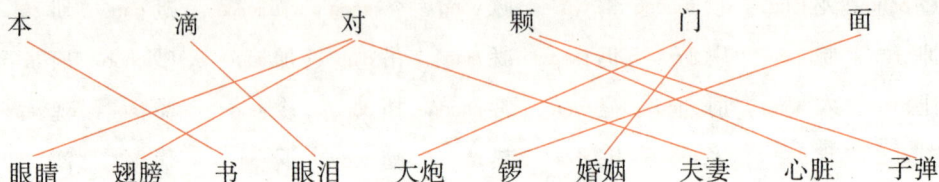

本　　　　滴　　　　对　　　　颗　　　　门　　　　面

眼睛　翅膀　书　眼泪　大炮　锣　婚姻　夫妻　心脏　子弹

3.语序或表达形式判断:请判断并读出下列各组中的普通话语句。

(1) A. 他聪聪明?

　B. 他聪明不聪明?

(2) A. 他审阅了二百十三个方案。

　B. 他审阅了二百一十三个方案。

(3) A. 大方大方

　B. 大大方

　C. 大大方方

(4) A. 我捉住它的小腿子,把它带回去。

　B. 我捉住它的小腿,把它带回去。

(5) A. 牛大过狗很多。

　B. 牛比狗大很多。

四、朗读短文（400 个音节，限时 4 分钟，共 30 分）

作品 46 号

五、命题说话（请在下列话题中任选一个，限时 3 分钟，共 30 分）

1.我了解的十二生肖

2.尊敬的人

▶ 试卷三十八 ◀

一、读单音节字词（100 个音节，限时 3.5 分钟，共 10 分）

翼 yì　网 wǎng　做 zuò　戳 chuō　鸟 niǎo　全 quán　豁 huō/huò　良 liáng　伐 fá　拴 shuān

澈 chè　睁 zhēng　摄 shè　伪 wěi　某 mǒu　踹 chuài　雷 léi　浑 hún　帆 fān　烦 fán

碍 ài　团 tuán　升 shēng　嘴 zuǐ　盗 dào　舵 duò　民 mín　矿 kuàng　淮 Huái　辰 chén

颇 pō　米 mǐ　靶 bǎ　涂 tú　叶 xié/yè　始 shǐ　钞 chāo　壕 háo　犊 dú　肯 kěn

云 yún　铜 tóng　埋 mái/mán　眼 yǎn　垒 lěi　昌 chāng　鲫 jì　扫 sǎo/sào　品 pǐn　簧 huáng

雄 xióng　抚 fǔ　圆 yuán　票 piào　入 rù　焊 hàn　蒂 dì　略 lüè　糠 kāng　蹭 cèng

素 sù　认 rèn　小 xiǎo　贡 gòng　卵 luǎn　有 yǒu　棍 gùn　帛 bó　董 dǒng　居 jū

桩 zhuāng　像 xiàng　航 háng　惹 rě　碰 pèng　驴 lǘ　究 jiū　估 gū/gù　鬓 bìn　裆 dāng

鹿 lù　京 jīng　水 shuǐ　腺 xiàn　坝 bà　筑 zhù　锉 cuò　缺 quē　暖 nuǎn　葛 gé/Gě

武 wǔ　司 sī　周 zhōu　泥 ní/nì　氢 qīng　梆 bāng　另 lìng　尖 jiān　缚 fù　皴 cūn

二、读多音节词语（100 个音节，限时 2.5 分钟，共 20 分）

早期 zǎoqī　反馈 fǎnkuì　巴掌 bā·zhang　结果 jiēguǒ/jiéguǒ　描绘 miáohuì

偏偏 piānpiān　胜利 shènglì　不用 bùyòng　砂轮儿 shālúnr　非常 fēicháng

精心 jīngxīn　命名 mìngmíng　侵略 qīnlüè　挖掘 wājué　可以 kěyǐ

差距 chājù　木材 mùcái　潜力 qiánlì　桃子 táo·zi　钢琴 gāngqín

一半 yíbàn　困境 kùnjìng　氧化 yǎnghuà　送信儿 sòngxìnr　融合 rónghé

故事 gù·shi　那样 nàyàng　土壤 tǔrǎng　和平 hépíng　老师 lǎoshī

储蓄 chǔxù　小偷儿 xiǎotōur　内容 nèiróng　细菌 xìjūn　人家 rénjiā/rén·jia

答复 dá·fù　话筒 huàtǒng　逻辑 luó·jí　此刻 cǐkè　力度 lìdù

顶牛儿 dǐngniúr　消化 xiāohuà　嫁接 jiàjiē　流行 liúxíng　派遣 pàiqiǎn

召集 zhàojí　电视机 diànshìjī　努力 nǔlì　三轮车 sānlúnchē

三、选择判断（限时 3 分钟，共 10 分）

1. 词语判断：请判断并读出下列各组中的普通话词语。

（1）洋山芋　　番仔番薯　　薯仔　　马铃薯 mǎlíngshǔ　　洋芋头

（2）唔八　　唔曾　　不曾 bùcéng　　呒没　　勿曾

（3）丑怪　　难看 nánkàn　　否看　　恶睇

（4）慢慢仔　　徐徐 xúxú　　慢慢叫　　慢慢子　　慢慢欸

（5）侬　　你 nǐ　　汝　　尔

(6) 平常辰光　　　平日 píngrì　　　平常时

(7) 蛤蟆子　　　麻拐　　　青蛙 qīngwā　　　水蛙　　　水鸡

(8) 侬　　　人们 rén·men　　　人咞

(9) 上便　　　高头　　　上面 shàngmiàn　　　顶面　　　上背

(10) 半暝后　　　深夜 shēnyè　　　半夜间子

2. 量词、名词搭配:请搭配并读出下列符合普通话规范的量名短语(例如:一条——鱼)。

块　　　辆　　　盘　　　双　　　台　　　位

汽车　　　录像带　　　糖　　　橡皮　　　手　　　脚　　　作家　　　三轮车　　　计算机　　　医疗设备

3. 语序或表达形式判断:请判断并读出下列各组中的普通话语句。

(1) A. 中啊吧?

　　 B. 中啊不?

　　 C. 行不行?

(2) A. 他大约要两三个月才能回来。

　　 B. 他大约要二三个月才能回来。

(3) A. 妈妈说红的花多半不香。

　　 B. 妈妈说红的花多半没有香。

(4) A. 妈妈在家等你着呢。

　　 B. 妈妈在家等着你呢。

(5) A. 灯丝子又断了。

　　 B. 灯丝儿又断了。

　　 C. 灯丝的又断了。

四、朗读短文(400 个音节,限时 4 分钟,共 30 分)

作品 3 号

五、命题说话(请在下列话题中任选一个,限时 3 分钟,共 30 分)

1. 我欣赏的历史人物

2. 童年生活

▶ 试卷三十九 ◀

一、读单音节字词（100 个音节，限时 3.5 分钟，共 10 分）

凑 còu	辰 chén	巴 bā	敬 jìng	群 qún	免 miǎn	寇 kòu	耍 shuǎ	辛 xīn	禄 lù
得 dé/děi	版 bǎn	亩 mǔ	汞 gǒng	日 rì	街 jiē	择 zé/zhái	甩 shuǎi	妄 wàng	锈 xiù
今 jīn	男 nán	弱 ruò	溺 nì	点 diǎn	榨 zhà	蓄 xù	高 gāo	思 sī	委 wěi
惯 guàn	距 jù	嫩 nèn	娶 qǔ	保 bǎo	庞 páng	昭 zhāo	瓮 wèng	雅 yǎ	穗 suì
眠 mián	核 hé/hú	对 duì	坑 kēng	泥 ní/nì	山 shān	阎 Yán	叹 tàn	伍 wǔ	臻 zhēn
发 fā/fà	互 hù	踩 cǎi	逃 táo	帜 zhì	客 kè	痒 yǎng	纱 shā	袭 xí	排 pái
房 fáng	唤 huàn	戚 qī	仓 cāng	天 tiān	囚 qiú	僧 sēng	仲 zhòng	伊 yī	霰 xiàn
基 jī	录 lù	封 fēng	柴 chái	射 shè	撰 zhuàn	吟 yín	翔 xiáng	贴 tiē	脾 pí
六 liù	卡 kǎ/qiǎ	师 shī	俞 shù/yú	籽 zǐ	撤 chè	浮 fú	辱 rǔ	啥 shá	突 tū
尺 chě/chǐ	迫 pǎi/pò	鬃 zōng	肩 jiān	穷 qióng	收 shōu	托 tuō	宰 zǎi	屑 xiè	码 mǎ

二、读多音节词语（100 个音节，限时 2.5 分钟，共 20 分）

嘴脸 zuǐliǎn	独自 dúzì	娃娃 wá·wa	俗称 súchēng	起点 qǐdiǎn
开垦 kāikěn	古老 gǔlǎo	人缘儿 rényuánr	爆炸 bàozhà	绚丽 xuànlì
看待 kàndài	水手 shuǐshǒu	品种 pǐnzhǒng	诞生 dànshēng	辗转 zhǎnzhuǎn
亵渎 xièdú	审美 shěnměi	掉价儿 diàojiàr	拍摄 pāishè	垄断 lǒngduàn
阐述 chǎnshù	念叨 niàn·dao	领土 lǐngtǔ	充足 chōngzú	择菜 zháicài
窝头 wōtóu	散发 sànfā	女子 nǚzǐ	宰割 zǎigē	法则 fǎzé
忍耐 rěnnài	否定 fǒudìng	剧场 jùchǎng	麻花儿 máhuār	采取 cǎiqǔ
陨石 yǔnshí	促成 cùchéng	先生 xiān·sheng	扰乱 rǎoluàn	免疫 miǎnyì
尽量 jǐnliàng/jìnliàng	隔离 gélí	痛觉 tòngjué	雨伞 yǔsǎn	痰盂儿 tányúr
盲目 mángmù	请求 qǐngqiú	幻想 huànxiǎng	自始至终 zìshǐ-zhìzhōng	

三、选择判断（限时 3 分钟，共 10 分）

1. 词语判断：请判断并读出下列各组中的普通话词语。

(1) 面头　　　馍馍　　　馒头 mán·tou　　　包欸

(2) 快脆　　　迅速 xùnsù　　　抢快

(3) 若然　　　要是 yào·shi　　　卜是　　　如果系

(4) 品排　　　并排 bìngpái　　　平排

(5) 蒜仔　　　蒜子里　　　蒜 suàn　　　蒜欸

（6）兔仔　　　兔子 tù · zi　　　兔歕

（7）洗身躯　　洗澡 xǐzǎo　　　汰浴　　　　　冲凉　　　　　洗身

（8）烟肠　　　香肠 xiāngcháng　酿肠

（9）戗　　　　斜 xié　　　　　笪　　　　　　敊

（10）薰支　　烟卷儿 yānjuǎnr　　烟仔

2. 量词、名词搭配：请搭配并读出下列符合普通话规范的量名短语（例如：一条——鱼）。

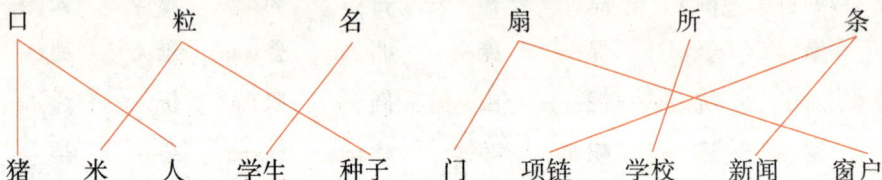

口　　　　粒　　　　名　　　　扇　　　　所　　　　条

猪　　米　　人　　学生　　种子　　门　　项链　　学校　　新闻　　窗户

3. 语序或表达形式判断：请判断并读出下列各组中的普通话语句。

（1）A. 普普通

　　　B. 普普通通

（2）A. 拿一支笔到我。

　　　B. 给我一支笔。

（3）A. 你有没有钱？

　　　B. 你有钱啊吧？

　　　C. 你有钱啊不？

（4）A. 给你留得有包子。

　　　B. 给你留了包子。

（5）A. 冬天北方老冷。

　　　B. 冬天北方异冷。

　　　C. 冬天北方过冷。

　　　D. 冬天北方非常冷。

四、朗读短文（400 个音节，限时 4 分钟，共 30 分）

作品 42 号

五、命题说话（请在下列话题中任选一个，限时 3 分钟，共 30 分）

1. 难忘的旅行

2. 让我快乐的事情

▶ 试卷四十 ◀

一、读单音节字词（100 个音节，限时 3.5 分钟，共 10 分）

翠 cuì	腭 è	衬 chèn	奥 ào	可 kě/kè	泥 ní/nì	染 rǎn	艘 sōu	息 xī	糟 zāo
碧 bì	旦 dàn	酚 fēn	活 huó	赖 lài	贼 zéi	县 xiàn	怒 nù	让 ràng	锁 suǒ
荡 dàng	缓 huǎn	疯 fēng	跛 bǒ	念 niàn	扔 rēng	老 lǎo	塔 tǎ	蹄 tí	蟹 xiè
辐 fú	继 jì	蚌 bàng	礼 lǐ	捣 dǎo	谈 tán	平 píng	容 róng	形 xíng	胀 zhàng
竿 gān	刘 Liú	军 jūn	蜀 Shǔ	拌 bàn	瘟 wēn	凳 dèng	照 zhào	侄 zhí	碰 pèng
耿 gěng	碱 jiǎn	裁 cái	堤 dī	叙 xù	邮 yóu	僧 sēng	团 tuán	压 yā/yà	卤 lǔ
阳 yáng	伪 wěi	躬 gōng	策 cè	乱 luàn	殿 diàn	期 qī	抓 zhuā	舌 shé	佐 zuǒ
抻 chēn	钓 diào	疏 shū	捉 zhuō	逸 yì	仅 jǐn	名 míng	纹 wén	衣 yī	垢 gòu
规 guī	宠 chǒng	碗 wǎn	亏 kuī	痘 dòu	于 yú	磨 mó/mò	诊 zhěn	薪 xīn	坯 pī
娶 qǔ	死 sǐ	疮 chuāng	跃 yuè	左 zuǒ	韩 Hán	跨 kuà	迈 mài	我 wǒ	煅 duàn

二、读多音节词语（100 个音节，限时 2.5 分钟，共 20 分）

补偿 bǔcháng	手掌 shǒuzhǎng	椰子 yē·zi	心脏 xīnzàng	喷嚏 pēntì
淳朴 chúnpǔ	铿锵 kēngqiāng	延续 yánxù	访问 fǎngwèn	白净 bái·jing
磋商 cuōshāng	大褂儿 dàguàr	最近 zuìjìn	挂帅 guàshuài	抚摸 fǔmō
绕道 ràodào	思潮 sīcháo	找碴儿 zhǎochár	弱小 ruòxiǎo	可喜 kěxǐ
喝彩 hècǎi	广阔 guǎngkuò	推销 tuīxiāo	源泉 yuánquán	半成品 bànchéngpǐn
盘踞 pánjù	典雅 diǎnyǎ	懒散 lǎnsǎn	见识 jiàn·shi	无穷 wúqióng
激素 jīsù	悔改 huǐgǎi	尿布 niàobù	绿豆 lǜdòu	额外 éwài
减少 jiǎnshǎo	包圆儿 bāoyuánr	完全 wánquán	针灸 zhēnjiǔ	仓皇 cānghuáng
毛囊 máonáng	漆黑 qīhēi	冷水 lěngshuǐ	先天 xiāntiān	脑髓 nǎosuǐ
蜻蜓 qīngtíng	模板 múbǎn	图钉儿 túdīngr	黄鼠狼 huángshǔláng	

三、选择判断（限时 3 分钟，共 10 分）

1. 词语判断：请判断并读出下列各组中的普通话词语。

（1）菇	菇菇里	菌子	蘑菇 mó·gu	菇欮	菌欮
（2）一歇	一歇歇	等一歇	一会儿 yīhuìr	一步仔	一阵间
（3）生毛病	病 bìng	破病			
（4）一旁边	一旁 yīpáng	蜀边			
（5）有辰光	有时 yǒushí	有时竣	有阵时		

(6) 一眼　　　淡薄仔　　　一些 yīxiē　　　一啲　　　　啲

(7) 影里　　　影子 yǐng·zi　　　侬影　　　影欸

(8) 赛过　　　犹如 yóurú　　　亲像　　　犹之乎

(9) 辣屋里　　在家 zàijiā　　　亻厝里　　　喺屋企　　　嗨屋家

(10) 早晚 zǎowǎn　　早上夜到　　　早晏　　　朝暗

2. 量词、名词搭配：请搭配并读出下列符合普通话规范的量名短语（例如：一条——鱼）。

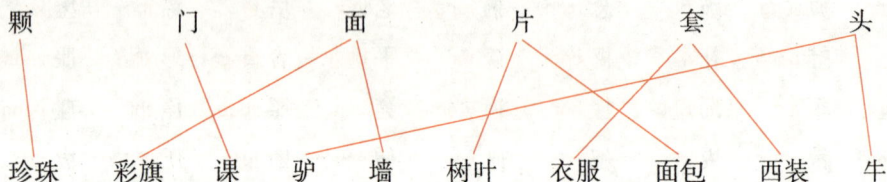

颗　　　　门　　　　面　　　　片　　　　套　　　　头

珍珠　彩旗　课　驴　墙　树叶　衣服　面包　西装　牛

3. 语序或表达形式判断：请判断并读出下列各组中的普通话语句。

(1) A. 下午二点多。

　　B. 下午两点多。

(2) A. 屋里热啵？

　　B. 屋里热不热？

(3) A. 我忒紧张了。

　　B. 我太紧张了。

　　C. 我过紧张了。

(4) A. 咱们一抹儿运动，一抹儿说话。

　　B. 咱们一边运动，一边说话。

(5) A. 我有来过北京。

　　B. 我来过北京。

　　C. 北京我有来。

四、朗读短文（400 个音节，限时 4 分钟，共 30 分）

作品 13 号

五、命题说话（请在下列话题中任选一个，限时 3 分钟，共 30 分）

1. 我喜欢的职业（或专业）

2. 我喜欢的季节（或天气）

▶ 试卷四十一 ◀

一、读单音节字词（100 个音节，限时 3.5 分钟，共 10 分）

铲 chǎn	惩 chéng	巧 qiǎo	袍 páo	格 gé	汽 qì	江 jiāng	脑 nǎo	刷 shuā	吴 Wú
耙 bà/pá	慈 cí	黔 Qián	术 shù/zhú	缔 dì	弓 gōng	救 jiù	铅 qiān	练 liàn	戏 xì
掂 diān	谷 gǔ	钡 bèi	球 qiú	捏 niē	车 chē/jū	衬 chèn	了 le/liǎo	瞎 xiā	送 sòng
管 guǎn	决 jué	痴 chī	墩 dūn	算 suàn	新 xīn	辫 biàn	猎 liè	南 nán	却 què
脚 jiǎo	漏 lòu	剁 duò	浓 nóng	忍 rěn	赦 shè	钵 bō	哨 shào	踢 tī	言 yán
没 méi/mò	扬 yáng	饵 ěr	醋 cù	冰 bīng	软 ruǎn	特 tè	骇 hài	撕 sī	怕 pà
胡 hú	抛 pāo	嗡 wēng	埠 bù	筏 fá	疮 chuāng	偷 tōu	元 yuán	如 rú	筐 kuāng
敷 fū	回 huí	蹭 cèng	三 sān	载 zǎi/zài	考 kǎo	稚 zhì	籽 zǐ	戳 chuō	灭 miè
陕 Shǎn	谱 pǔ	餐 cān	靴 xuē	口 kǒu	扫 sǎo/sào	墓 mù	吠 fèi	亡 wáng	纸 zhǐ
茬 chá	加 jiā	盗 dào	概 gài	猪 zhū	快 kuài	识 shí/zhì	瓮 wèng	皮 pí	梦 mèng

二、读多音节词语（100 个音节，限时 2.5 分钟，共 20 分）

丛林 cónglín	躲闪 duǒshǎn	鼻梁儿 bíliángr	减免 jiǎnmiǎn	哪里 nǎ·li
森林 sēnlín	学习 xuéxí	海蜇 hǎizhé	橄榄 gǎnlǎn	描写 miáoxiě
权益 quányì	后跟儿 hòugēnr	途径 tújìng	造型 zàoxíng	必然性 bìránxìng
耳环 ěrhuán	凯旋 kǎixuán	项目 xiàngmù	数据 shùjù	烧饼 shāo·bing
拍摄 pāishè	挎包 kuàbāo	返还 fǎnhuán	老伯 lǎobó	竹子 zhú·zi
乒乓球 pīngpāngqiú	寺院 sìyuàn	一旦 yīdàn	祠堂 cítáng	毛驴儿 máolǘr
钢筋 gāngjīn	症状 zhèngzhuàng	热烈 rèliè	晚饭 wǎnfàn	摩擦 mócā
叉腰 chāyāo	辅导 fǔdǎo	荔枝 lìzhī	锄头 chú·tou	轻声 qīngshēng
用途 yòngtú	湍流 tuānliú	胆怯 dǎnqiè	阻碍 zǔ'ài	能动 néngdòng
合群儿 héqúnr	日趋 rìqū	文物 wénwù	锦旗 jǐnqí	

三、选择判断（限时 3 分钟，共 10 分）

1. 词语判断：请判断并读出下列各组中的普通话词语。

（1）棒冰	霜条	雪条	冰棍儿 bīnggùnr	冰棒	雪枝
（2）早浪向	朝早	早上 zǎo·shang	早上头	早间里	朝晨
（3）唔若	唔单只	不但 bùdàn	勿但	唔单净	唔单止
（4）一日到夜	整天 zhěngtiān	归两日	整天子		
（5）拄仔好	啱交	正巧 zhèngqiǎo	正满	恰合	啱啱好

(6) 蟠　　　**躲藏 duǒcáng**　　匿埋

(7) 耳仔　　　耳刀　　　**耳朵 ěr·duo**　　耳公

(8) 蜂子　　　**蜂 fēng**　　蜂欤

(9) 腹肚　　　**肚子 dù·zi**　　肚屎

(10) 打败脱　　拍败　　　**打败 dǎbài**　　打输

2. 量词、名词搭配：请搭配并读出下列符合普通话规范的量名短语（例如：一条——鱼）。

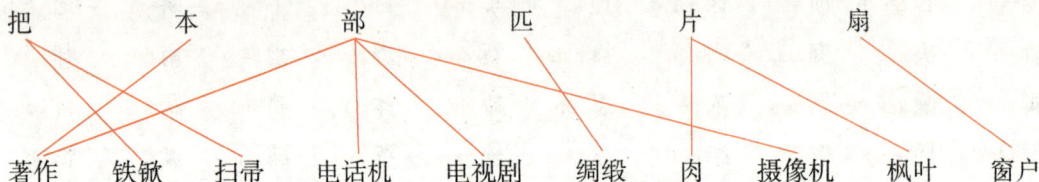

把　　　本　　　部　　　匹　　　片　　　扇

著作　铁锨　扫帚　电话机　电视剧　绸缎　肉　摄像机　枫叶　窗户

3. 语序或表达形式判断：请判断并读出下列各组中的普通话语句。

(1) **A. 他们坐不坐？**

B. 他们坐不？

(2) A. 他额头上又没有刻得有字。

B. 他额头上又没有刻着字。

(3) A. 他上可爱。

B. 他好好可爱。

C. 他非常可爱。

(4) **A. 我们把他捆起来。**

B. 我们捆他起来。

C. 我们捆起他来。

(5) A. 能你去，也不能叫他去。

B. 宁可你去，也不能叫他去。

四、朗读短文（400 个音节，限时 4 分钟，共 30 分）

作品 25 号

五、命题说话（请在下列话题中任选一个，限时 3 分钟，共 30 分）

1. 家乡（或熟悉的地方）

2. 我喜爱的植物

▶ 试卷四十二 ◀

一、读单音节字词（100 个音节，限时 3.5 分钟，共 10 分）

吹 chuī	黔 Qián	撒 sā/sǎ	封 fēng	挨 āi/ái	吞 tūn	痴 chī	偏 piān	坠 zhuì	尧 Yáo
访 fǎng	剑 jiàn	苞 bāo	喘 chuǎn	散 sǎn/sàn	买 mǎi	液 yè	贷 dài	廷 tíng	渍 zì
滨 bīn	答 dā/dá	高 gāo	捐 juān	辅 fǔ	凭 píng	禾 hé	卒 cù/zú	姨 yí	湾 wān
深 shēn	翁 wēng	悔 huǐ	娇 jiāo	蹦 bèng	郊 jiāo	面 miàn	镜 jìng	群 qún	逊 xùn
丢 diū	扛 káng	某 mǒu	煎 jiān	兵 bīng	维 wéi	猿 yuán	琴 qín	休 xiū	施 shī
哈 hā/hǎ	扣 kòu	拨 bō	稻 dào	九 jiǔ	硝 xiāo	宰 zǎi	穷 qióng	霜 shuāng	泰 tài
俄 é	科 kē	刊 kān	噪 zào	您 nín	卸 xiè	开 kāi	擦 cā	苏 sū	门 mén
狼 láng	女 nǔ	尔 ěr	财 cái	合 hé	所 suǒ	瞻 zhān	热 rè	腥 xīng	鳗 mán
偶 ǒu	揉 róu	车 chē/jū	分 fēn/fèn	执 zhí	薛 Xuē	愣 lèng	花 huā	踏 tā/tà	枯 kū
亮 liàng	旁 páng	飞 fēi	虫 chóng	济 Jǐ/jì	塘 táng	掩 yǎn	拄 zhǔ	人 rén	揭 jiē

二、读多音节词语（100 个音节，限时 2.5 分钟，共 20 分）

露馅儿 lòuxiànr	奖励 jiǎnglì	归结 guījié	模样 múyàng	控制 kòngzhì
区别 qūbié	移植 yízhí	边缘 biānyuán	饵料 ěrliào	顶端 dǐngduān
篱笆 lí·ba	扩大 kuòdà	片刻 piànkè	无情 wúqíng	摧残 cuīcán
稳妥 wěntuǒ	呼喊 hūhǎn	老本儿 lǎoběnr	民俗 mínsú	人工 réngōng
暂时 zànshí	罕见 hǎnjiàn	不必 bùbì	发育 fāyù	淋巴 línbā
排斥 páichì	院子 yuàn·zi	信徒 xìntú	乘务员 chéngwùyuán	径流 jìngliú
统领 tǒnglǐng	昼夜 zhòuyè	跑腿儿 pǎotuǐr	若干 ruògān	牛顿 niúdùn
果然 guǒrán	仓库 cāngkù	付出 fùchū	豆腐 dòu·fu	推荐 tuījiàn
夏季 xiàjì	恰当 qiàdàng	恶化 èhuà	没词儿 méicír	着手 zhuóshǒu
年间 niánjiān	死板 sǐbǎn	少年 shàonián	差不多 chà·buduō	

三、选择判断（限时 3 分钟，共 10 分）

1. 词语判断：请判断并读出下列各组中的普通话词语。

(1) 滚水　　　　滚汤　　　　开水 kāishuǐ

(2) 勿等　　　勿一样　　　不等 bùděng　　　无堵好　　　唔等　　　唔一样

(3) 拄仔好　　　正好 zhènghǎo　　　啱好　　　啱啱好

(4) 看款　　　睇样　　　看样子 kànyàngzi　　　看样欸

(5) 早上向　　　天光早　　　早晨 zǎo·chen　　　早上头　　　朝头早　　　早间里

(6)开始辰光　　开头辰光　　初期 chūqī　　初头　　初时

(7)唔句　　但是 dànshì　　但系

(8)收埋　　弄　　藏 cáng　　囥

(9)雁鹅　　大雁 dàyàn　　雁子

(10)枵　　饿 è　　膪

2.量词、名词搭配：请搭配并读出下列符合普通话规范的量名短语（例如：一条——鱼）。

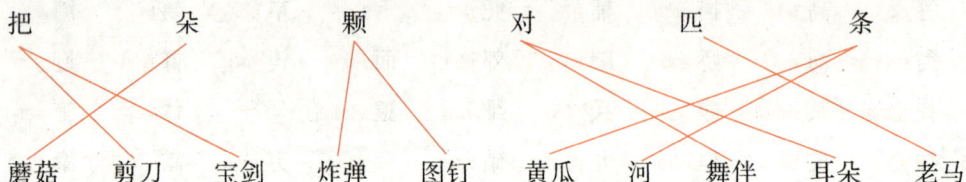

把　　朵　　颗　　对　　匹　　条

蘑菇　　剪刀　　宝剑　　炸弹　　图钉　　黄瓜　　河　　舞伴　　耳朵　　老马

3.语序或表达形式判断：请判断并读出下列各组中的普通话语句。

(1)A.我家住在两层。

B.我家住在二层。

(2)A.他带得有火柴呢。

B.他带着火柴呢。

(3)A.这朵花儿香啊。

B.这朵花老香。

C.这朵花真香。

(4)A.他伤没好，不能走路。

B.他伤没好，不会走路。

(5)A.我闻不来烟味儿。

B.我不喜欢闻烟味儿。

四、朗读短文（400个音节，限时4分钟，共30分）

作品7号

五、命题说话（请在下列话题中任选一个，限时3分钟，共30分）

1.我的兴趣爱好

2.我所在的学校（或公司、团队、其他机构）

▶ 试卷四十三 ◀

一、读单音节字词（100 个音节，限时 3.5 分钟，共 10 分）

野 yě	网 wǎng	斥 chì	奶 nǎi	匹 pǐ	卖 mài	筐 kuāng	壕 háo	愤 fèn	崔 Cuī
砖 zhuān	凶 xiōng	停 tíng	仁 rén	暖 nuǎn	迄 qì	橙 chéng	棍 gùn	炖 dùn	俱 jù
信 xìn	跳 tiào	请 qǐng	助 zhù	骑 qí	井 jǐng	卦 guà	产 chǎn	睹 dǔ	驴 lú
托 tuō	思 sī	只 zhī/zhǐ	潘 Pān	衣 yī	喉 hóu	美 měi	蠢 chǔn	伤 shāng	贩 fàn
紫 zǐ	学 xué	肉 ròu	体 tī/tǐ	均 jūn	橱 chú	跑 páo/pǎo	妙 miào	扼 è	贺 hè
随 suí	惹 rě	些 xiē	米 mǐ	策 cè	锭 dìng	件 jiàn	徐 xú	孤 gū	娘 niáng
曰 yuē	显 xiǎn	税 shuì	搏 bó	刘 Liú	诚 jiè	捏 niē	篙 gāo	碟 dié	驱 qū
雾 wù	孙 sūn	巧 qiǎo	域 yù	穗 suì	掸 dǎn/Shàn	辆 liàng	鸡 jī	膈 gé	鳖 biē
阔 kuò	币 bì	有 yǒu	我 wǒ	淘 táo	握 wò	甘 gān	壶 hú	捶 chuí	权 quán
猫 māo	坑 kēng	迎 yíng	碑 bēi	很 hěn	扑 pū	挖 wā	蹿 cuān	弗 fú	绳 shéng

二、读多音节词语（100 个音节，限时 2.5 分钟，共 20 分）

品德 pǐndé	不安 bù'ān	门道 méndào/mén·dao	亏损 kuīsǔn	发动机 fādòngjī
洽谈 qiàtán	瓦斯 wǎsī	船舶 chuánbó	体温 tǐwēn	红旗 hóngqí
掉价儿 diàojiàr	虚拟 xūnǐ	松鼠 sōngshǔ	明确 míngquè	永远 yǒngyuǎn
天窗儿 tiānchuāngr	动物 dòngwù	肩膀 jiānbǎng	那样 nàyàng	呻吟 shēnyín
造诣 zàoyì	起码 qǐmǎ	促成 cùchéng	过程 guòchéng	劳动日 láodòngrì
思量 sī·liang	屋脊 wūjǐ	认错 rèncuò	走神儿 zǒushénr	补给 bǔjǐ
周报 zhōubào	内地 nèidì	个性 gèxìng	双重 shuāngchóng	觉悟 juéwù
水银 shuǐyín	翅膀 chìbǎng	害虫 hàichóng	灵魂 línghún	吆喝 yāo·he
日食 rìshí	相间 xiāngjiàn	惨案 cǎn'àn	方言 fāngyán	鱼漂儿 yúpiāor
勘探 kāntàn	抓获 zhuāhuò	徒然 túrán	胚胎 pēitāi	

三、选择判断（限时 3 分钟，共 10 分）

1. 词语判断：请判断并读出下列各组中的普通话词语。

(1) 清水　　　冻水　　　凉水 liángshuǐ

(2) 影相机　　照相机 zhàoxiàngjī　　映相机

(3) 无定着　　讲唔定　　不定 búdìng　　勿晓得　　讲不定

(4) 厝　　　　房子 fáng·zi　　屋欸

(5) 个个辰光　　即阵　　呢阵　　此刻 cǐkè　　这场中　　咯气子

(6) 云衫　　　恤衫　　　　衬衫 chènshān　　汗褂子

(7) 吹牛三　　吹大炮　　　　吹牛 chuīniú　　车大炮　　戮口

(8) 馋痨　　　馋 chán　　　　重食

(9) 扎钩　　　搭钩　　　　　钩子 gōu·zi　　钩欻

(10) 老早子　　过去 guòqù　　　往摆

2. 量词、名词搭配：请搭配并读出下列符合普通话规范的量名短语（例如：一条——鱼）。

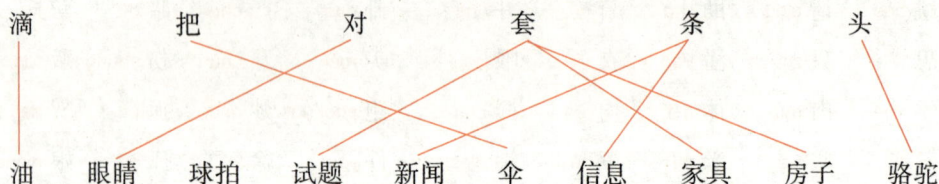

滴　　　　把　　　　对　　　　套　　　　条　　　　头

油　　眼睛　　球拍　　试题　　新闻　　伞　　信息　　家具　　房子　　骆驼

3. 语序或表达形式判断：请判断并读出下列各组中的普通话语句。

(1) A. 不着你碰它，花瓶能打了吗？

　　B. 如果不是因为你碰它，花瓶能打碎吗？

(2) A. 我们都在等倒你在！

　　B. 我们都等着你呢！

(3) A. 这菜伤咸。

　　B. 这菜咸伤了。

　　C. 这菜老咸。

　　D. 这菜太咸。

(4) A. 还有两两菜籽油。

　　B. 还有二两菜籽油。

(5) A. 我不值他。

　　B. 我没有他有料。

　　C. 我不如他。

四、朗读短文（400 个音节，限时 4 分钟，共 30 分）

作品 39 号

五、命题说话（请在下列话题中任选一个，限时 3 分钟，共 30 分）

1. 我的一天

2. 学习普通话（或其他语言）的体会

► 试卷四十四 ◄

一、读单音节字词（100 个音节，限时 3.5 分钟，共 10 分）

拽 zhuài	淫 yín	唾 tuò	涮 shuàn	欠 qiàn	蜜 mì	绸 chóu	羽 yǔ	簿 bù	掂 diān
汝 rǔ	滋 zī	冶 yě	臀 tún	篇 piān	绝 jué	贡 gòng	络 lào/luò	笛 dí	播 bō
噬 shì	延 yán	禀 bǐng	贷 dài	踪 zōng	佟 Tóng	灵 líng	盆 pén	酒 jiǔ	庚 gēng
绪 xù	淌 tǎng	骚 sāo	攀 pān	啄 zhuó	瘤 liú	膘 biāo	仿 fǎng	葱 cōng	捡 jiǎn
陕 Shǎn	孝 xiào	淘 táo	朕 zhèn	乏 fá	戳 chuō	奖 jiǎng	奶 nǎi	毙 bì	脸 liǎn
坛 tán	泪 lèi	涉 shè	迸 bèng	斋 zhāi	辖 xiá	瓷 cí	结 jiē/jié	烦 fán	钞 chāo
火 huǒ	鄂 È	吻 wěn	损 sǔn	钡 bèi	锄 chú	毡 zhān	年 nián	哭 kū	稻 dào
斟 zhēn	目 mù	赞 zàn	蛙 wā	据 jū/jù	滑 huá	梭 suō	付 fù	晨 chén	艾 ài
誉 yù	危 wēi	缎 duàn	睬 cǎi	讼 sòng	坝 bà	民 mín	宽 kuān	耗 hào	泉 quán
荷 hé/hè	栋 dòng	邮 yóu	毋 wú	扳 bān	炕 kàng	餐 cān	侵 qīn	蛮 mán	粟 sù

二、读多音节词语（100 个音节，限时 2.5 分钟，共 20 分）

暖气 nuǎnqì	花园 huāyuán	儿童 értóng	豆子 dòu·zi	意蕴 yìyùn
气囊 qìnáng	坍塌 tāntā	可能 kěnéng	彩色 cǎisè	发扬 fāyáng
在行 zàiháng	驼背 tuóbèi	侨胞 qiáobāo	鼻梁儿 bíliángr	软体 ruǎntǐ
出血 chūxiě	贯彻 guànchè	萌芽 méngyá	僧尼 sēngní	喂养 wèiyǎng
本家 běnjiā	人缘儿 rényuánr	从事 cóngshì	接待 jiēdài	年轻 niánqīng
赡养 shànyǎng	蜥蜴 xīyì	悔改 huǐgǎi	电容 diànróng	开幕 kāimù
避风 bìfēng	棉球儿 miánqiúr	思忖 sīcǔn	作祟 zuòsuì	贬低 biǎndǐ
当即 dāngjí	学问 xué·wen	针鼻儿 zhēnbír	均衡 jūnhéng	植被 zhíbèi
生日 shēngrì	稿纸 gǎozhǐ	常识 chángshí	汪洋 wāngyáng	厉害 lì·hai
辽阔 liáokuò	蹂躏 róulìn	肥料 féiliào	有的放矢 yǒudì-fàngshǐ	

三、选择判断（限时 3 分钟，共 10 分）

1. 词语判断:请判断并读出下列各组中的普通话词语。

(1) 矮凳　　　椅条　　　　长凳欻　　　板凳 bǎndèng

(2) 影相　　　照相 zhàoxiàng　　翕相　　　映相

(3) 无停　　　么断　　　　不断 búduàn　　勿断　　　　么停

(4) 刚刚辣辣　刚刚辣海　　正在 zhèngzài　在咧　　唱喺度　　等欻

(5) 归两个　　整个 zhěnggè　　成个　　　完个

(6)联对　　　对联 duìlián　　　对欤

(7)灶披间　　　灶骹　　　厨房 chúfáng　　　厨房间　　　灶屋下里　　　灶屋　　　炙下

(8)品箫　　　笛子 dí·zi　　　箫欤

(9)粉子　　　粉末 fěnmò　　　末末子

(10)蔗　　　甘蔗 gān·zhe　　　甘菜

2.量词、名词搭配:请搭配并读出下列符合普通话规范的量名短语(例如:一条——鱼)。

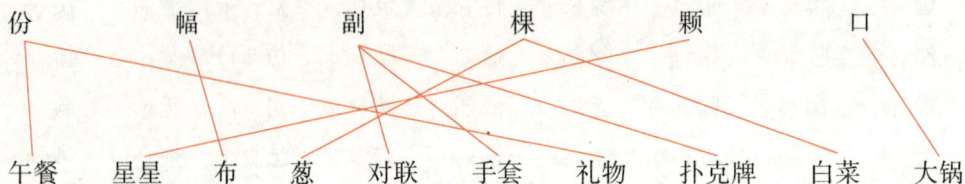

份　　　幅　　　副　　　棵　　　颗　　　口

午餐　　星星　　布　　葱　　对联　　手套　　礼物　　扑克牌　　白菜　　大锅

3.语序或表达形式判断:请判断并读出下列各组中的普通话语句。

(1)A. 你们出出去。

　　B. 你们都出去。

(2)A. 师傅把倒手教我。

　　B. 师傅把着手教我。

(3)A. 二个人的世界。

　　B. 两个人的世界。

(4)A. 妈妈为此表扬过我。

　　B. 妈妈为此有表扬过我。

(5)A. 把罐头上的盖盖拧开。

　　B. 把罐头上的盖儿拧开。

四、朗读短文(400 个音节,限时 4 分钟,共 30 分)

作品 50 号

五、命题说话(请在下列话题中任选一个,限时 3 分钟,共 30 分)

1. 对环境保护的认识

2. 谈社会公德(或职业道德)

试卷四十五

一、读单音节字词（100个音节，限时3.5分钟，共10分）

醉 zuì	袁 Yuán	胃 wèi	杀 shā	稠 chóu	略 lüè	举 jǔ	羔 gāo	搀 chān	窦 dòu
旺 wàng	获 huò	爬 pá	缕 lǚ	左 zuǒ	与 yǔ/yù	九 jiǔ	蹭 cèng	叮 dīng	梗 gěng
剑 jiàn	邻 lín	纵 zòng	尤 yóu	万 wàn	乖 guāi	貂 diāo	肉 ròu	惊 jīng	睬 cǎi
吐 tǔ/tù	绕 rào	议 yì	牛 niú	主 zhǔ	棍 gùn	劳 láo	界 jiè	嫡 dí	埠 bù
透 tòu	走 zǒu	扔 rēng	音 yīn	弄 nòng	例 lì	铂 bó	枫 fēng	醋 cù	焦 jiāo
藤 téng	枪 qiāng	女 nǚ	准 zhǔn	厌 yàn	祠 cí	匾 biǎn	集 jí	阀 fá	卡 kǎ/qiǎ
碎 suì	砌 qì	鄙 bǐ	徐 xú	焚 fén	刻 kè	毁 huǐ	众 zhòng	筹 chóu	能 néng
木 mù	哭 kū	锌 xīn	兼 jiān	镇 zhèn	疤 bā	盾 dùn	斥 chì	户 hù	琼 qióng
小 xiǎo	招 zhāo	贫 pín	柏 bǎi	竖 shù	矿 kuàng	逞 chěng	厚 hòu	兑 duì	冒 mào
苞 bāo	彭 Péng	骂 mà	君 jūn	炕 kàng	物 wù	镀 dù	彻 chè	黄 huáng	使 shǐ

二、读多音节词语（100个音节，限时2.5分钟，共20分）

崇拜 chóngbài	躲藏 duǒcáng	国务院 guówùyuàn	鞋带儿 xiédàir	摸索 mō·suǒ
强度 qiángdù	突击 tūjī	不便 bùbiàn	犯罪 fànzuì	开玩笑 kāiwánxiào
核桃 hé·tao	破产 pòchǎn	波谷 bōgǔ	债务 zhàiwù	指标 zhǐbiāo
蚊子 wén·zi	操纵 cāozòng	复辟 fùbì	客观 kèguān	盆地 péndì
衰变 shuāibiàn	迷信 míxìn	首选 shǒuxuǎn	村庄 cūnzhuāng	灰尘 huīchén
脸蛋儿 liǎndànr	热烈 rèliè	无穷 wúqióng	硫酸 liúsuān	长期 chángqī
秧歌 yāng·ge	高温 gāowēn	落后 luòhòu	饲料 sìliào	趋势 qūshì
拒绝 jùjué	管理 guǎnlǐ	抬头 táitóu	那里 nà·lǐ	人群 rénqún
牙刷儿 yáshuār	线段 xiànduàn	港口 gǎngkǒu	绝着儿 juézhāor	的确 díquè
骄傲 jiāo'ào	早日 zǎorì	扫荡 sǎodàng	难题 nántí	

三、选择判断（限时3分钟，共10分）

1. 词语判断：请判断并读出下列各组中的普通话词语。

(1)炮仗	炮仔	炮竹	纸爆竷	爆竹 bàozhú	
(2)节掐	掌甲	指甲 zhǐ·jia	指掐	指生	指甲子
(3)到个个辰光	个能	至此 zhìcǐ	到个搭	到啊欸	遭者
(4)喙	嘴 zuǐ	嘴筒	喙角		
(5)囝儿	子女 zǐnǚ	儿子囝儿	仔女		

(6) 勿对　　　勿对头　　　不对 búduì　　　勿好　　　唔着　　　唔啱

(7) 个边　　　咯边　　　这边 zhè·biān　　　个面　　　迭面

(8) 退悔　　　后悔 hòuhuǐ　　　失悔

(9) 哺　　　嚼 jiáo　　　噍

(10) 好睇　　　好看 hǎokàn　　　异嬻看

2. 量词、名词搭配:请搭配并读出下列符合普通话规范的量名短语(例如:一条——鱼)。

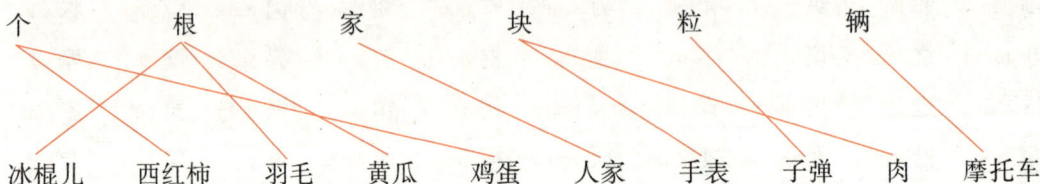

个　　　　根　　　　家　　　　块　　　　粒　　　　辆

冰棍儿　　西红柿　　羽毛　　黄瓜　　鸡蛋　　人家　　手表　　子弹　　肉　　摩托车

3. 语序或表达形式判断:请判断并读出下列各组中的普通话语句。

(1) A. 把书把他。

　　 B. 把书把给他。

　　 C. 把书给他。

(2) A. 你们来来没呐?

　　 B. 你们来过没来过?

(3) A. 坐起说不如站起干。

　　 B. 坐着说不如站着干。

(4) A. 收收起来。

　　 B. 都收起来。

(5) A. 一不嘞看电视,一不嘞吃饭。

　　 B. 一边看电视,一边吃饭。

　　 C. 一不地瞧电视,一不地吃饭。

四、朗读短文(400 个音节,限时 4 分钟,共 30 分)

作品 17 号

五、命题说话(请在下列话题中任选一个,限时 3 分钟,共 30 分)

1. 我喜爱的艺术形式

2. 科技发展与社会生活

◀ 试卷四十六 ▶

一、读单音节字词（100 个音节，限时 3.5 分钟，共 10 分）

能 néng	里 lǐ	座 zuò	象 xiàng	人 rén	谎 huǎng	缩 sù/suō	贷 dài	盏 zhǎn	晨 chén
罪 zuì	虾 xiā	随 suí	群 qún	咱 zán	稠 chóu	惨 cǎn	类 lèi	喙 huì	蹈 dǎo
双 shuāng	捆 kǔn	气 qì	组 zǔ	圆 yuán	屋 wū	某 mǒu	郝 Hǎo	赌 dǔ	驳 bó
予 yú/yǔ	总 zǒng	挽 wǎn	命 mìng	瘦 shòu	遣 qiǎn	钝 dùn	哭 kū	弃 qì	黯 àn
歪 wāi	仕 shì	敲 qiāo	幼 yòu	苗 miáo	庄 zhuāng	啃 kěn	掰 bāi	巅 diān	柜 guì/jǔ
袄 ǎo	牢 láo	诸 zhū	尚 shàng	披 pī	用 yòng	退 tuì	瞒 mán	翠 cuì	娶 qǔ
皱 zhòu	艺 yì	扫 sǎo/sào	涂 tú	蠢 chǔn	靶 bǎ	蛇 shé	骗 piàn	杠 gàng	枢 shū
赛 sài	猫 māo	拍 pāi	偷 tōu	盐 yán	胞 bāo	诉 sù	举 jǔ	拂 fú	搂 lōu/lǒu
熔 róng	逆 nì	植 zhí	袖 xiù	加 jiā	妃 fēi	疮 chuāng	天 tiān	鲁 lǔ	偶 ǒu
形 xíng	逃 táo	痹 bì	逢 féng	戒 jiè	震 zhèn	葱 cōng	农 nóng	来 lái	孙 sūn

二、读多音节词语（100 个音节，限时 2.5 分钟，共 20 分）

龙眼 lóngyǎn	厌世 yànshì	保持 bǎochí	肃穆 sùmù	老伴儿 lǎobànr
恰巧 qiàqiǎo	赋税 fùshuì	卤水 lǔshuǐ	装修 zhuāngxiū	舅舅 jiù·jiu
围墙 wéiqiáng	入门 rùmén	尿素 niàosù	矜持 jīnchí	火罐儿 huǒguànr
硬币 yìngbì	收工 shōugōng	骨髓 gǔsuǐ	破绽 pòzhàn	反刍 fǎnchú
昆曲 kūnqǔ	真相 zhēnxiàng	无赖 wúlài	食物链 shíwùliàn	让位 ràngwèi
体操 tǐcāo	迷惘 míwǎng	烘托 hōngtuō	削价 xuējià	总管 zǒngguǎn
补丁 bǔ·ding	殴打 ōudǎ	康复 kāngfù	一块儿 yīkuàir	篡改 cuàngǎi
责成 zéchéng	桃李 táolǐ	清白 qīngbái	打扮 dǎ·ban	毛驴 máolǘ
骗子 piàn·zi	广袤 guǎngmào	闹市 nàoshì	典礼 diǎnlǐ	果冻儿 guǒdòngr
大理石 dàlǐshí	洒脱 sǎtuō	惩戒 chéngjiè	爵士 juéshì	

三、选择判断（限时 3 分钟，共 10 分）

1. 词语判断：请判断并读出下列各组中的普通话词语。

（1）吸石　　　磁铁石　　　磁铁 cítiě　　　挟铁

（2）即搭　　　呢处　　　个里　　　这里 zhè·lǐ　　　个搭

（3）落来　　　下来 xià·lái　　　落嚟

（4）西便　　　西面 xīmiàn　　　西爿　　　西背

（5）树椐　　　橡胶 xiàngjiāo　　　树仁歑

(6) 眼泪水　　　　眼泪 yǎnlèi　　　　目屎　　　　　　目汁

(7) 贼老倌　　　　贼牯子　　　　贼 zéi　　　　贼骨头　　　　贼欸　　　　贼古

(8) 碌砖　　　　　砖仔　　　　　砖 zhuān　　　　砖欸

(9) 好得　　　　　幸亏 xìngkuī　　　　亏煞　　　　该哉　　　　搭帮　　　　好彩

(10) 香味道　　　　香味 xiāngwèi　　　　芳味

2. 量词、名词搭配:请搭配并读出下列符合普通话规范的量名短语(例如:一条——鱼)。

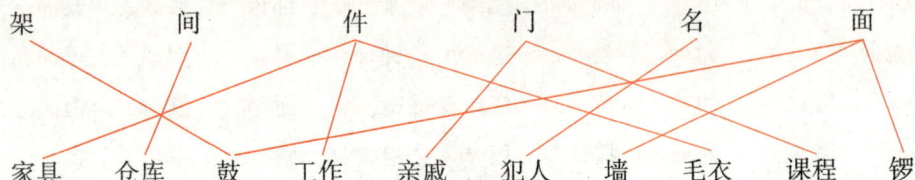

架　　　　间　　　　件　　　　门　　　　名　　　　面

家具　仓库　鼓　工作　亲戚　犯人　墙　毛衣　课程　锣

3. 语序或表达形式判断:请判断并读出下列各组中的普通话语句。

(1) A. 妈妈很不能干活。

B. 妈妈很不会干活。

(2) A. 气死掉。

B. 气死了。

(3) A. 他手表丢了找不到。

B. 他手表丢了没有地方找。

(4) A. 不着你,爸爸就不来了。

B. 如果不是因为你,爸爸就不来了。

(5) A. 这个人我不会认得到。

B. 这个人我认不到。

C. 这个人我不认得。

四、朗读短文 (400 个音节,限时 4 分钟,共 30 分)

作品 5 号

五、命题说话 (请在下列话题中任选一个,限时 3 分钟,共 30 分)

1. 劳动的体会

2. 谈谈卫生与健康

▶ 试卷四十七 ◀

一、读单音节字词（100 个音节，限时 3.5 分钟，共 10 分）

河 hé	科 kē	阿 ā/ē	筹 chóu	粉 fěn	眯 mī/mí	泼 pō	晌 shǎng	烫 tàng	扬 yáng
唇 chún	钩 gōu	把 bǎ	既 jì	立 lì	云 yún	团 tuán	沫 mò	掐 qiā	枢 shū
还 hái/huán	爱 ài	翁 wēng	串 chuàn	腰 yāo	启 qǐ	驶 shǐ	佛 fó/fú	眠 mián	汪 wāng
班 bān	大 dà/dài	功 gōng	尽 jǐn/jìn	老 lǎo	帅 shuài	勿 wù	恼 nǎo	音 yīn	扦 qiān
代 dài	股 gǔ	居 jū	包 bāo	氯 lǜ	镍 niè	在 zài	蒜 suàn	箱 xiāng	绒 róng
穴 xué	浇 jiāo	梁 liáng	拈 niān	棒 bàng	耸 sǒng	细 xì	营 yíng	蜷 quán	砸 zá
猜 cāi	羽 yǔ	陷 xiàn	惯 guàn	窄 zhǎi	润 rùn	铁 tiě	卡 kǎ/qiǎ	卵 luǎn	帕 pà
涩 sè	亭 tíng	智 zhì	走 zǒu	排 pái	跨 kuà	霉 méi	聘 pìn	严 yán	反 fǎn
哈 hā/hǎ	肯 kěn	遮 zhē	冻 dòng	畔 pàn	残 cán	蕊 ruǐ	口 kǒu	斜 xié	曼 màn
坯 pī	腮 sāi	肺 fèi	滞 zhì	吃 chī	扭 niǔ	寻 xún	卯 mǎo	疼 téng	害 hài

二、读多音节词语（100 个音节，限时 2.5 分钟，共 20 分）

言辞 yáncí	了结 liǎojié	受伤 shòushāng	青蛙 qīngwā	记事儿 jìshìr
刻画 kèhuà	灯光 dēngguāng	打扰 dǎrǎo	印染 yìnrǎn	三角形 sānjiǎoxíng
图书 túshū	缺陷 quēxiàn	分歧 fēnqí	掠夺 lüèduó	轴线 zhóuxiàn
梧桐 wútóng	皇上 huáng·shang	保险 bǎoxiǎn	散发 sànfā	难怪 nánguài
过年 guònián	街坊 jiē·fang	蚱蜢 zhàměng	协奏曲 xiézòuqǔ	然后 ránhòu
贬义 biǎnyì	工会 gōnghuì	能力 nénglì	灾情 zāiqíng	调节 tiáojié
容纳 róngnà	麻烦 má·fan	喘气 chuǎnqì	没落 mòluò	飞机 fēijī
吼叫 hǒujiào	炫耀 xuànyào	思维 sīwéi	做活儿 zuòhuór	庞大 pángdà
困境 kùnjìng	参数 cānshù	媳妇儿 xífur	品格 pǐngé	外婆 wàipó
深夜 shēnyè	承包 chéngbāo	监狱 jiānyù	片面 piànmiàn	

三、选择判断（限时 3 分钟，共 10 分）

1. 词语判断：请判断并读出下列各组中的普通话词语。

（1）自来火	火擦	火拭	火柴 huǒchái	洋火
（2）团孙	子孙 zǐsūn	仔孙		
（3）连梦	走浏阳	做梦 zuòmèng	眠梦	走混路子　发梦
（4）字运	运气 yùn·qi	运道	气运	
（5）勿敢当	不敢当 bùgǎndāng	唔敢当		

(6)个	这 zhè	迭个	咯
(7)滚笑	玩笑 wánxiào	逗勒	搞得欸个
(8)合式	适宜 shìyí	啱	合抠
(9)头壳顶	上空 shàngkōng	天浪	头顶巷
(10)杀脱	杀害 shāhài	刣死	

2. 量词、名词搭配:请搭配并读出下列符合普通话规范的量名短语(例如:一条——鱼)。

把　　对　　份　　件　　棵　　面

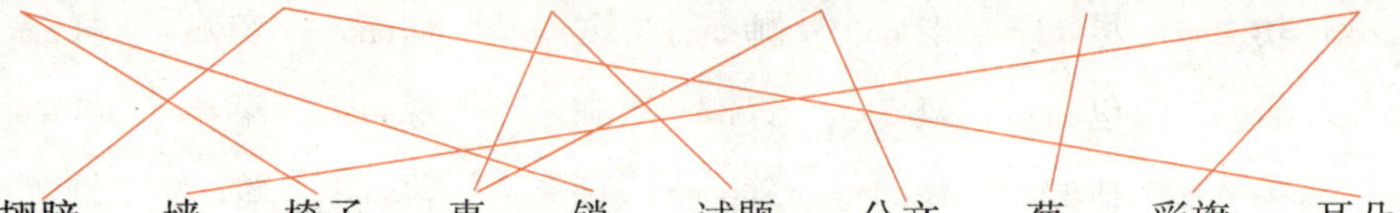

翅膀　　墙　　椅子　　事　　锁　　试题　　公文　　葱　　彩旗　　耳朵

3. 语序或表达形式判断:请判断并读出下列各组中的普通话语句。

(1) A. 你能走吗?能走。

B. 你走得不?走得。

(2) A. 他还要起在。

B. 他还玩着呢。

(3) A. 你去去逛街?

B. 你去不去逛街?

(4) A. 别客气,你洗在先。

B. 别客气,你洗先。

C. 别客气,你洗头先。

D. 别客气,你先洗。

(5) A. 那东西重啊不?

B. 那东西重不重?

C. 那东西重咧不?

D. 那东西重咧不咧?

四、朗读短文(400 个音节,限时 4 分钟,共 30 分)

作品 45 号

五、命题说话(请在下列话题中任选一个,限时 3 分钟,共 30 分)

1. 难忘的旅行

2. 体育运动的乐趣

▶ 试卷四十八 ◀

一、读单音节字词（100 个音节，限时 3.5 分钟，共 10 分）

肥 féi	皴 cūn	嫡 dí	晒 shài	砍 kǎn	厨 chú	害 hài	滞 zhì	坤 kūn	卫 wèi
爱 ài	嫌 xián	迭 dié	丙 bǐng	人 rén	永 yǒng	培 péi	鼓 gǔ	罗 luó	斋 zhāi
二 èr	卒 cù/zú	该 gāi	欧 ōu	困 kùn	略 lüè	怨 yuàn	昂 áng	渍 zì	如 rú
帛 bó	怕 pà	特 tè	靠 kào	硅 guī	润 rùn	块 kuài	段 duàn	涌 yǒng	纳 nà
绪 xù	宝 bǎo	蜜 mì	龚 Gōng	温 wēn	垫 diàn	富 fù	界 jiè	囚 qiú	做 zuò
龄 líng	鼠 shǔ	姚 Yáo	盏 zhǎn	侧 cè	谋 móu	仙 xiān	骂 mà	葛 gé/Gě	身 shēn
况 kuàng	味 wèi	晓 xiǎo	辟 bì/pì	穗 suì	锄 chú	墨 mò	夺 duó	荚 jiá	享 xiǎng
菊 jú	刹 chà/shā	镶 xiāng	哪 nǎ/né	阎 Yán	筒 tǒng	津 jīn	点 diǎn	拴 shuān	喉 hóu
癣 xuǎn	淘 táo	缺 quē	即 jí	灌 guàn	琴 qín	绺 liǔ	满 mǎn	凝 níng	壶 hú
瞪 dèng	曳 yè	琼 qióng	锁 suǒ	氯 lǜ	突 tū	撑 chēng	啄 zhuó	草 cǎo	馆 guǎn

二、读多音节词语（100 个音节，限时 2.5 分钟，共 20 分）

胆小鬼 dǎnxiǎoguǐ	恶劣 èliè	俊美 jùnměi	茫然 mángrán	喇叭 lǎ·ba
沙漠 shāmò	微观 wēiguān	杂院儿 záyuànr	宠儿 chǒng'ér	穷人 qióngrén
来源 láiyuán	譬如 pìrú	淘汰 táotài	照顾 zhàogù	场景 chǎngjǐng
柑橘 gānjú	小辫儿 xiǎobiànr	空虚 kōngxū	增强 zēngqiáng	随意 suíyì
评价 píngjià	番茄 fānqié	耳朵 ěr·duo	胶片 jiāopiàn	年度 niándù
匕首 bǐshǒu	甚至 shènzhì	心血 xīnxuè	秧歌 yāng·ge	采访 cǎifǎng
绯红 fēihóng	看望 kànwàng	凝聚 níngjù	饲养 sìyǎng	盈利 yínglì
寒噤 hánjìn	高跟儿鞋 gāogēnrxié	千克 qiānkè	如何 rúhé	璀璨 cuǐcàn
证据 zhèngjù	团员 tuányuán	导向 dǎoxiàng	黄疸 huángdǎn	面貌 miànmào
被窝儿 bèiwōr	日常 rìcháng	无效 wúxiào	足球 zúqiú	

三、选择判断（限时 3 分钟，共 10 分）

1. 词语判断：请判断并读出下列各组中的普通话词语。

（1）箸　　　　筷只　　　　筷子 kuài·zi

（2）勿够　　　无够　　　　不够 bùgòu　　　唔够

（3）阿拉　　　我哋　　　　咱们 zán·men　　我人

（4）原旧　　　仍然 réngrán　　照原　　　　原至　　　　闲系

（5）骨力　　　勤劳 qínláo　　勤力

(6) 眼门前　　面前 miànqián　　面头前　　　　眼门口

(7) 老虫　　乌鼠　　老鼠 lǎoshǔ　　老鼠子　　高客子

(8) 看款　　睇样　　看样子 kànyàngzi　　看样欸

(9) 镜里　　镜子 jìng·zi　　镜欸

(10) 老猴　　猴子 hóu·zi　　马骝　　猴哥

2. 量词、名词搭配：请搭配并读出下列符合普通话规范的量名短语（例如：一条——鱼）。

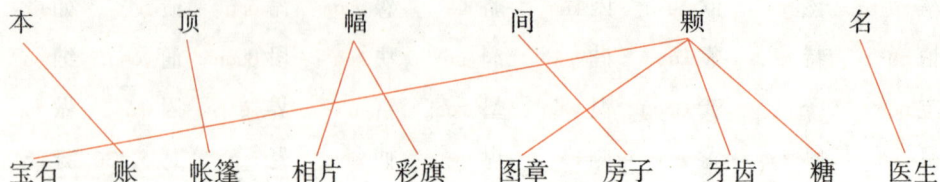

本　　　　顶　　　　幅　　　　间　　　　颗　　　　名

宝石　账　帐篷　相片　彩旗　图章　房子　牙齿　糖　医生

3. 语序或表达形式判断：请判断并读出下列各组中的普通话语句。

(1) A. 血红血红的
　　B. 红红哇的
　　C. 红蛮红的

(2) A. 你去，我不去。
　　B. 你去，我没有去。

(3) A. 会看得，不会摸得。
　　B. 可以看，不可以摸。

(4) A. 这件事我有说过。
　　B. 这件事我有说。
　　C. 这件事我说过。

(5) A. 大家都叫他说乐了。
　　B. 大家都招他说乐了。
　　C. 众人都得他说乐了。

四、朗读短文（400 个音节，限时 4 分钟，共 30 分）

作品 12 号

五、命题说话（请在下列话题中任选一个，限时 3 分钟，共 30 分）

1. 印象深刻的书籍（或报刊）

2. 家庭对个人成长的影响

试卷四十九

一、读单音节字词（100 个音节，限时 3.5 分钟，共 10 分）

淡 dàn	辈 bèi	刚 gāng	汇 huì	烤 kǎo	提 dī/tí	眸 móu	劈 pī/pǐ	散 sǎn/sàn	乙 yǐ
告 gào	火 huǒ	地 dì	鼻 bí	魔 mó	掐 qiā	枯 kū	洒 sǎ	隐 yǐn	厅 tīng
兵 bīng	碘 diǎn	激 jī	愧 kuì	描 miáo	羽 yǔ	搁 gē/gé	契 qì	凸 tū	社 shè
嫁 jià	辣 là	捺 nà	愿 yuàn	步 bù	拖 tuō	定 dìng	拐 guǎi	式 shì	厨 chú
插 chā	堆 duī	归 guī	皆 jiē	癞 là/lài	溺 nì	裙 qún	水 shuǐ	外 wài	栽 zāi
喊 hǎn	霉 méi	镰 lián	肠 cháng	夺 duó	吻 wěn	藻 zǎo	窍 qiào	摔 shuāi	破 pò
茧 jiǎn	则 zé	趁 chèn	发 fā/fà	蜜 mì	奴 nú	趣 qù	梳 shū	险 xiǎn	劣 liè
伶 líng	此 cǐ	剖 pōu	锡 xī	泛 fàn	掌 zhǎng	刃 rèn	恒 héng	艘 sōu	隋 Suí
揩 kāi	锚 máo	孙 sūn	找 zhǎo	蜂 fēng	刑 xíng	柔 róu	寸 cùn	圃 pǔ	洪 hóng
楼 lóu	荣 róng	专 zhuān	化 huà	堪 kān	兄 xiōng	募 mù	凑 còu	摊 tān	夫 fū

二、读多音节词语（100 个音节，限时 2.5 分钟，共 20 分）

提成儿 tíchéngr	撤销 chèxiāo	火焰 huǒyàn	蚂蚁 mǎyǐ	全球 quánqiú
洋葱 yángcōng	滋补 zībǔ	本领 běnlǐng	方法论 fāngfǎlùn	肯定 kěndìng
太太 tài·tai	批评 pīpíng	生长 shēngzhǎng	歇脚 xiējiǎo	中央 zhōngyāng
典型 diǎnxíng	奖励 jiǎnglì	耐心 nàixīn	若干 ruògān	亡灵 wánglíng
花瓶儿 huāpíngr	剥削 bōxuē	高中 gāozhōng	理想 lǐxiǎng	念叨 niàn·dao
拼命 pīnmìng	司机 sījī	一概 yīgài	参观 cānguān	领土 lǐngtǔ
鼓舞 gǔwǔ	用户 yònghù	似乎 sìhū	大方 dàfāng/dà·fang	祈求 qíqiú
从小 cóngxiǎo	金刚石 jīngāngshí	真实 zhēnshí	挑刺儿 tiāocìr	热爱 rè'ài
卫星 wèixīng	灭亡 mièwáng	范畴 fànchóu	克服 kèfú	女工 nǚgōng
上山 shàngshān	加油儿 jiāyóur	走向 zǒuxiàng	逍遥 xiāoyáo	

三、选择判断（限时 3 分钟，共 10 分）

1. 词语判断：请判断并读出下列各组中的普通话词语。

（1）揩布	揩台布	抹布 mābù	桌布巾	抹台布
（2）勿光	勿光光	勿单	不光 bùguāng	唔止
				唔单只
（3）个样	咯	这么 zhè·me	介	个能
				者呢
（4）原旧	仍旧 réngjiù	照原	闲系	
（5）快啲	赶快 gǎnkuài	撞快		

(6) 戳壁脚　　诽谤 fěibàng　　谤　　　　讲衰

(7) 亨字冷打　　共 gòng　　捞秋　　　　捞总　　　　呫嗻呤

(8) 带腹肚　　有身已　　怀孕 huáiyùn　　拖身体　　驮肚　　怀肚

(9) 像煞　　好像 hǎoxiàng　　亲像

(10) 小包车　　轿车 jiàochē　　包车子　　细汽车

2. 量词、名词搭配：请搭配并读出下列符合普通话规范的量名短语（例如：一条——鱼）。

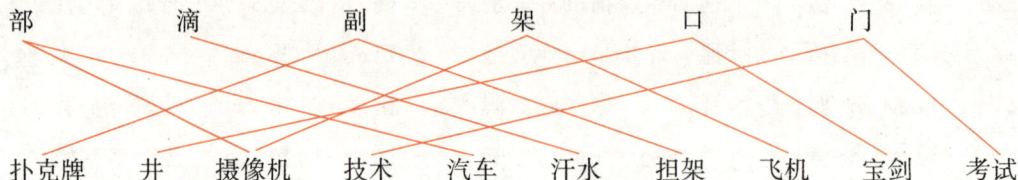

部　　　　滴　　　　副　　　　架　　　　口　　　　门

扑克牌　　井　　摄像机　　技术　　汽车　　汗水　　担架　　飞机　　宝剑　　考试

3. 语序或表达形式判断：请判断并读出下列各组中的普通话语句。

(1) A. 酱菜够咸了。

　　B. 酱菜有咸。

(2) A. 今天上午他有来过。

　　B. 今天上午他来过。

　　C. 今天上午他有来。

(3) A. 这条裤子你穿得。

　　B. 这条裤子你能穿。

(4) A. 他很不能办事。

　　B. 他很不会办事。

(5) A. 窗帘叫他弄脏了脏。

　　B. 窗帘叫他弄脏了。

四、朗读短文（400 个音节，限时 4 分钟，共 30 分）

作品 6 号

五、命题说话（请在下列话题中任选一个，限时 3 分钟，共 30 分）

1. 我了解的地域文化（或风俗）

2. 尊敬的人

试卷五十

一、读单音节字词（100个音节，限时3.5分钟，共10分）

储 chǔ	髓 suǐ	酚 fēn	毫 háo	节 jiē/jié	录 lù	潘 Pān	时 shí	笋 sǔn	喂 wèi
昂 áng	矩 jǔ	丞 chéng	筏 fá	焊 hàn	仍 réng	问 wèn	拢 lǒng	纹 wén	旋 xuán/xuàn
醋 cù	卑 bēi	孵 fū	拥 yōng	褐 hè	境 jìng	满 mǎn	祖 zǔ	弯 wān	授 shòu
糕 gāo	浑 hún	蔽 bì	典 diǎn	贼 zéi	纳 nà	秋 qiū	体 tī/tǐ	下 xià	口 kǒu
桦 huà	扛 káng	脆 cuì	该 gāi	渔 yú	煤 méi	习 xí	载 zǎi/zài	拴 shuān	消 xiāo
缎 duàn	慧 huì	撵 gǎn	输 shū	跨 kuà	造 zào	滨 bīn	倾 qīng	现 xiàn	膜 mó
苍 cāng	陡 dǒu	豁 huō/huò	浪 làng	怒 nù	效 xiào	罐 guàn	泉 quán	痰 tán	霞 xiá
姬 jī	督 dū	阁 gé	畅 chàng	冷 lěng	真 zhēn	铅 qiān	铜 tóng	许 xǔ	捏 niē
野 yě	棍 gùn	煎 jiān	州 zhōu	蝶 dié	子 zǐ	染 rǎn	土 tǔ	穴 xué	撕 sī
仁 rén	卧 wò	兑 duì	氦 hài	辰 chén	止 zhǐ	料 liào	爬 pá	咬 yǎo	犟 jiàng

二、读多音节词语（100个音节，限时2.5分钟，共20分）

吃饭 chīfàn	警犬 jǐngquǎn	香肠儿 xiāngchángr	女儿 nǚ'ér	资产 zīchǎn
微观 wēiguān	任意 rènyì	宝剑 bǎojiàn	革命家 gémìngjiā	感想 gǎnxiǎng
理性 lǐxìng	潜力 qiánlì	坦克 tǎnkè	优惠 yōuhuì	夹缝儿 jiāfèngr
征服 zhēngfú	扣押 kòuyā	普遍 pǔbiàn	思路 sīlù	夜间 yèjiān
父母 fùmǔ	膏药 gāo·yao	马路 mǎlù	火种 huǒzhǒng	流域 liúyù
取得 qǔdé	共同体 gòngtóngtǐ	在于 zàiyú	草莓 cǎoméi	候鸟 hòuniǎo
名称 míngchēng	商量 shāng·liang	柔和 róuhé	灾难 zāinàn	玩笑 wánxiào
垂钓 chuídiào	举止 jǔzhǐ	治疗 zhìliáo	扫荡 sǎodàng	打转儿 dǎzhuànr
行星 xíngxīng	泥土 nítǔ	发酵 fājiào	状况 zhuàngkuàng	赔偿 péicháng
审判 shěnpàn	鸦片 yāpiàn	蛋黄儿 dànhuángr	渴求 kěqiú	

三、选择判断（限时3分钟，共10分）

1.词语判断：请判断并读出下列各组中的普通话词语。

(1) 电瓶　　热水壶　　**热水瓶 rèshuǐpíng**　　电壶

(2) 勿过　　**不过 bùguò**　　不二过

(3) 个眼　　迭点　　迭眼　　**这些 zhèxiē**　　个点　　咯些

(4) 快哟　　**赶紧 gǎnjǐn**　　撞快

(5) 袋袋　　**袋子 dài·zi**　　袋仔　　袋欸

(6)倒吊	倒转头	颠倒 diāndǎo	丁倒	瘌翻	瘌瘌翻
(7)横掂	横直	反正 fǎn·zhèng	横去	纯去	
(8)隔壁头	隔壁 gébì	隔篱	间壁		
(9)姑姐	姑子	姑姑 gū·gu	阿姑		
(10)胡苏	牙苏	胡子 hú·zi	喙须	卷须	须菇

2.量词、名词搭配:请搭配并读出下列符合普通话规范的量名短语(例如:一条——鱼)。

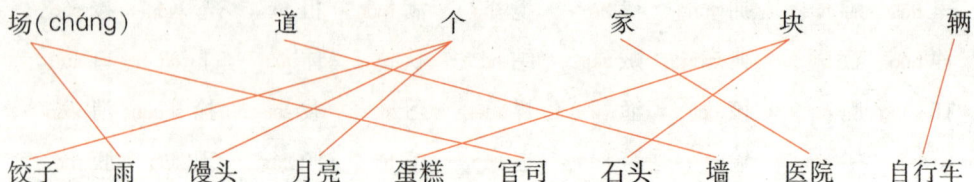

场(cháng)　　　道　　　个　　　家　　　块　　　辆

饺子　雨　馒头　月亮　蛋糕　官司　石头　墙　医院　自行车

3.语序或表达形式判断:请判断并读出下列各组中的普通话语句。

(1)A. 他不吃臭豆腐。

　　B. 他吃不来臭豆腐。

(2)A. 我连炒菜也不懂。

　　B. 我连炒菜也不会。

(3)A. 我有写过一篇关于妈妈的作文。

　　B. 我写过一篇关于妈妈的作文。

(4)A. 他晓得听。

　　B. 他能听得懂。

　　C. 他听会来。

(5)A. 门上有一个眼眼。

　　B. 门上有一个眼儿。

四、朗读短文（400 个音节，限时 4 分钟，共 30 分）

作品 40 号

五、命题说话（请在下列话题中任选一个，限时 3 分钟，共 30 分）

1. 谈个人修养

2. 谈社会公德（或职业道德）

◢ 试卷五十一 ◣

一、读单音节字词（100 个音节，限时 3.5 分钟，共 10 分）

贬 biǎn　　鼎 dǐng　　轨 guǐ　　拿 ná　　炉 lú　　疮 chuāng　　田 tián　　且 qiě　　也 yě　　实 shí

搓 cuō　　葛 gé/Gě　　庵 ān　　秋 qiū　　林 lín　　免 miǎn　　遣 qiǎn　　杀 shā　　替 tì　　消 xiāo

晒 shài　　丹 dān　　估 gū/gù　　鳌 áo　　穷 qióng　　捡 jiǎn　　所 suǒ　　拟 nǐ　　他 tā　　掏 tāo

尿 niào　　清 qīng　　梆 bāng　　档 dàng　　贡 gòng　　甚 shèn　　金 jīn　　透 tòu　　团 tuán　　养 yǎng

赚 zhuàn　　咳 hāi/ké　　捶 chuí　　磨 mó/mò　　邪 xié/yé　　曲 qū/qǔ　　购 gòu　　三 sān　　隋 Suí　　祸 huò

铲 chǎn　　鳃 sāi　　未 wèi　　纺 fǎng　　苦 kǔ　　斯 sī　　吸 xī　　自 zì　　碰 pèng　　枚 méi

函 hán　　鬓 bìn　　踱 duó　　旅 lǚ　　寄 jì　　收 shōu　　浓 nóng　　炎 yán　　图 tú　　让 ràng

饵 ěr　　鹤 hè　　据 jū/jù　　络 lào/luò　　帛 bó　　陪 péi　　惹 rě　　竖 shù　　歪 wāi　　葬 zàng

麦 mài　　者 zhě　　策 cè　　认 rèn　　卡 kǎ/qiǎ　　稳 wěn　　窝 wō　　乏 fá　　杭 Háng　　徐 xú

虹 hóng　　筐 kuāng　　松 sōng　　帽 mào　　平 píng　　挽 wǎn　　揉 róu　　刹 chà/shā　　氟 fú　　玉 yù

二、读多音节词语（100 个音节，限时 2.5 分钟，共 20 分）

老爷 lǎo·ye　　　　惭愧 cánkuì　　　　恶作剧 èzuòjù　　　　矿产 kuàngchǎn　　　　农田 nóngtián

反射 fǎnshè　　　　仪器 yíqì　　　　辩论 biànlùn　　　　新颖 xīnyǐng　　　　忠诚 zhōngchéng

片面 piànmiàn　　　　逗乐儿 dòulèr　　　　属于 shǔyú　　　　理解 lǐjiě　　　　反省 fǎnxǐng

蜡梅 làméi　　　　勇气 yǒngqì　　　　刀背儿 dāobèir　　　　不啻 bùchì　　　　失败 shībài

炮弹 pàodàn　　　　绰号 chuòhào　　　　点心 diǎn·xin　　　　几何 jǐhé　　　　盎然 àngrán

牡蛎 mǔlì　　　　区别 qūbié　　　　太空 tàikōng　　　　百灵 bǎilíng　　　　腐朽 fǔxiǔ

尽管 jǐnguǎn　　　　年代 niándài　　　　姑娘 gū·niang　　　　退化 tuìhuà　　　　人均 rénjūn

蚊子 wén·zi　　　　此起彼伏 cǐqǐ-bǐfú　　　　规律 guīlǜ　　　　坎坷 kǎnkě　　　　那些 nàxiē

荣誉 róngyù　　　　违法 wéifǎ　　　　忏悔 chànhuǐ　　　　遵循 zūnxún　　　　渺小 miǎoxiǎo

抢救 qiǎngjiù　　　　搜集 sōují　　　　火星儿 huǒxīngr　　　　横向 héngxiàng

三、选择判断（限时 3 分钟，共 10 分）

1. 词语判断：请判断并读出下列各组中的普通话词语。

（1）领巾　　　颈巾　　　围领　　　　围巾 wéijīn　　　颈围

（2）勿好意思　　意勿过　　　不好意思 bù hǎoyì·si　　歹神气　　　唔好意思

（3）呢　　　个只　　　咯只　　　　这个 zhè·ge　　　迭个

（4）阿拉　　　我哋　　　咱 zán

（5）畀返　　　还 huán　　　分转

(6) 上口　　可口 kěkǒu　　醒嗉　　　好味

(7) 面巾　　毛巾 máojīn　　面帕

(8) 纽子　　纽扣 niǔkòu　　纽仔　　　扣歁

(9) 帮人　　帮人家　　仆人 púrén　　粗差

(10) 无去　　丧失 sàngshī　　呒没　　　冇咗　　　么撇

2. 量词、名词搭配：请搭配并读出下列符合普通话规范的量名短语（例如：一条——鱼）。

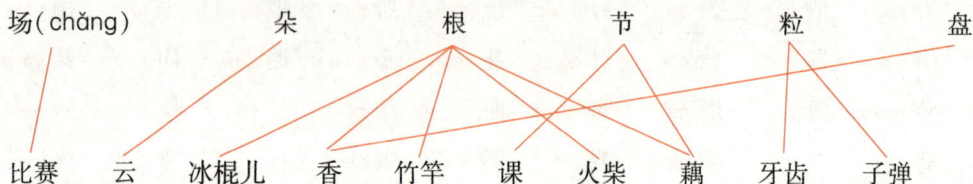

　　场(chǎng)　　　朵　　　根　　　节　　　粒　　　盘

　　比赛　云　冰棍儿　香　竹竿　课　火柴　藕　牙齿　子弹

3. 语序或表达形式判断：请判断并读出下列各组中的普通话语句。

(1) A. 咱们逛街去。

　　B. 咱们来去行街。

(2) A. 听说小明到过故宫。

　　B. 听说小明有到过故宫。

(3) A. 我说得他过。

　　B. 我说他得过。

　　C. 我说得过他。

(4) A. 他们还没抹干净。

　　B. 他们抹还没干净。

(5) A. 我给三袋梨给他。

　　B. 我给三袋梨他。

　　C. 我梨给他三袋。

　　D. 我给他三袋梨。

四、朗读短文（400 个音节，限时 4 分钟，共 30 分）

作品 31 号

五、命题说话（请在下列话题中任选一个，限时 3 分钟，共 30 分）

1. 谈中国传统文化

2. 我的理想（或愿望）

◀ 试卷五十二 ▶

一、读单音节字词（100 个音节，限时 3.5 分钟，共 10 分）

捶 chuí	赞 zàn	膝 xī	算 suàn	视 shì	暖 nuǎn	开 kāi	黄 huáng	察 chá	方 fāng
震 zhèn	允 yǔn	汁 zhī	伍 wǔ	能 néng	绕 rào	科 kē	拽 zhuài	蹲 dūn	册 cè
吻 wěn	阅 yuè	爽 shuǎng	却 què	赘 zhuì	鸟 niǎo	操 cāo	多 duō	快 kuài	很 hěn
郁 yù	牵 qiān	丸 wán	售 shòu	怒 nù	穿 chuān	抬 tái	断 duàn	怀 huái	阔 kuò
攒 zuàn	佑 yòu	妥 tuǒ	瞧 qiáo	忙 máng	菌 jūn/jùn	郭 guō	逝 shì	瞪 dèng	吐 tǔ/tù
忆 yì	朕 zhèn	迟 chí	屯 tún	孟 mèng	袋 dài	绝 jué	穷 qióng	怪 guài	瓣 bàn
谱 pǔ	汛 xùn	剃 tì	围 wéi	炙 zhì	逼 bī	九 jiǔ	顾 gù	此 cǐ	墓 mù
缫 sāo	别 bié/biè	封 fēng	窜 cuàn	舟 zhōu	宣 xuān	钛 tài	匹 pǐ	兰 lán	京 jīng
泻 xiè	斋 zhāi	饼 bǐng	拟 nǐ	颂 sòng	肉 ròu	告 gào	抽 chōu	离 lí	评 píng
炼 liàn	配 pèi	硝 xiāo	祀 sì	白 bái	货 huò	分 fēn/fèn	巢 cháo	仄 zè	软 ruǎn

二、读多音节词语（100 个音节，限时 2.5 分钟，共 20 分）

保管 bǎoguǎn	单调 dāndiào	口语 kǒuyǔ	棒槌 bàng·chui	破坏 pòhuài
生命力 shēngmìnglì	由衷 yóuzhōng	壶盖儿 húgàir	磁场 cíchǎng	管辖 guǎnxiá
了不起 liǎo·buqǐ	斟酌 zhēnzhuó	无垠 wúyín	恰当 qiàdàng	洒脱 sǎtuō
丧失 sàngshī	福气 fú·qi	可怜 kělián	应征 yìngzhēng	膨胀 péngzhàng
坦白 tǎnbái	长久 chángjiǔ	摸黑儿 mōhēir	火车 huǒchē	装潢 zhuānghuáng
燃烧 ránshāo	味觉 wèijué	萌发 méngfā	阐述 chǎnshù	给以 gěiyǐ
幌子 huǎng·zi	类似 lèisì	前方 qiánfāng	投诉 tóusù	赞颂 zànsòng
措施 cuòshī	自满 zìmǎn	难免 nánmiǎn	认为 rènwéi	席卷 xíjuǎn
主角儿 zhǔjuér	讲演 jiǎngyǎn	租用 zūyòng	砂轮儿 shālúnr	的确 díquè
脚掌 jiǎozhǎng	扭转 niǔzhuǎn	锁链 suǒliàn	幸存 xìngcún	

三、选择判断（限时 3 分钟，共 10 分）

1. 词语判断：请判断并读出下列各组中的普通话词语。

（1）信壳	批壳	信封子	信封 xìnfēng	信封歘
（2）勿符合	无合	不合 bùhé	唔啱	唔合
（3）无去	失去 shīqù	失撇	么撇	
（4）髀	腿 tuǐ	骹腿	腿把子	
（5）现时	如至今	现在 xiànzài	难朝	现主时 今下

(6) 腹里　　　心里 xīn·lǐ　　　心里向　　　心人便　　　心肚歉

(7) 吃个水　　　饮水 yǐnshuǐ　　　食个水

(8) 阿侄　　　侄子 zhí·zi　　　孙仔　　　侄儿子　　　侄歉

(9) 沙泥地　　　沙土 shātǔ　　　涂沙

(10) 青清　　　阴功　　　凄凉 qīliáng　　　炊过

2. 量词、名词搭配：请搭配并读出下列符合普通话规范的量名短语（例如：一条——鱼）。

本　　　滴　　　幅　　　架　　　片　　　套

血　　　地　　　节目　　　图画　　　钢琴　　　药　　　西装　　　杂志　　　医疗设备　　　相片

3. 语序或表达形式判断：请判断并读出下列各组中的普通话语句。

(1) A. 我有画过一幅关于母爱的画。

　　B. 我画过一幅关于母爱的画。

(2) A. 起初，我是不懂游泳的。

　　B. 起初，我是不会游泳的。

(3) A. 宁可我去，也不能叫他去。

　　B. 能我去，也不能叫他去。

(4) A. 这西瓜重啊不？

　　B. 这西瓜重不重？

　　C. 这西瓜重唧不？

　　D. 这西瓜重唧不唧？

(5) A. 我拉上他去。

　　B. 我拉他上去。

四、朗读短文（400 个音节，限时 4 分钟，共 30 分）

作品 40 号

五、命题说话（请在下列话题中任选一个，限时 3 分钟，共 30 分）

1. 家乡（或熟悉的地方）

2. 朋友

▶ 试卷五十三 ◀

一、读单音节字词（100 个音节，限时 3.5 分钟，共 10 分）

滋 zī	禹 Yǔ	瓮 wèng	所 suǒ	枪 qiāng	南 nán	捆 kǔn	祠 cí	扯 chě	丢 diū
壅 yōng	锥 zhuī	麻 má	乌 wū/wù	坑 kēng	树 shù	求 qiú	罢 bà	配 pèi	光 guāng
涡 Guō/wō	狂 kuáng	拳 quán	滚 gǔn	大 dà/dài	冢 zhǒng	丝 sī	凭 píng	美 měi	捕 bǔ
霜 shuāng	容 róng	胚 pēi	诏 zhào	命 mìng	蛇 shé	雇 gù	叠 dié	曳 yè	亡 wáng
旁 páng	舀 yǎo	寺 sì	吞 tūn	世 shì	赠 zèng	土 tǔ	共 gòng	凑 còu	究 jiū
罗 luó	薰 xūn	蜕 tuì	人 rén	坡 pō	铡 zhá	旧 jiù	佛 fó/fú	窜 cuàn	安 ān
接 jiē	燥 zào	负 fù	持 chí	绪 xù	淌 tǎng	日 rì	年 nián	铃 líng	晶 jīng
思 sī	艇 tǐng	超 chāo	饷 xiǎng	蓝 lán	家 jiā	奶 nǎi	飞 fēi	绕 rào	咸 xián
撰 zhuàn	酸 suān	勤 qín	诱 yòu	伟 wěi	某 mǒu	客 kè	耗 hào	杜 dù	曹 cáo
房 fáng	惜 xī	潭 tán	气 qì	信 xìn	无 wú	黑 hēi	垣 yuán	拆 chāi	您 nín

二、读多音节词语（100 个音节，限时 2.5 分钟，共 20 分）

栽培 zāipéi	林子 lín·zi	福利 fúlì	勘探 kāntàn	企图 qǐtú
痛楚 tòngchǔ	波浪 bōlàng	摆脱 bǎituō	导演 dǎoyǎn	拳头 quán·tóu
机器人 jī·qìrén	普及 pǔjí	调停 tiáo·tíng	银行 yínháng	村庄 cūnzhuāng
差点儿 chàdiǎnr	国情 guóqíng	指点 zhǐdiǎn	人品 rénpǐn	网络 wǎngluò
勉强 miǎnqiǎng	采购 cǎigòu	战壕 zhànháo	老板 lǎobǎn	溶剂 róngjì
吓唬 xià·hu	侮辱 wǔrǔ	可是 kěshì	常规 chángguī	黄昏 huánghūn
女子 nǚzǐ	纽扣儿 niǔkòur	射线 shèxiàn	阻挡 zǔdǎng	延伸 yánshēn
举动 jǔdòng	赶紧 gǎnjǐn	送信儿 sòngxìnr	毛巾 máojīn	主宰 zhǔzǎi
小伙子 xiǎohuǒ·zi	所属 suǒshǔ	打仗 dǎzhàng	缓慢 huǎnmàn	排放 páifàng
事故 shìgù	阅读 yuèdú	粉末儿 fěnmòr	做戏 zuòxì	

三、选择判断（限时 3 分钟，共 10 分）

1. 词语判断：请判断并读出下列各组中的普通话词语。

（1）桌球	乒乓波	乒乓球 pīngpāngqiú	蛋壳子球
（2）唔明	不解 bùjiě	勿懂	想唔解	想唔通
（3）出年	明年子	明年 míngnián	
（4）化仙	打牙较	聊 liáo	打讲	打牙告
（5）洋号	喇叭 lǎ·ba	叭哈	

（6）逗人爱　　可爱 kě'ài　　好字相　　好疼　　得人惜

（7）今朝子　　今旦日　　今天 jīntiān　　今日子　　今晡日

（8）交关　　好些 hǎoxiē　　诚侪　　异多

（9）鸽里　　鸽子 gē·zi　　月鸽欸

（10）食力　　费力 fèilì　　嗨力气　　费累

2. 量词、名词搭配：请搭配并读出下列符合普通话规范的量名短语（例如：一条——鱼）。

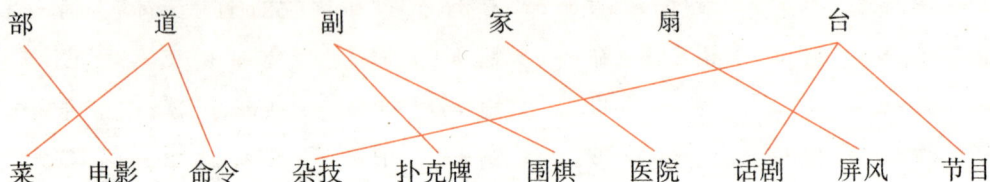

部　　道　　副　　家　　扇　　台

菜　　电影　　命令　　杂技　　扑克牌　　围棋　　医院　　话剧　　屏风　　节目

3. 语序或表达形式判断：请判断并读出下列各组中的普通话语句。

（1）A. 妈妈很不能做饭。

　　B. 妈妈很不会做饭。

（2）A. 收收起来。

　　B. 都收起来。

（3）A. 这件事怎么办，我知不道。

　　B. 这件事怎么办，我不知道。

　　C. 这件事怎么办，我晓不得。

（4）A. 这菜躺咸。

　　B. 这菜咸伤了。

　　C. 这菜老咸。

　　D. 这菜太咸。

（5）A. 他带得有手电呢。

　　B. 他带着手电呢。

四、朗读短文（400 个音节，限时 4 分钟，共 30 分）

作品 29 号

五、命题说话（请在下列话题中任选一个，限时 3 分钟，共 30 分）

1. 我喜欢的职业（或专业）

2. 我喜欢的美食

试卷五十四

一、读单音节字词（100 个音节，限时 3.5 分钟，共 10 分）

拽 zhuài	哑 yǎ	瘟 wēn	竖 shù	轻 qīng	鸟 niǎo	瓷 cí	换 huàn	丰 fēng	粗 cū
份 fèn	标 biāo	吮 shǔn	铅 qiān	你 nǐ	溜 liū/liù	鸡 jī	咏 yǒng	刺 cī/cì	韵 yùn
袜 wà	痒 yǎng	咒 zhòu	闪 shǎn	权 quán	幕 mù	开 kāi	城 chéng	耳 ěr	恒 héng
悦 yuè	镶 xiāng	梭 suō	柄 bǐng	欧 Ōu	轮 lún	借 jiè	耕 gēng	懂 dǒng	若 ruò
孔 kǒng	抛 pāo	溢 yì	苗 miáo	滕 Téng	傻 shǎ	闯 chuǎng	挥 huī	戴 dài	库 kù
妄 wàng	烛 zhú	升 shēng	趋 qū	颜 yán	农 nóng	卡 kǎ/qiǎ	哈 hā/hǎ	插 chā	恩 ēn
均 jūn	靴 xuē	涛 tāo	侄 zhí	扒 bā/pá	纯 chún	阔 kuò	怪 guài	但 dàn	买 mǎi
吹 chuī	迷 mí	携 xié	减 jiǎn	锅 guō	登 dēng	童 tóng	揉 róu	盅 zhōng	盆 pén
架 jià	秀 xiù	避 bì	然 rán	纳 nà	铝 lǚ	寓 yù	凡 fán	催 cuī	绥 suí
略 lüè	乳 rǔ	捧 pěng	滑 huá	择 zé/zhái	梯 tī	幸 xìng	割 gē	掉 diào	捕 bǔ

二、读多音节词语（100 个音节，限时 2.5 分钟，共 20 分）

补贴 bǔtiē	讽刺 fěngcì	帮手 bāng·shou	拒绝 jùjué	内心 nèixīn
日益 rìyì	伪善 wěishàn	小鞋儿 xiǎoxiér	抵制 dǐzhì	海湾 hǎiwān
美好 měihǎo	知己 zhījǐ	挑衅 tiǎoxìn	抢救 qiǎngjiù	暖和 nuǎn·huo
操纵 cāozòng	佛教 Fójiào	苦恼 kǔnǎo	年轻 niánqīng	五谷 wǔgǔ
森林 sēnlín	导体 dǎotǐ	积累 jīlěi	阻隔 zǔgé	忍受 rěnshòu
蜜枣儿 mìzǎor	土匪 tǔfěi	敏感 mǐngǎn	创立 chuànglì	赶趟儿 gǎntàngr
感应 gǎnyìng	脸色 liǎnsè	剖面 pōumiàn	手榴弹 shǒuliúdàn	筵席 yánxí
观点 guāndiǎn	孔雀 kǒngquè	沉默 chénmò	云彩 yún·cai	遭殃 zāoyāng
湿润 shīrùn	雪茄 xuějiā	火山 huǒshān	此地 cǐdì	卵巢 luǎncháo
栅栏儿 zhà·lanr	凄凉 qīliáng	四处 sìchù	乒乓球 pīngpāngqiú	

三、选择判断（限时 3 分钟，共 10 分）

1.词语判断:请判断并读出下列各组中的普通话词语。

（1）叉头	的士	出租汽车 chūzū qìchē		
（2）勿及	比勿上	不及 bùjí	无遭	唔及　唔当
（3）交关辰光	野久	好久 hǎojiǔ	好耐	异久
（4）电珠	灯泡子	灯泡儿 dēngpàor	泡子	电灯胆
（5）当中横里	里中	当中 dāngzhōng	入便	中中间间

(6) 褛　　　　**大衣 dàyī**　　　　大楼

(7) 从来呒没　　**从未 cóngwèi**　　　从冇　　　　　从来么过

(8) 翅翻　　　　**翅膀 chìbǎng**　　　翼股　　　　　翼胅

(9) 铜钿　　　　纸字　　　　　**钞票 chāopiào**　　银纸

(10) 食惊　　　　着惊　　　　　**吃惊 chījing**　　　受吓　　　　着吓

2. 量词、名词搭配:请搭配并读出下列符合普通话规范的量名短语(例如:一条——鱼)。

场(cháng)　　　对　　　　个　　　　件　　　　双　　　　头

国家　　牛　　病　　翅膀　　社会　　家具　　官司　　衬衣　　耳朵　　蒜

3. 语序或表达形式判断:请判断并读出下列各组中的普通话语句。

(1) A. 我忒恐惧了。

　　B. 我太恐惧了。

　　C. 我过恐惧了。

(2) **A. 他们坐不坐?**

　　B. 他们坐不?

(3) A. 我来去看电视。

　　B. 我正要去看电视。

(4) A. 说话起来没个完。

　　B. 话说起来没个完。

(5) A. 下午二点多。

　　B. 下午两点多。

四、朗读短文 (400 个音节,限时 4 分钟,共 30 分)

作品 47 号

五、命题说话 (请在下列话题中任选一个,限时 3 分钟,共 30 分)

1. 我喜爱的动物

2. 我喜欢的节日

▶ 试卷五十五 ◀

一、读单音节字词（100 个音节，限时 3.5 分钟，共 10 分）

慈 cí　氧 yǎng　拖 tuō　术 shù/zhú　秦 Qín　开 kāi　乐 lè/yuè　厂 chǎng　发 fā/fà　壶 hú

具 jù　石 dàn/shí　向 xiàng　头 tóu　篇 piān　馆 guǎn　睁 zhēng　丑 chǒu　氮 dàn　漏 lòu

口 kǒu　醉 zuì　面 miàn　跨 kuà　否 fǒu/pǐ　团 tuán　授 shòu　劝 quàn　旱 hàn　擦 cā

徒 tú　悬 xuán　左 zuǒ　烧 shāo　确 què　骂 mà　款 kuǎn　财 cái　华 huá/Huà　跌 diē

寸 cùn　我 wǒ　背 bēi/bèi　灵 líng　艘 sōu　胶 jiāo　仁 rén　刚 gāng　壮 zhuàng　哪 nǎ/né

收 shōu　民 mín　六 liù　训 xùn　藤 téng　走 zǒu　扑 pū　荒 huāng　德 dé　沉 chén

固 gù　夏 xià　穗 suì　软 ruǎn　偶 ǒu　章 zhāng　道 dào　陆 liù/lù　军 jūn　办 bàn

影 yǐng　微 wēi　蹦 bèng　旗 qí　费 fèi　嫩 nèn　次 cì　离 lí　斤 jīn　刷 shuā

排 pái　滩 tān　僧 sēng　歇 xiē　治 zhì　梦 mèng　桂 guì　烧 shāo　产 chǎn　课 kè

完 wán　运 yùn　孙 sūn　帮 bāng　瞒 mán　柳 liǔ　闪 shǎn　给 gěi/jǐ　从 cóng　容 róng

二、读多音节词语（100 个音节，限时 2.5 分钟，共 20 分）

场景 chǎngjǐng　恍然 huǎngrán　耐用 nàiyòng　肉体 ròutǐ　肚脐儿 dùqír

未必 wèibì　琢磨 zhuómó/zuó·mo　耳鸣 ěrmíng　嫁妆 jià·zhuang　饼干 bǐnggān

口水 kǒushuǐ　膨胀 péngzhàng　水果 shuǐguǒ　研制 yánzhì　笔法 bǐfǎ

杆菌 gǎnjūn　锄头 chú·tou　卡片 kǎpiàn　偶尔 ǒu'ěr　闪烁 shǎnshuò

修复 xiūfù　璀璨 cuǐcàn　河豚 hétún　棉球儿 miánqiúr　泯灭 mǐnmiè

种群 zhǒngqún　调节 tiáojié　请示 qǐngshì　晌午 shǎng·wǔ　苍穹 cāngqióng

法典 fǎdiǎn　脸谱 liǎnpǔ　配套 pèitào　引起 yǐnqǐ　损害 sǔnhài

辅导 fǔdǎo　减产 jiǎnchǎn　总体 zǒngtǐ　入学 rùxué　温暖 wēnnuǎn

耳膜儿 ěrmór　糯米 nuòmǐ　馅儿饼 xiànrbǐng　苟且 gǒuqiě　沦陷 lúnxiàn

迁移 qiānyí　倘若 tǎngruò　怎样 zěnyàng　大相径庭 dàxiāng-jìngtíng

三、选择判断（限时 3 分钟，共 10 分）

1. 词语判断：请判断并读出下列各组中的普通话词语。

（1）扯蓬船　行蓬船　帆船 fānchuán　蓬船　风蓬船

（2）㑚挡得　忍唔住　不禁 bùjīn　熬勿牢

（3）绸仔　绸子 chóu·zi　绸欱

（4）烧饭个　馆夫　厨师 chúshī　饭司务　煮食个师傅

（5）床单里　床单 chuángdān　床巾　垫单

(6) 乡社　　村子 cūn·zi　　村欵

(7) 当仔　　相　　打量 dǎ·liang　　眍

(8) 四界　　逐位　　到处 dàochù　　各到各处　　看哪里　　四路里

(9) 袋仔　　兜儿 dōur　　袋袋　　袋欵

(10) 几许　　多少 duōshǎo　　偌　　几多

2. 量词、名词搭配:请搭配并读出下列符合普通话规范的量名短语(例如:一条——鱼)。

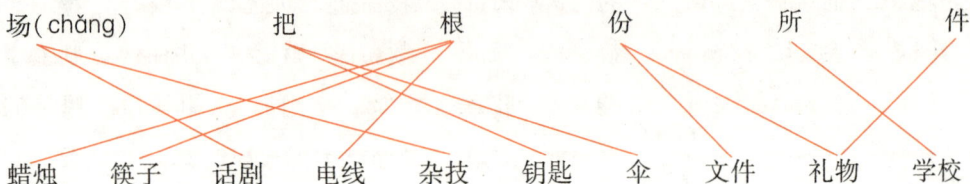

场(chǎng)　　把　　根　　份　　所　　件

蜡烛　　筷子　　话剧　　电线　　杂技　　钥匙　　伞　　文件　　礼物　　学校

3. 语序或表达形式判断:请判断并读出下列各组中的普通话语句。

(1) A. 给你留得有零食。

　　B. 给你留了零食。

(2) A. 你有没有水?

　　B. 你有水啊吧?

　　C. 你有水啊不?

(3) A. 夏天南方老潮湿。

　　B. 夏天南方异潮湿。

　　C. 夏天南方过潮湿。

　　D. 夏天南方非常潮湿。

(4) A. 他回复了二百十三个邮件。

　　B. 他回复了二百一十三个邮件。

(5) A. 没有话筒,我发不起言。

　　B. 没有话筒,我发不了言。

四、朗读短文 (400 个音节,限时 4 分钟,共 30 分)

作品 27 号

五、命题说话 (请在下列话题中任选一个,限时 3 分钟,共 30 分)

1. 对亲情(或友情、爱情)的理解

2. 我的一天

▶ 试卷五十六 ◀

一、读单音节字词（100 个音节，限时 3.5 分钟，共 10 分）

傲 ào	丞 chéng	扼 è	豪 háo	亏 kuī	马 mǎ	票 piào	扔 rēng	素 sù	醋 cù
疤 bā	亩 mǔ	若 ruò	怕 pà	熊 xióng	烦 fán	舂 chōng	壑 hè	课 kè	岁 suì
踹 chuài	柏 bǎi	愤 fèn	六 liù	烘 hōng	抗 kàng	如 rú	谋 móu	它 tā	依 yī
凤 fèng	瓷 cí	脱 tuō	蚌 bàng	妙 miào	蚁 yǐ	痕 hén	贫 pín	沿 yán	撒 sā/sǎ
话 huà	天 tiān	俘 fú	锉 cuò	狂 kuáng	门 mén	扫 sǎo/sào	尤 yóu	泵 bèng	渠 qú
浪 làng	述 shù	赣 Gàn	尖 jiān	毕 bì	暂 zàn	弃 qì	挖 wā	三 sān	暖 nuǎn
裁 cái	女 nǚ	迁 qiān	凳 dèng	商 shāng	缸 gāng	奖 jiǎng	遭 zāo	纹 wén	冷 lěng
尿 niào	勤 qín	档 dàng	谈 tán	汪 wāng	遮 zhē	惨 cǎn	羹 gēng	邻 lín	截 jié
穷 qióng	堤 dī	钟 zhōng	浸 jìn	志 zhì	嘴 zuǐ	能 néng	颤 chàn	息 xī	寡 guǎ
闻 wén	燃 rán	许 xǔ	享 xiǎng	信 xìn	憾 hàn	脾 pí	裂 liè	牛 niú	殿 diàn

二、读多音节词语（100 个音节，限时 2.5 分钟，共 20 分）

财务 cáiwù	反对 fǎnduì	口角 kǒujiǎo	星星 xīng·xing	普选 pǔxuǎn
愉快 yúkuài	手术 shǒushù	海岛 hǎidǎo	耳垂儿 ěrchuír	珍珠 zhēnzhū
出发点 chūfādiǎn	容许 róngxǔ	土匪 tǔfěi	嫩绿 nènlǜ	待遇 dàiyù
给养 jǐyǎng	暖瓶 nuǎnpíng	如意 rúyì	问世 wènshì	墨汁儿 mòzhīr
资源 zīyuán	补充 bǔchōng	单一 dānyī	跟头 gēn·tou	禁锢 jìngù
讴歌 ōugē	摔跤 shuāijiāo	违背 wéibèi	缅怀 miǎnhuái	杀戮 shālù
钦差 qīnchāi	崭新 zhǎnxīn	只好 zhǐhǎo	产量 chǎnliàng	弹性 tánxìng
妇女 fùnǚ	喇叭 lǎ·ba	保险 bǎoxiǎn	瞌睡 kēshuì	泡菜 pàocài
丝毫 sīháo	摇晃 yáo·huàng	感慨 gǎnkǎi	沉淀 chéndiàn	联盟 liánméng
漆黑 qīhēi	花盆儿 huāpénr	随时 suíshí	小人儿书 xiǎorénrshū	

三、选择判断（限时 3 分钟，共 10 分）

1. 词语判断：请判断并读出下列各组中的普通话词语。

（1）脚踏车　　骹踏车　　自行车 zìxíngchē　　单车　　　线车　　　脚车

（2）勿仅　　　勿仅仅　　勿单单　　　不仅 bùjǐn　　唔若　　　唔净只

（3）担头　　　担子 dàn·zi　　担欸

（4）差气　　　低劣 dīliè　　推扳　　　差斗

（5）跑　　　　踣　　　　蹲 dūn　　　踮

(6) 喉急　　　焦急 jiāojí　　　着革

(7) 寡佬　　　光裤袋　　　光棍儿 guānggùnr

(8) 渡船头　　渡口 dùkǒu　　　渡船口里

(9) 亏煞　　　该哉　　　多亏 duōkuī　　　搭帮　　　好得

(10) 椅头　　　椅团　　　凳子 dèng·zi　　　椅条　　　凳仔　　　凳欤

2. 量词、名词搭配:请搭配并读出下列符合普通话规范的量名短语(例如:一条——鱼)。

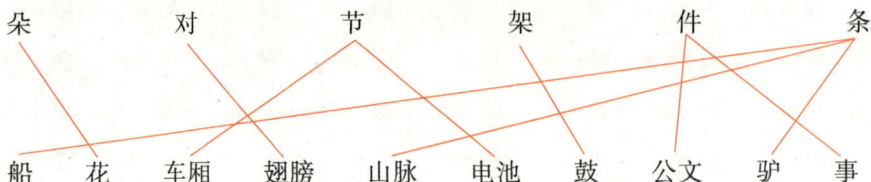

朵　　　　对　　　　节　　　　架　　　　件　　　　条

船　　花　　车厢　　翅膀　　山脉　　电池　　鼓　　公文　　驴　　事

3. 语序或表达形式判断:请判断并读出下列各组中的普通话语句。

(1) A. 中啊吧?

　　B. 中啊不?

　　C. 行不行?

(2) A. 公交车来快了。

　　B. 公交车快来了。

(3) A. 他要两三个月才能回家。

　　B. 他要二三个月才能回家。

(4) A. 他脸上又没有刻得有字。

　　B. 他脸上又没有刻着字。

(5) A. 一年更比一年好。

　　B. 一年强起一年。

四、朗读短文 (400 个音节,限时 4 分钟,共 30 分)

作品 35 号

五、命题说话 (请在下列话题中任选一个,限时 3 分钟,共 30 分)

1. 我的兴趣爱好

2. 学习普通话(或其他语言)的体会

试卷五十七

一、读单音节字词（100 个音节，限时 3.5 分钟，共 10 分）

崔 Cuī	躬 gōng	碱 jiǎn	拌 bàn	乱 luàn	怒 nù	秋 qiū	书 shū	仙 xiān	掌 zhǎng
历 lì	催 cuī	脓 nóng	骑 qí	垢 gòu	计 jì	缕 lǚ	推 tuī	招 zhāo	心 xīn
乖 guāi	捣 dǎo	嫁 jià	膘 biāo	鲁 lǔ	振 zhèn	扭 niǔ	醒 xǐng	让 ràng	陶 táo
埠 bù	笛 dí	憨 hān	较 jiào	皱 zhòu	龙 lóng	孔 kǒng	特 tè	学 xué	惹 rě
瘪 biē	狠 hěn	日 rì	犊 dú	填 tián	晶 jīng	卖 mài	砖 zhuān	弃 qì	娘 niáng
策 cè	扣 kòu	也 yě	阀 fá	进 jìn	铺 pū/pù	奏 zòu	赛 sài	无 wú	帽 mào
胚 pēi	焚 fén	桦 huà	考 kǎo	每 měi	瓦 wǎ/wà	异 yì	颇 pō	婶 shěn	组 zǔ
衬 chèn	淮 Huái	做 zuò	蜜 mì	仿 fǎng	凭 píng	双 shuāng	歪 wāi	于 yú	宽 kuān
漆 qī	缚 fù	辉 huī	络 lào/luò	免 miǎn	脾 pí	其 qí	晚 wǎn	再 zài	虚 xū
醋 cù	阁 gé	均 jūn	围 wéi	贼 zéi	慢 màn	鸣 míng	欠 qiàn	私 sī	条 tiáo

二、读多音节词语（100 个音节，限时 2.5 分钟，共 20 分）

此刻 cǐkè	冰棍儿 bīnggùnr	甲板 jiǎbǎn	猛兽 měngshòu	浅显 qiǎnxiǎn
陀螺 tuóluó	足以 zúyǐ	叫唤 jiào·huan	侧面 cèmiàn	官僚 guānliáo
领海 lǐnghǎi	猫头鹰 māotóuyīng	手稿 shǒugǎo	想必 xiǎngbì	宝石 bǎoshí
簸箕 bò·ji	粉碎 fěnsuì	开幕 kāimù	殴打 ōudǎ	撒手 sāshǒu
婉转 wǎnzhuǎn	常数 chángshù	改编 gǎibiān	火候 huǒ·hou	老天爷 lǎotiānyé
媲美 pìměi	筛选 shāixuǎn	臃肿 yōngzhǒng	法人 fǎrén	肯定 kěndìng
虐待 nüèdài	绒毛 róngmáo	往返 wǎngfǎn	荣耀 róngyào	豆角儿 dòujiǎor
顿时 dùnshí	罪犯 zuìfàn	囊括 nángkuò	脂肪 zhīfáng	小葱儿 xiǎocōngr
瞳孔 tóngkǒng	忍痛 rěntòng	沉着 chénzhuó	黄金 huángjīn	挨个儿 āigèr
玛瑙 mǎnǎo	起草 qǐcǎo	殷红 yānhóng	蓑衣 suōyī	

三、选择判断（限时 3 分钟，共 10 分）

1. 词语判断：请判断并读出下列各组中的普通话词语。

(1) 边浪　　　　边仔　　　　边头　　　　旁边 pángbiān　　侧边　　　侧角

(2) 旰没多少辰光　无久　　　不久 bùjiǔ　　　冇几耐　　　冇好久　唔久　　么几久

(3) 额头　　　　点头 diǎntóu　　　镚脑壳

(4) 东背　　　　东边 dōng·bian　　东片儿

(5) 鹞子　　　　风吹　　　　风筝 fēng·zheng　　纸鹞　　　　纸鹞欻

(6)叶飞子　　蝴蝶 húdié　　尾页　　蝴蝶子

(7)吓煞人　　惊人 jīngrén　　惊侬

(8)要得　　可以 kěyǐ　　会使得　　做得

(9)碎类　　零碎 língsuì　　湿碎

(10)无啖　　无错　　没错 méicuò　　呒没错　　冒错　　冇错　　么差

2. 量词、名词搭配：请搭配并读出下列符合普通话规范的量名短语（例如：一条——鱼）。

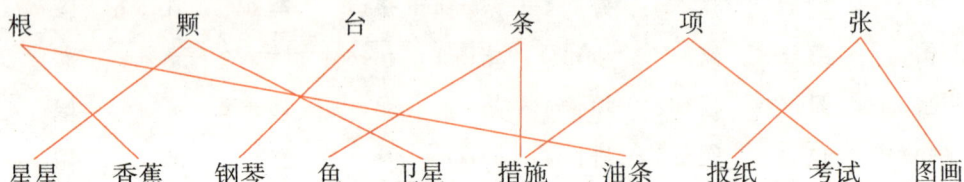

根　　颗　　台　　条　　项　　张

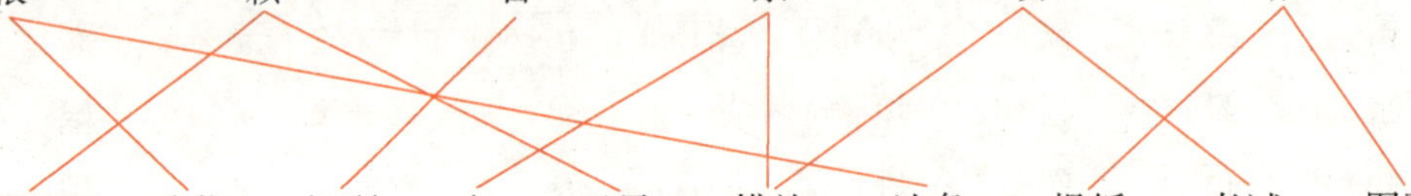

星星　　香蕉　　钢琴　　鱼　　卫星　　措施　　油条　　报纸　　考试　　图画

3. 语序或表达形式判断：请判断并读出下列各组中的普通话语句。

(1) A. 饭菜阿咸？

B. 饭菜实咸？

C. 饭菜咸不咸？

(2) A. 清白清白

B. 清清白

C. 清清白白

(3) A. 她家住在两层。

B. 她家住在二层。

(4) A. 他走得不快的我。

B. 他走得不快过我。

C. 他走得不比我快。

(5) A. 这道题怎么答，我找不到。

B. 这道题怎么答，我晓不得。

C. 这道题怎么答，我知不道。

D. 这道题怎么答，我不知道。

四、朗读短文（400 个音节，限时 4 分钟，共 30 分）

作品 37 号

五、命题说话（请在下列话题中任选一个，限时 3 分钟，共 30 分）

1. 我喜欢的季节（或天气）

2. 对垃圾分类的认识

► 试卷五十八 ◄

一、读单音节字词（100 个音节，限时 3.5 分钟，共 10 分）

臂 bì	达 dá	腹 fù	吉 jí	烙 lào	挠 náo	桥 qiáo	舍 shě/shè 脆 cuì	优 yōu
蛋 dàn	椒 jiāo	吏 lì	不 bù	尼 ní	钱 qián	师 shī	盖 gài	映 yìng	外 wài
告 gào	鞭 biān	党 dǎng	捻 niǎn	筋 jīn	怜 lián	吾 wú	甚 shèn	区 Ōu/qū	砸 zá
揪 jiū	标 biāo	够 gòu	掳 lǔ	啮 niè	敌 dí	让 ràng	债 zhài	洗 xǐ/Xiǎn	室 shì
抡 lūn	揩 kāi	波 bō	订 dìng	官 guān	藕 ǒu	睡 shuì	显 xiǎn	灶 zào	忍 rěn
程 chéng	鹅 é	品 pǐn	刊 kān	蟒 mǎng	俱 jù	些 xiē	揉 róu	酸 suān	帕 pà
织 zhī	扯 chě	儿 ér	毁 huǐ	扩 kuò	畔 pàn	弱 ruò	缩 sù/suō	新 xīn	媒 méi
洒 sǎ	虎 hǔ	饭 fàn	终 zhōng	除 chú	觅 mì	剖 pōu	铺 pū/pù	言 yán	抠 kōu
踢 tī	蔑 miè	窜 cuàn	发 fā/fà	仆 pū/pú	炕 kàng	洋 yáng	僧 sēng	酷 kù	逐 zhú
遗 yí	滥 làn	肥 féi	伞 sǎn	尊 zūn	铭 míng	潮 cháo	汽 qì	挺 tǐng	江 jiāng

二、读多音节词语（100 个音节，限时 2.5 分钟，共 20 分）

少爷 shào·ye	抱不平 bào bùpíng	沉寂 chénjì	岗位 gǎngwèi	口号 kǒuhào
拼命 pīnmìng	三角 sānjiǎo	暗杀 ànshā	储藏 chǔcáng	奴才 nú·cai
过程 guòchéng	理想 lǐxiǎng	侵权 qīnquán	太平 tàipíng	后代 hòudài
凑巧 còuqiǎo	指甲 zhǐ·jia	昂扬 ángyáng	垄断 lǒngduàn	天花板 tiānhuābǎn
起初 qǐchū	比武 bǐwǔ	打垮 dǎkuǎ	一下儿 yīxiàr	互补 hùbǔ
美妙 měimiào	热情 rèqíng	橡皮 xiàngpí	抚养 fǔyǎng	极端 jíduān
冰点 bīngdiǎn	小曲儿 xiǎoqǔr	门口 ménkǒu	人员 rényuán	握手 wòshǒu
彩礼 cǎilǐ	恩赐 ēncì	谨慎 jǐnshèn	围剿 wéijiǎo	顶牛儿 dǐngniúr
手掌 shǒuzhǎng	凝聚 níngjù	贩运 fànyùn	开辟 kāipì	朴素 pǔsù
虽然 suīrán	层面 céngmiàn	邮戳儿 yóuchuōr	主体 zhǔtǐ	

三、选择判断（限时 3 分钟，共 10 分）

1. 词语判断:请判断并读出下列各组中的普通话词语。

(1) 两旁边　　　两爿　　　两边 liǎngbiān　　　两片爿

(2) 勿知勿觉　　唔经唔觉　　不觉 bùjué　　　不警不觉　　唔知唔觉

(3) 郎　　　郎崽子　　　女婿 nǚ·xu　　　团婿　　　婿郎

(4) 撞板　　　碰钉子 pèng dīng·zi　　　碰钉欻

(5) 前年子　　　前去年　　　前年 qiánnián　　　前年欻

(6) 筛里	筛子 shāi·zi	仔	筛欸
(7) 倾偈	谈话 tánhuà	谈驮	打讲
(8) 数勿清	吭没底	无数 wúshù	无千带万
(9) 香肥皂	香皂 xiāngzào	芳雪文	香枧
(10) 惹气	厌恶 yànwù	触气	厌眼

2. 量词、名词搭配:请搭配并读出下列符合普通话规范的量名短语(例如:一条——鱼)。

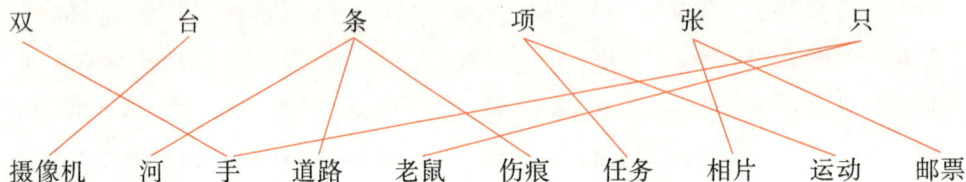

双　　　　台　　　　　　条　　　　　项　　　　张　　　　　只

摄像机　　河　　手　　道路　　老鼠　　伤痕　　任务　　相片　　运动　　邮票

3. 语序或表达形式判断:请判断并读出下列各组中的普通话语句。

(1) A. 他评我胖。

B. 他比我胖。

C. 他赶我胖。

D. 他跟我胖。

(2) A. 这菜没有咸。

B. 这菜不咸。

(3) A. 我们说不来谎。

B. 我们不会说谎。

(4) A. 这朵荷花老香。

B. 这朵荷花几香啊。

C. 这朵荷花真香。

(5) A. 瓷器阿妹妹打碎了。

B. 瓷器被妹妹打碎了。

四、朗读短文(400个音节,限时4分钟,共30分)

作品 48 号

五、命题说话(请在下列话题中任选一个,限时3分钟,共30分)

1. 我喜爱的艺术形式

2. 对环境保护的认识

▶ 试卷五十九 ◀

一、读单音节字词（100 个音节，限时 3.5 分钟，共 10 分）

罗 luó	擦 cā	迭 dié	府 fǔ	荒 huāng	捐 juān	蛮 mán	沏 qī	筛 shāi	匣 xiá
双 shuāng	氖 nǎi	兰 lán	唾 tuò	暗 àn	否 fǒu/pǐ	戴 dài	婚 hūn	卡 kǎ/qiǎ	掐 qiā
啄 zhuó	略 lüè	汰 tài	饶 ráo	部 bù	抄 chāo	旱 hàn	肯 kěn	改 gǎi	奴 nú
菌 jūn/jùn	翠 cuì	断 duàn	班 bān	梗 gěng	晤 wù	埋 mái/mán	瀑 pù	忍 rěn	扛 káng
巴 bā	撤 chè	赘 zhuì	皆 jiē	阔 kuò	祭 jì	灰 huī	鸥 ōu	润 rùn	剜 wān
测 cè	裙 qún	舜 Shùn	躲 duǒ	富 fù	还 hái/huán	箭 jiàn	轮 lún	娜 nà/nuó	轧 yà/zhá
科 kē	迷 mí	剖 pōu	蕴 yùn	冢 zhǒng	梭 suō	饿 è	鬼 guǐ	逊 xùn	灵 líng
挨 āi/ái	军 jūn	吨 dūn	繁 fán	活 huó	居 jū	赖 lài	挪 nuó	阙 què	塌 tā
滚 gǔn	白 bái	哉 zāi	蕊 ruǐ	击 jī	捆 kǔn	洼 wā	宅 zhái	耙 bà/pá	母 mǔ
焉 yān	叛 pàn	儿 ér	搞 gǎo	某 mǒu	绝 jué	亏 kuī	建 jiàn	仨 sā	夕 xī

二、读多音节词语（100 个音节，限时 2.5 分钟，共 20 分）

作祟 zuòsuì	挖掘 wājué	鼓掌 gǔzhǎng	柔和 róuhé	目前 mùqián
道士 dào·shi	复辟 fùbì	小熊儿 xiǎoxióngr	取悦 qǔyuè	驿站 yìzhàn
丧失 sàngshī	能够 nénggòu	耕地 gēngdì	不顾 bùgù	醉心 zuìxīn
污染 wūrǎn	利落 lì·luo	墙壁 qiángbì	水准 shuǐzhǔn	开支 kāizhī
策略 cèlüè	冗长 rǒngcháng	楼道 lóudào	快板儿 kuàibǎnr	挑选 tiāoxuǎn
譬如 pìrú	扩大 kuòdà	城镇 chéngzhèn	解体 jiětǐ	暴动 bàodòng
脊梁 jǐ·liáng	相同 xiāngtóng	守恒 shǒuhéng	蜜蜂 mìfēng	翻身 fānshēn
款待 kuǎndài	樟脑 zhāngnǎo	停顿 tíngdùn	唱歌儿 chànggēr	培训 péixùn
华侨 huáqiáo	纯粹 chúncuì	马铃薯 mǎlíngshǔ	漏洞 lòudòng	宿舍 sùshè
耐心 nàixīn	黑人 hēirén	灯泡儿 dēngpàor	螺旋桨 luóxuánjiǎng	

三、选择判断（限时 3 分钟，共 10 分）

1. 词语判断：请判断并读出下列各组中的普通话词语。

（1）别个地方	别位	别搭	别处 biéchù	第二度	别哪里
（2）吃勿消	不堪 bùkān	顶唔得			
（3）有一眼	有淡薄	有些 yǒuxiē	有啲	有兜	
（4）有段辰光	一度 yīdù	有蜀站			
（5）日昼	日卜昼	中午 zhōngwǔ	中浪向	中浪	当昼

(6) 叶里　　　**叶子 yè·zi**　　　箬　　　　　叶欸

(7) 亲像样　　　**像样 xiàngyàng**　　　似样

(8) 日昼顿　　　**午饭 wǔfàn**　　　晏昼饭　　　昼

(9) 脚古里　　　**蹄子 tí·zi**　　　骹蹄

(10) 勺仔　　　**勺子 sháo·zi**　　　勺欸　　　　勺嬷

2. 量词、名词搭配:请搭配并读出下列符合普通话规范的量名短语(例如:一条——鱼)。

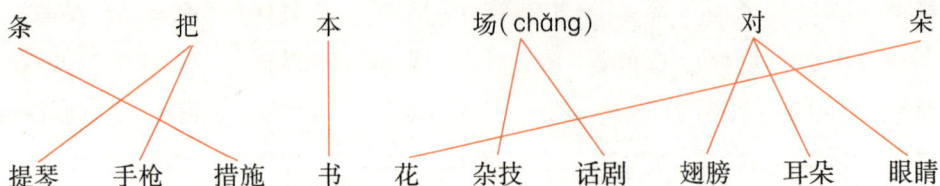

条　　　　把　　　　本　　　　场(chǎng)　　　　对　　　　朵

提琴　　手枪　　措施　　书　　花　　杂技　　话剧　　翅膀　　耳朵　　眼睛

3. 语序或表达形式判断:请判断并读出下列各组中的普通话语句。

(1) A. 慢慢子吃。

　　B. 慢慢儿吃。

(2) A. 你瘦我。

　　B. 你比我较瘦。

　　C. 你比较瘦我。

　　D. 你比我瘦。

(3) A. 你躲得脱和尚躲不脱庙。

　　B. 你躲得了和尚躲不了庙。

(4) A. 今天走得有五十里路。

　　B. 今天走了五十里路。

(5) A. 红红哇的

　　B. 红蛮红的

　　C. 血红红的

　　D. 血红血红的

四、朗读短文 (400 个音节,限时 4 分钟,共 30 分)

作品 44 号

五、命题说话 (请在下列话题中任选一个,限时 3 分钟,共 30 分)

1. 老师

2. 假日生活

▶ 试卷六十 ◀

一、读单音节字词（100 个音节，限时 3.5 分钟，共 10 分）

搓 cuō	穴 xué	首 shǒu	拍 pāi	领 lǐng	怀 huái	东 dōng	奖 jiǎng	篙 gāo	疗 liáo
许 xǔ	尊 zūn	丢 diū	皿 mǐn	税 shuì	或 huò	料 liào	邦 bāng	禾 hé	狗 gǒu
外 wài	圣 shèng	罪 zuì	啃 kěn	幻 huàn	灌 guàn	稻 dào	偏 piān	钡 bèi	渺 miǎo
死 sǐ	宽 kuān	娘 niáng	眨 zhǎ	攻 gōng	建 jiàn	惠 huì	迸 bèng	炕 kàng	得 dé/děi
这 zhè	我 wǒ	乳 rǔ	您 nín	催 cuī	口 kǒu	付 fù	禽 qín	荚 jiá	鄙 bǐ
拖 tuō	溶 róng	之 zhī	君 jūn	方 fāng	戟 jǐ	嫩 nèn	窜 cuàn	贬 biǎn	起 qǐ
匀 yún	腿 tuǐ	恨 hèn	木 mù	村 cūn	费 fèi	层 céng	凳 dèng	赦 shè	跤 jiāo
切 qiē/qiè	脉 mài/mò	叫 jiào	窗 chuāng	团 tuán	粤 Yuè	督 dū	佛 fó/fú	姜 jiāng	舐 shì
莫 mò	远 yuǎn	弓 gōng	苏 sū	倾 qīng	固 gù	贾 gǔ/Jiǎ	盾 dùn	厘 lí	童 tóng
寻 xún	艘 sōu	蝶 dié	滤 lǜ	卢 lú	后 hòu	都 dōu/dū	趁 chèn	权 quán	翁 wēng

二、读多音节词语（100 个音节，限时 2.5 分钟，共 20 分）

棉球儿 miánqiúr	刺激 cìjī	购销 gòuxiāo	冷饮 lěngyǐn	祝贺 zhùhè
瓦砾 wǎlì	日光 rìguāng	摆动 bǎidòng	蛋白质 dànbáizhì	耳朵 ěr·duo
剪纸 jiǎnzhǐ	捏造 niēzào	珊瑚 shānhú	星际 xīngjì	场所 chǎngsuǒ
各自 gèzì	火锅儿 huǒguōr	裤腿 kùtuǐ	谴责 qiǎnzé	螳螂 tángláng
自动化 zìdònghuà	才能 cáinéng	米饭 mǐfàn	宗教 zōngjiào	有劲儿 yǒujìnr
肉质 ròuzhì	雾气 wùqì	笼统 lǒngtǒng	发现 fāxiàn	久远 jiǔyuǎn
思量 sī·liang	波浪 bōlàng	蒲扇 púshàn	硕士 shuòshì	英雄 yīngxióng
穿着 chuānzhuó	符合 fúhé	可耻 kěchǐ	盘算 pán·suan	青衣 qīngyī
崭新 zhǎnxīn	藤萝 téngluó	碎步儿 suìbùr	党委 dǎngwěi	枝叶 zhīyè
奶油 nǎiyóu	扫射 sǎoshè	驯鹿 xùnlù	环流 huánliú	

三、选择判断（限时 3 分钟，共 10 分）

1. 词语判断：请判断并读出下列各组中的普通话词语。

（1）洗身间　　冲凉房　　浴室 yùshì　　浴堂

（2）冇想到　　想唔倒　　不料 bùliào　　哝没想到　　无想着

（3）里心　　内心 nèixīn　　心里向　　心肚欹

（4）老侬　　老人家 lǎo·ren·jia　　伯爷公

（5）长生果　　花生 huāshēng　　涂豆　　瓜生　　番豆

(6) 话界　　　告诉 gào·su　　　告兴　　　　话分……知

(7) 刀仔　　　刀子 dāo·zi　　　刀欥

(8) 特为　　　故意子　　　　成心 chéngxīn　　　断故意

(9) 常桩　　　常常 chángcháng　　　四常　　　常时　　　经常子　　　链常

(10) 茶箬　　　茶叶 cháyè　　　茶叶里

2. 量词、名词搭配:请搭配并读出下列符合普通话规范的量名短语(例如:一条——鱼)。

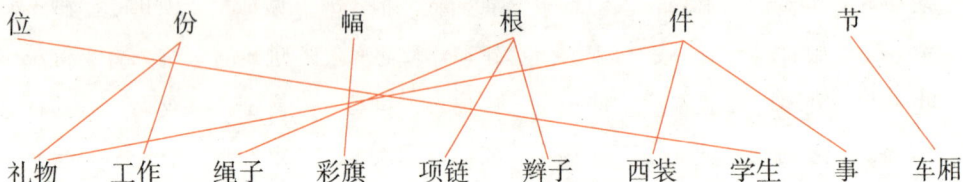

位　　　　份　　　　幅　　　　根　　　　件　　　　节

礼物　　工作　　绳子　　彩旗　　项链　　辫子　　西装　　学生　　事　　车厢

3. 语序或表达形式判断:请判断并读出下列各组中的普通话语句。

(1) A. 冷冰哒

　　 B. 冰冰冷

　　 C. 冰嘎凉

　　 D. 冷冰冰

(2) A. 这部电影不好看过那部。

　　 B. 这部电影不好看起那部。

　　 C. 这部电影不比那部好看。

(3) A. 没有准备,我发不起言。

　　 B. 没有准备,我发不了言。

(4) A. 他聪聪明?

　　 B. 他聪明不聪明?

(5) A. 我朝郑州来。

　　 B. 我迎郑州来。

　　 C. 我赶郑州来。

　　 D. 我从郑州来。

四、朗读短文 (400 个音节,限时 4 分钟,共 30 分)

作品 35 号

五、命题说话 (请在下列话题中任选一个,限时 3 分钟,共 30 分)

1. 科技发展与社会生活

2. 谈中国传统文化

试卷六十一

一、读单音节字词（100 个音节，限时 3.5 分钟，共 10 分）

矮 ǎi	缠 chán	鹅 é	逛 guàng	究 jiū	络 lào/luò	暖 nuǎn	戚 qī	卅 sà	枉 wǎng
罚 fá	卡 kǎ/qiǎ	或 huò	成 chéng	岸 àn	洽 qià	挫 cuò	违 wéi	恨 hèn	臊 sāo/sào
别 bié/biè	分 fēn/fèn	砍 kǎn	膳 shàn	拎 līn	穗 suì	愁 chóu	乃 nǎi	蜷 quán	昔 xī
船 chuán	绘 huì	本 běn	翻 fān	炕 kàng	驴 lǘ	你 nǐ	宣 xuān	屎 shǐ	裘 qiú
夫 fū	爽 shuǎng	毒 dú	贤 xián	蹦 bèng	荒 huāng	考 kǎo	麻 má	琼 qióng	年 nián
棵 kē	挡 dǎng	该 gāi	护 hù	猫 māo	谱 pǔ	波 bō	晴 qíng	淌 tǎng	邀 yāo
延 yán	执 zhí	机 jī	快 kuài	歌 gē	鼻 bí	派 pài	扰 rǎo	损 sǔn	没 méi/mò
猜 cāi	根 gēn	盼 pàn	低 dī	融 róng	键 jiàn	隅 yú	建 jiàn	亭 tíng	蜡 là/zhà
棉 mián	登 dēng	工 gōng	噪 zào	来 lái	蹄 tí	操 cāo	披 pī	锐 ruì	姿 zī
浸 jìn	杖 zhàng	民 mín	点 diǎn	仓 cāng	品 pǐn	烂 làn	儒 rú	声 shēng	古 gǔ

二、读多音节词语（100 个音节，限时 2.5 分钟，共 20 分）

苍蝇 cāng·ying	保管 bǎoguǎn	大型 dàxíng	积极性 jījíxìng	梦境 mèngjìng
弱小 ruòxiǎo	屠宰 túzǎi	舒坦 shū·tan	捕食 bǔshí	分量 fèn·liàng
解渴 jiěkě	狞笑 níngxiào	忍心 rěnxīn	萎缩 wěisuō	我们 wǒ·men
尺度 chǐdù	繁荣 fánróng	恳求 kěnqiú	准许 zhǔnxǔ	上缴 shàngjiǎo
注销 zhùxiāo	纳闷儿 nàmènr	产物 chǎnwù	告别 gàobié	傀儡 kuǐlěi
炮制 páozhì	总管 zǒngguǎn	洗涤 xǐdí	花瓶儿 huāpíngr	此地 cǐdì
工程 gōngchéng	隆冬 lóngdōng	抨击 pēngjī	嘶哑 sīyǎ	袖珍 xiùzhēn
手套儿 shǒutàor	早点 zǎodiǎn	黄土 huángtǔ	列强 lièqiáng	启蒙 qǐméng
肃穆 sùmù	摇曳 yáoyè	毛驴儿 máolǘr	点头 diǎntóu	形容词 xíngróngcí
麻将 májiàng	丘陵 qiūlíng	剔除 tīchú	宇航 yǔháng	

三、选择判断（限时 3 分钟，共 10 分）

1. 词语判断：请判断并读出下列各组中的普通话词语。

（1）屎坑	茅厕	厕所 cèsuǒ	茅厕屋	屎窖
（2）勿怕	不怕 bùpà	唔惊	唔怕	
（3）除咗	除哒	除了 chú·le	除脱	除撇
（4）先头	老早子	往摆	从前 cóngqián	旧底　　旧阵时
（5）食力	吃力 chīlì	费累		

(6) 漏脱　　　　　掉 diào　　　　落脱　　　　跌撒

(7) 打震　　　　　抖震　　　　哆嗦 duō·suo　　　打噤　　　　打抖

(8) 像煞　　　　　仿佛 fǎngfú　　　亲像

(9) 痴侬　　　　　癫佬　　　　疯子 fēng·zi　　　癫欸

(10) 呷　　　　　　喝 hē　　　　　啉　　　　　喫

2. 量词、名词搭配:请搭配并读出下列符合普通话规范的量名短语(例如:一条——鱼)。

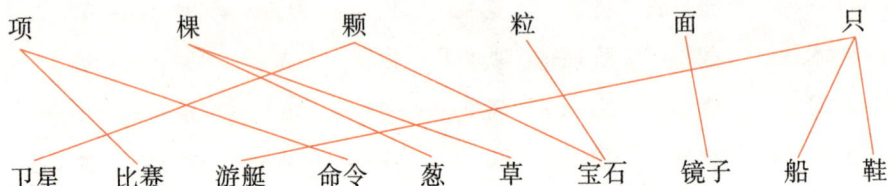

项　　　　棵　　　　颗　　　　粒　　　　面　　　　只

卫星　比赛　游艇　命令　葱　草　宝石　镜子　船　鞋

3. 语序或表达形式判断:请判断并读出下列各组中的普通话语句。

(1) A. 你站直。

　　B. 你站站直。

(2) A. 高高兴兴

　　B. 高高兴

(3) A. 他要做,你也只能看倒。

　　B. 他要做,你也只好看起。

　　C. 他要做,你也只好看着。

(4) A. 我们写作业用了一个半小时。

　　B. 我们写作业用了一点半钟。

　　C. 我们写作业用了点半钟。

(5) A. 一天强比一天。

　　B. 一天更比一天好。

四、朗读短文（400 个音节，限时 4 分钟，共 30 分）

作品 23 号

五、命题说话（请在下列话题中任选一个，限时 3 分钟，共 30 分）

1. 谈个人修养

2. 生活中的诚信

试卷六十二

一、读单音节字词（100 个音节，限时 3.5 分钟，共 10 分）

左 zuǒ	牙 yá	荡 dàng	喂 wèi	乾 qián	酿 niàng	捆 kǔn	换 huàn	儿 ér	辞 cí
修 xiū	停 tíng	贪 tān	盲 máng	坑 kēng	涮 shuàn	黑 hēi	卿 qīng	吹 chuī	俄 é
涛 tāo	熊 xióng	宗 zōng	申 shēn	颗 kē	浦 pǔ	矛 máo	出 chū	夺 duó	育 yù
饶 ráo	臀 tún	桩 zhuāng	腺 xiàn	畔 pàn	昧 mèi	队 duì	醒 xǐng	滚 gǔn	苦 kǔ
瞟 piǎo	系 jì/xì	褪 tuì/tùn	荣 róng	筑 zhù	池 chí	静 jìng	钙 gài	打 dá/dǎ	萌 méng
龙 lóng	超 chāo	周 zhōu	姓 xìng	闰 rùn	瓜 guā	止 zhǐ	渡 dù	舔 tiǎn	萍 píng
讲 jiǎng	洼 wā	讼 sòng	雀 què	呕 ǒu	陆 liù/lù	织 zhī	法 fǎ	错 cuò	步 bù
扶 fú	捺 nà	宾 bīn	捞 lāo	寸 cùn	悟 wù	纸 zhǐ	酥 sū	怎 zěn	屈 qū
簇 cù	升 shēng	证 zhèng	志 zhì	擒 qín	花 huā	反 fǎn	怨 yuàn	恼 nǎo	瑟 sè
于 yú	边 biān	寿 shòu	乔 qiáo	孽 niè	咧 liē/liě	呵 hē	风 fēng	凑 còu	涡 Guō/wō

二、读多音节词语（100 个音节，限时 2.5 分钟，共 20 分）

差不多 chà·buduō	一下儿 yīxiàr	秃顶 tūdǐng	青铜 qīngtóng	存款 cúnkuǎn
混淆 hùnxiáo	冷却 lěngquè	指引 zhǐyǐn	网球 wǎngqiú	和尚 hé·shang
盛夏 shèngxià	奴役 núyì	境界 jìngjiè	雕刻 diāokè	甬道 yǒngdào
怂恿 sǒngyǒng	标准 biāozhǔn	饭盒儿 fànhér	困境 kùnjìng	飞翔 fēixiáng
平凡 píngfán	中间人 zhōngjiānrén	卧床 wòchuáng	热恋 rèliàn	弟弟 dì·di
密度 mìdù	简化 jiǎnhuà	沉默 chénmò	篱笆 lí·ba	增援 zēngyuán
椭圆 tuǒyuán	软化 ruǎnhuà	模拟 mónǐ	残余 cányú	歌颂 gēsòng
信条 xìntiáo	保守 bǎoshǒu	年代 niándài	课题 kètí	跑腿儿 pǎotuǐr
孵化 fūhuà	爽朗 shuǎnglǎng	远古 yuǎngǔ	丝绒 sīróng	差点儿 chàdiǎnr
留言 liúyán	林业 línyè	估计 gūjì	不仅 bùjǐn	

三、选择判断（限时 3 分钟，共 10 分）

1. 词语判断：请判断并读出下列各组中的普通话词语。

（1）弄堂　　巷仔　　胡同儿 hútòngr　　巷子

（2）勿如　　唔当　　不如 bùrú　　比唔上

（3）肥佬　　胖子 pàng·zi　　阿肥　　肥古佬

（4）个能　　迭能　　如此 rúcǐ　　即款　　咯样　　唵

（5）吃个　　食堂 shítáng　　膳堂　　饭堂

(6) 外口　　　外爿　　　**外边 wài·bian**　　　外便　　　外备　　　外背

(7) 相世　　　接哒　　　**相继 xiāngjì**　　　跟辣　　　接等

(8) 运道好　　**幸运 xìngyùn**　　好字运　　　好彩

(9) 敲脱　　　**砸 zá**　　　　损

(10) 着冷　　　寒去　　　**着凉 zháoliáng**　　冷亲　　　冷倒　　　冷倒欸

2. 量词、名词搭配：请搭配并读出下列符合普通话规范的量名短语(例如：一条——鱼)。

张　　　　　匹　　　　　片　　　　　所　　　　　头　　　　　位

绸缎　　桌子　　客人　　云　　床　　房子　　猪　　邮票　　会计　　羊

3. 语序或表达形式判断：请判断并读出下列各组中的普通话语句。

(1) **A. 你去不去?**

　　B. 你实去?

(2) A. 大方大方

　　B. 大大方

　　C. 大大方方

(3) A. 我们都在等倒你在!

　　B. 我们都等着你呢!

(4) A. 小刚长得不高起我。

　　B. 小刚长得不比我高。

　　C. 小刚长得不高过我。

(5) **A. 他钥匙丢了找不到。**

　　B. 他钥匙丢了没有地方找。

四、朗读短文（400 个音节，限时 4 分钟，共 30 分）

作品 48 号

五、命题说话（请在下列话题中任选一个，限时 3 分钟，共 30 分）

1. 让我感动的事情

2. 谈中国传统文化

▶ 试卷六十三 ◀

一、读单音节字词（100 个音节，限时 3.5 分钟，共 10 分）

嘴 zuǐ	硬 yìng	温 wēn	虽 suī	藕 ǒu	勒 lè/lēi	韩 Hán	安 ān	档 dàng	泛 fàn
幼 yòu	做 zuò	凹 āo	推 tuī	若 ruò	拈 niān	裤 kù	轨 guǐ	房 fáng	秤 chèng
团 tuán	然 rán	倪 ní	紫 zǐ	液 yè	康 kāng	歇 xiē	把 bǎ	撤 chè	怪 guài
惹 rě	甜 tián	众 zhòng	革 gé	雪 xuě	坤 kūn	初 chū	稿 gǎo	斯 sī	伴 bàn
娶 qǔ	置 zhì	座 zuò	趟 tàng	暮 mù	蕨 jué	卧 wò	辈 bèi	催 cuī	街 jiē
谬 miù	近 jìn	伯 bó	欠 qiàn	达 dá	震 zhèn	消 xiāo	瘦 shòu	睛 jīng	拂 fú
锯 jù	弥 mí	妃 fēi	蚕 cán	账 zhàng	献 xiàn	耍 shuǎ	制 zhì	刀 dāo	异 yì
仿 fǎng	槽 cáo	递 dì	寨 zhài	误 wù	设 shè	魄 pò	捋 luō/lǚ	溅 jiàn	楼 lóu
册 cè	灶 zào	握 wò	鳌 áo	叛 pàn	鳞 lín	霍 huò	腭 è	袋 dài	泉 quán
肢 zhī	王 wáng	素 sù	蓬 péng	者 zhě	槐 huái	帆 fān	层 céng	爹 diē	投 tóu

二、读多音节词语（100 个音节，限时 2.5 分钟，共 20 分）

把柄 bǎbǐng	冻疮 dòngchuāng	海豚 hǎitún	高粱 gāo·liang	男女 nánnǚ
古朴 gǔpǔ	象征 xiàngzhēng	记事儿 jìshìr	宠儿 chǒng'ér	棘手 jíshǒu
字母 zìmǔ	巧妙 qiǎomiào	旺盛 wàngshèng	领取 lǐngqǔ	菜肴 càiyáo
恩情 ēnqíng	迷糊 mí·hu	秸秆 jiēgǎn	迫害 pòhài	手指 shǒuzhǐ
养料 yǎngliào	藩镇 fānzhèn	照片儿 zhàopiānr	采掘 cǎijué	烤火 kǎohuǒ
乐队 yuèduì	死亡 sǐwáng	排列 páiliè	炽热 chìrè	粉红 fěnhóng
懒惰 lǎnduò	石子儿 shízǐr	轻微 qīngwēi	条件 tiáojiàn	整顿 zhěngdùn
客气 kè·qi	北极 běijí	耳光 ěrguāng	耗资 hàozī	内脏 nèizàng
小组 xiǎozǔ	扫荡 sǎodàng	颠簸 diānbǒ	祖国 zǔguó	美酒 měijiǔ
人间 rénjiān	万物 wànwù	图钉儿 túdīngr	如释重负 rúshìzhòngfù	

三、选择判断（限时 3 分钟，共 10 分）

1. 词语判断：请判断并读出下列各组中的普通话词语。

（1）路口头　　　　路头　　　　路口 lùkǒu　　　　路头上　　　　路头径上

（2）勿然　　　　若无　　　　不然 bùrán　　　　唔系咁欸

（3）下底　　　　下面 xiàmiàn　　　　下底头　　　　下爿　　　　下便　　　　下背

（4）薰　　　　香烟 xiāngyān　　　　烟仔

（5）走路个人　　　　行人 xíngrén　　　　过路侬　　　　过路个人

(6)不溜　　　一路来　　　一向 yīxiàng　　　落底　　　一溜来　　　一溜欻

(7)晟目　　　耀眼 yàoyǎn　　　煜眼

(8)连辣一道　　　厮连　　　相连 xiānglián　　　连哒　　　连等

(9)老鸦　　　乌鸦 wūyā　　　老哇子　　　劳鸦

(10)嘟　　　推 tuī　　　挈

2.量词、名词搭配:请搭配并读出下列符合普通话规范的量名短语(例如:一条——鱼)。

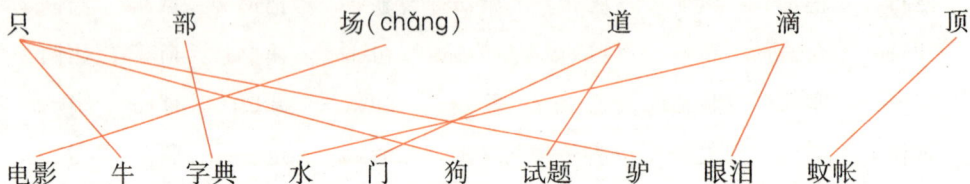

只　　　部　　　场(chǎng)　　　道　　　滴　　　顶

电影　　牛　　字典　　水　　门　　狗　　试题　　驴　　眼泪　　蚊帐

3.语序或表达形式判断:请判断并读出下列各组中的普通话语句。

(1)A.这件衣服你穿得。

B.这件衣服你能穿。

(2)A.他还耍起在。

B.他还玩着呢。

(3)A.他不得比你差。

B.他不会比你差。

C.差,他就不得来。

D.他不会差过你。

(4)A.用多一点时间来陪父母。

B.多用一点时间来陪父母。

(5)A.你把花瓶稳儿桌子上吧!

B.你把花瓶放桌子吧!

C.你把花瓶放在桌子上吧!

四、朗读短文（400 个音节，限时 4 分钟，共 30 分）

作品 6 号

五、命题说话（请在下列话题中任选一个，限时 3 分钟，共 30 分）

1.我的理想(或愿望)

2.生活中的诚信

试卷六十四

一、读单音节字词（100 个音节，限时 3.5 分钟，共 10 分）

案 àn	喘 chuǎn	果 guǒ	鲸 jīng	劳 láo	却 què	使 shǐ	溪 xī	凿 záo	崩 bēng
宾 bīn	捣 dǎo	述 shù	霞 xiá	淡 dàn	巨 jù	跪 guì	某 mǒu	捂 wǔ	择 zé/zhái
朵 duǒ	别 bié/biè	门 mén	穷 qióng	乍 zhà	广 guǎng	接 jiē	锁 suǒ	枉 wǎng	厢 xiāng
跟 gēn	迭 dié	辨 biàn	可 kě/kè	帽 mào	敲 qiāo	涂 tú	晓 xiǎo	昭 zhāo	廷 tíng
宽 kuān	逆 nì	绪 xù	讨 tǎo	忠 zhōng	沟 gōu	丁 dīng	帮 bāng	舔 tiǎn	绕 rào
错 cuò	额 é	太 tài	骤 zhòu	喝 hē/hè	库 kù	剃 tì	捏 niē	人 rén	宴 yàn
南 nán	反 fǎn	厚 hòu	村 cūn	漾 yàng	乳 rǔ	拽 zhuài	头 tóu	兰 lán	诉 sù
散 sǎn/sàn	患 huàn	署 shǔ	肺 fèi	破 pò	刺 cī/cì	玩 wán	寅 yín	滋 zī	粒 lì
惟 wéi	忧 yōu	棕 zōng	磷 lín	饰 shì	分 fēn/fèn	平 píng	僧 sēng	潮 cháo	灰 huī
豫 yù	刹 chà/shā	基 jī	搂 lōu/lǒu	彭 Péng	凶 xiōng	物 wù	尘 chén	攥 zuàn	福 fú

二、读多音节词语（100 个音节，限时 2.5 分钟，共 20 分）

猛兽 měngshòu	羽毛球 yǔmáoqiú	小辫儿 xiǎobiànr	收缩 shōusuō	片面 piànmiàn
快速 kuàisù	范畴 fànchóu	纵使 zòngshǐ	罐头 guàn·tou	胆小鬼 dǎnxiǎoguǐ
巍峨 wēi'é	热情 rèqíng	没收 mòshōu	害怕 hàipà	旗帜 qízhì
造谣 zàoyáo	搪塞 tángsè	翡翠 fěicuì	棉花 mián·huā	话筒 huàtǒng
挑剔 tiāo·ti	恳切 kěnqiè	牙刷儿 yáshuār	黝黑 yǒuhēi	上市 shàngshì
破坏 pòhuài	颗粒 kēlì	词汇 cíhuì	诉讼 sùsòng	去年 qùnián
谢谢 xiè·xie	坠落 zhuìluò	拱手 gǒngshǒu	利率 lìlǜ	电影 diànyǐng
鲁莽 lǔmǎng	窑洞 yáodòng	僧侣 sēnglǚ	拐弯儿 guǎiwānr	努力 nǔlì
苍白 cāngbái	纠纷 jiūfēn	品尝 pǐncháng	忘我 wàngwǒ	容量 róngliàng
程序 chéngxù	郊区 jiāoqū	老本儿 lǎoběnr	那样 nàyàng	

三、选择判断（限时 3 分钟，共 10 分）

1. 词语判断：请判断并读出下列各组中的普通话词语。

（1）汤团	上元	圆子	元宵 yuánxiāo	元宵它	正月半
（2）勿公平	无公平	不平 bùpíng	唔公平		
（3）结足	扎致	结实 jiē·shi	硬扎	勇壮	实净
（4）辩呛	近来 jìnlái	者久	呢牌	得人惊	
（5）静静叫	静悄悄 jìngqiāoqiāo	静参参	静因因		

(6) 好字相　　好玩儿 *hǎowánr*　　好七跶　　异好搞

(7) 顾勿得　　顾不得 *gù·bu·de*　　顾唔得　　唔顾得

(8) 团儿　　仔女　　儿女 *érnǚ*　　儿子囡儿　　崽女

(9) 丢架　　跌脸　　丢人 *diūrén*　　坍招势　　丢格

(10) 大齐家　　大伙儿 *dàhuǒr*　　大家侬　　大家人

2. 量词、名词搭配:请搭配并读出下列符合普通话规范的量名短语(例如:一条——鱼)。

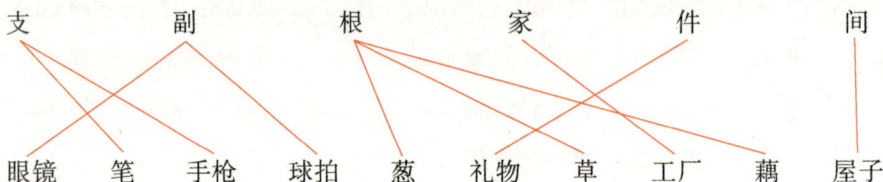

　　支　　　　副　　　　根　　　　家　　　　件　　　　间

　　眼镜　　笔　　手枪　　球拍　　葱　　礼物　　草　　工厂　　藕　　屋子

3. 语序或表达形式判断:请判断并读出下列各组中的普通话语句。

(1) A. 普普通

　　B. 普普通通

(2) A. 这饭菜香香?

　　B. 这饭菜香不香?

(3) A. 你穿着它不好看的我穿着。

　　B. 你穿着它不比我穿着好看。

(4) A. 距离奥运会开幕还有月把天。

　　B. 距离奥运会开幕还有一个多月。

(5) A. 坐起说不如站起干。

　　B. 坐着说不如站着干。

四、朗读短文(400 个音节,限时 4 分钟,共 30 分)

作品 37 号

五、命题说话(请在下列话题中任选一个,限时 3 分钟,共 30 分)

1. 让我快乐的事情

2. 谈传统美德

▶ 试卷六十五 ◀

一、读单音节字词（100 个音节，限时 3.5 分钟，共 10 分）

坐 zuò　友 yǒu　挖 wā　社 shè　求 qiú　母 mǔ　困 kùn　秆 gǎn　奠 diàn　掺 chān/shǎn

鹰 yīng　最 zuì　托 tuō　卡 kǎ/qiǎ　阁 gé　示 shì　摸 mō　期 qī　睬 cǎi　缔 dì

退 tuì　页 yè　筐 kuāng　羹 gēng　董 dǒng　走 zǒu　绳 shéng　扑 pū　孟 mèng　卜 bǔ

撒 sā/sǎ　仰 yǎng　突 tū　自 zì　瓶 píng　苗 miáo　级 jí　博 bó　搓 cuō　筏 fá

盗 dào　若 ruò　禀 bǐng　捉 zhuō　络 lào/luò　枫 fēng　崔 Cuī　泄 xiè　铁 tiě　硬 yìng

匾 biǎn　修 xiū　软 ruǎn　晋 jìn　覆 fù　祠 cí　盆 pén　踏 tā/tà　撞 zhuàng　卤 lǔ

皆 jiē　体 tǐ/tī　如 rú　璧 bì　弦 xián　刘 Liú　周 zhōu　沸 fèi　捶 chuí　欧 Ōu

饵 ěr　雾 wù　髓 suǐ　颌 Gé/hé　煮 zhǔ　踹 chuài　雹 báo　奶 nǎi　乐 lè/yuè　容 róng

逞 chěng　群 qún　罪 zuì　我 wǒ　良 liáng　酸 suān　坏 huài　踱 duó　蒸 zhēng　碍 ài

胀 zhàng　口 kǒu　兑 duì　储 chǔ　忘 wàng　暗 àn　摄 shè　内 nèi　阔 kuò　溶 róng

二、读多音节词语（100 个音节，限时 2.5 分钟，共 20 分）

版权 bǎnquán　　芙蓉 fúróng　　勘测 kāncè　　别扭 biè·niu　　培育 péiyù

水面 shuǐmiàn　　以免 yǐmiǎn　　主角儿 zhǔjuér　　揣摩 chuǎimó　　角质 jiǎozhì

名词 míngcí　　人口 rénkǒu　　秩序 zhìxù　　外在 wàizài　　铺盖 pūgài/pū·gai

猖獗 chāngjué　　赶集 gǎnjí　　枯竭 kūjié　　取消 qǔxiāo　　欲望 yùwàng

饲养 sìyǎng　　赐予 cìyǔ　　打鸣儿 dǎmíngr　　火海 huǒhǎi　　美学 měixué

咨询 zīxún　　稳定 wěndìng　　热带 rèdài　　抖擞 dǒusǒu　　简短 jiǎnduǎn

阻止 zǔzhǐ　　森林 sēnlín　　有数儿 yǒushùr　　纤维 xiānwéi　　难得 nándé

采摘 cǎizhāi　　古董 gǔdǒng　　跳蚤 tiào·zao　　恋爱 liàn'ài　　前往 qiánwǎng

图画 túhuà　　战国 Zhànguó　　防范 fángfàn　　钻研 zuānyán　　里程碑 lǐchéngbēi

蜜枣儿 mìzǎor　　手表 shǒubiǎo　　硝酸 xiāosuān　　哈密瓜 hāmìguā

三、选择判断（限时 3 分钟，共 10 分）

1. 词语判断：请判断并读出下列各组中的普通话词语。

（1）年三十夜　　二九下昏　　除夕 chúxī　　年卅晚　　三十夜里　　三十夜间子

（2）特为　　特诚　　特意 tèyì　　超故意　　特登　　特事

（3）勿良　　勿好　　不良 bùliáng　　无好　　唔好

（4）细汉时　　细大子　　童年 tóngnián　　小辰光　　细时候

（5）落脱　　脱巴　　脱落 tuōluò　　褪脱　　落巴　　掉咖哒

(6) 往常时　　往时　　**往常 wǎngcháng**　　平常时　　往摆

(7) 桑材　　**桑树 sāngshù**　　香公子树　　桑欻树

(8) 墨墨黑　　乌趗趗　　**漆黑 qīhēi**　　墨駿黑　　密黑的　　炉乌

(9) 阿嬷　　嬷嬷　　**奶奶 nǎi·nai**　　咹妈　　娭毑　　阿婆

(10) 头家　　**老板 lǎobǎn**　　老细

2. 量词、名词搭配:请搭配并读出下列符合普通话规范的量名短语(例如:一条——鱼)。

座　　　口　　　粒　　　辆　　　门　　　名

自行车　　学生　　岛屿　　大钟　　房子　　米　　大缸　　课程　　山　　人

3. 语序或表达形式判断:请判断并读出下列各组中的普通话语句。

(1) A. 这天好好蓝啊!

　　B. 这天真蓝啊!

(2) A. 这篇通讯明天写不起。

　　B. 这篇通讯明天写不完。

(3) A. 这根香蕉吃得不?

　　B. 这根香蕉能不能吃?

(4) A. 弟弟的衣服被树枝挂破了。

　　B. 弟弟的衣服遭树枝枝挂破啰。

(5) A. 你再吃一碗。

　　B. 你添一碗。

四、朗读短文(400 个音节,限时 4 分钟,共 30 分)

作品 13 号

五、命题说话(请在下列话题中任选一个,限时 3 分钟,共 30 分)

1. 网络时代的生活

2. 我喜爱的动物

▶ 试卷六十六 ◀

一、读单音节字词（100 个音节，限时 3.5 分钟，共 10 分）

凳 dèng　春 chōng　乏 fá　　哈 hā/hǎ　克 kè　　哪 nǎ/né　千 qiān　帅 shuài　铣 xǐ/xiǎn　盆 pén

斥 chì　　鳌 áo　　闹 nào　劝 quàn　搜 sōu　纺 fǎng　获 huò　亏 kuī　援 yuán　掀 xiān

沸 fèi　　您 nín　　曲 qū/qǔ　御 yù　　啸 xiào　戳 chuō　靶 bǎ　魂 hún　侵 qīn　驼 tuó

画 huà　　葱 cōng　愤 fèn　绑 bǎng　岭 lǐng　怒 nù　染 rǎn　捅 tǒng　械 xiè　崽 zǎi

冷 lěng　燥 zào　　泰 tài　羞 xiū　蹿 cuān　毁 huǐ　缚 fù　播 bō　偶 ǒu　扔 rēng

餐 cān　　设 shè　　甘 gān　积 jī　狼 láng　宅 zhái　若 ruò　炭 tàn　雅 yǎ　扒 bā/pá

碰 pèng　斩 zhǎn　策 cè　洒 sǎ　伍 wǔ　新 xīn　旦 dàn　概 gài　军 jūn　亩 mǔ

挖 wā　　刁 diāo　镐 gǎo　枕 zhěn　模 mó/mú　评 píng　由 yóu　翁 wēng　焰 yàn　架 jià

萎 wěi　届 jiè　命 mìng　陡 dǒu　卓 zhuó　指 zhǐ　耀 yào　盘 pán　赏 shǎng　龚 Gōng

疫 yì　考 kǎo　渍 zì　规 guī　漆 qī　腕 wàn　室 shì　钞 chāo　某 mǒu　缎 duàn

二、读多音节词语（100 个音节，限时 2.5 分钟，共 20 分）

憧憬 chōngjǐng　　露馅儿 lòuxiànr　　孤僻 gūpì　　库存 kùcún　　气团 qìtuán

扫荡 sǎodàng　　自愿 zìyuàn　　火星儿 huǒxīngr　乘凉 chéngliáng　法宝 fǎbǎo

抗战 kàngzhàn　　忧郁 yōuyù　　损失 sǔnshī　　频繁 pínfán　　屏息 bǐngxī

能耐 néng·nai　马桶 mǎtǒng　　酒精 jiǔjīng　　女子 nǚzǐ　围剿 wéijiǎo

首领 shǒulǐng　　贩子 fàn·zi　　饱满 bǎomǎn　　耳语 ěryǔ　后悔 hòuhuǐ

笼统 lǒngtǒng　　日益 rìyì　　温暖 wēnnuǎn　　笃信 dǔxìn　终年 zhōngnián

描绘 miáohuì　　弱点 ruòdiǎn　　屠杀 túshā　打盹儿 dǎdǔnr　函授 hánshòu

蚕食 cánshí　　稿纸 gǎozhǐ　　粮食 liáng·shi　脊髓 jǐsuǐ　普通 pǔtōng

说服 shuōfú　　野蛮 yěmán　　勾当 gòu·dàng　蒸发 zhēngfā　小偷儿 xiǎotōur

前途 qiántú　村落 cūnluò　　投降 tóuxiáng　毛骨悚然 máogǔ-sǒngrán

三、选择判断（限时 3 分钟，共 10 分）

1. 词语判断：请判断并读出下列各组中的普通话词语。

　　（1）当初时　　初时　　　　**当初 dāngchū**　　开初　　　　　开先

　　（2）唔准　　　**不许 bùxǔ**　　勿许　　　　唔做得

　　（3）学生子　　**学生 xué·shēng**　　学生伢子　　学生欻

　　（4）好得　　　该哉　　　　**幸好 xìnghǎo**　　亏煞　　　　好彩　　　　得幸

　　（5）细汉时　　**小时候 xiǎoshí·hou**　小辰光　　　细个时　　　细大子

(6) 雪雪白　　　雪白 xuěbái　　　碰白

(7) 念罗　　　　絮叨 xù·dao　　　吟沈　　　　　　岩岩蚕蚕

(8) 滚笑　　　　玩笑 wánxiào　　逗勒　　　　　　搞得欻个

(9) 讲白贼　　　说谎 shuōhuǎng　打谎　　扯谎　　捏白　　扯白

(10) 糖子里　　　糖果 tángguǒ　　糖仔　　糖粒子　　糖欻

2. 量词、名词搭配:请搭配并读出下列符合普通话规范的量名短语(例如:一条——鱼)。

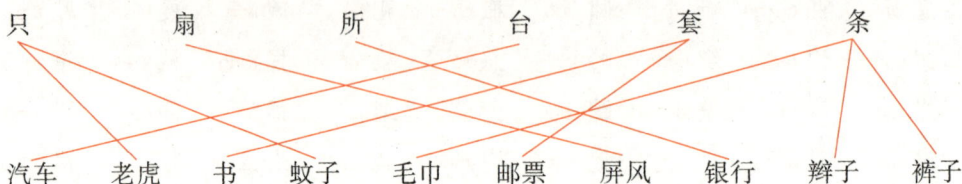

只　　　扇　　　所　　　台　　　套　　　条

汽车　　老虎　　书　　蚊子　　毛巾　　邮票　　屏风　　银行　　辫子　　裤子

3. 语序或表达形式判断:请判断并读出下列各组中的普通话语句。

(1) A. 我把他推到地上。

　　 B. 我推他地下。

(2) A. 他有读书。

　　 B. 他读过书。

(3) A. 这是你葛字典。

　　 B. 这是你的字典。

(4) A. 我们遭她打了一顿。

　　 B. 我们被她打了一顿。

　　 C. 我们招她打了一顿。

(5) A. 北京到快了。

　　 B. 北京快到了。

四、朗读短文 (400 个音节,限时 4 分钟,共 30 分)

作品 28 号

五、命题说话 (请在下列话题中任选一个,限时 3 分钟,共 30 分)

1. 我喜欢的节日

2. 让我感动的事情

一、读单音节字词（100 个音节，限时 3.5 分钟，共 10 分）

卒 cù/zú	赢 yíng	涡 Guō/wō	顺 shùn	取 qǔ	灭 miè	啃 kěn	喊 hǎn	儿 ér	除 chú
巡 xún	揍 zòu	臀 tún	税 shuì	刚 gāng	唇 chún	秋 qiū	秒 miǎo	狂 kuáng	堤 dī
途 tú	孝 xiào	踪 zōng	齐 qí	孟 mèng	捐 juān	双 shuāng	若 ruò	得 dé/děi	高 gāo
甩 shuǎi	鸥 ōu	驴 lú	贤 xián	童 tóng	啄 zhuó	赤 chì	格 gé	垫 diàn	绝 jué
抛 pāo	薪 xīn	潭 tán	景 jǐng	蚁 yǐ	豆 dòu	授 shòu	妆 zhuāng	错 cuò	略 lüè
殖 zhí	步 bù	蛀 zhù	否 fǒu/pǐ	窜 cuàn	详 xiáng	计 jì	滕 Téng	伸 shēn	品 pǐn
货 huò	瓮 wèng	梭 suō	逼 bī	偏 piān	溜 liū/liù	障 zhàng	肥 féi	操 cāo	日 rì
悦 yuè	溶 róng	嫩 nèn	范 fàn	料 liào	耗 hào	菜 cài	瘟 wēn	抱 bào	膳 shàn
浮 fú	绥 suí	郑 Zhèng	暖 nuǎn	皖 Wǎn	捞 lāo	黑 hēi	忧 yōu	酸 suān	熬 āo/áo
承 chéng	午 wǔ	耸 sǒng	勤 qín	依 yī	捆 kǔn	鞋 xié	型 xíng	勇 yǒng	冰 bīng

二、读多音节词语（100 个音节，限时 2.5 分钟，共 20 分）

解剖 jiěpōu	从前 cóngqián	刀把儿 dāobàr	名义 míngyì	榨取 zhàqǔ
铁轨 tiěguǐ	绒毛 róngmáo	纯粹 chúncuì	好比 hǎobǐ	衙门 yá·men
煤炭 méitàn	悄然 qiǎorán	推敲 tuīqiāo	栽种 zāizhòng	棒槌 bàng·chui
安装 ānzhuāng	感慨 gǎnkǎi	老师 lǎoshī	蒲公英 púgōngyīng	送行 sòngxíng
岩浆 yánjiāng	祖传 zǔchuán	快乐 kuàilè	排泄 páixiè	沙哑 shāyǎ
喜鹊 xǐquè	合群儿 héqúnr	分子 fēnzǐ/fènzǐ	心眼儿 xīnyǎnr	参谋 cānmóu
讲述 jiǎngshù	轴线 zhóuxiàn	肉眼 ròuyǎn	稳妥 wěntuǒ	哪些 nǎxiē
但是 dànshì	传记 zhuànjì	年纪 niánjì	出圈儿 chūquānr	省略 shěnglüè
外伤 wàishāng	恐慌 kǒnghuāng	国王 guówáng	房子 fáng·zi	伦理 lúnlǐ
起草 qǐcǎo	博物馆 bówùguǎn	一概 yīgài	赛跑 sàipǎo	

三、选择判断（限时 3 分钟，共 10 分）

1. 词语判断：请判断并读出下列各组中的普通话词语。

（1）现主时　　如至今　　**当今 dāngjīn**　　今下

（2）无停　　**不止 bùzhǐ**　　勿罢　　唔止

（3）收捉　　执拾　　**收拾 shōu·shi**　　检场　　检秋

（4）冒注意　　**疏忽 shū·hu**　　失塌

（5）血血红　　**通红 tōnghóng**　　通通红　　红贡贡　　掀红　　瞅红　　红豺豺

(6) 麦豌子	豌豆 wāndòu	小寒豆	官豆子	川豆子	雪豆
					麦豆
(7) 夜里向	夜到头	晚上 wǎn·shang	夜到	下昏	晚黑
					夜间子
(8) 冇得法	么办法	无可奈何 wúkěnàihé			
(9) 落底	不溜	向来 xiànglái	一路来	一溜来	
(10) 趷环	打转转里	旋转 xuánzhuǎn	打转转		

2. 量词、名词搭配:请搭配并读出下列符合普通话规范的量名短语(例如:一条——鱼)。

把　　　部　　　场(cháng)　　　棵　　　口　　　粒

电视剧　伞　摄像机　珍珠　冰雹　扇子　雪　茶壶　树　大缸

3. 语序或表达形式判断:请判断并读出下列各组中的普通话语句。

(1) A. 你少说两句。

　　B. 你说少两句。

(2) A. 这件事我有说过。

　　B. 这件事我有说。

　　C. 这件事我说过。

(3) A. 你再吃一碗添。

　　B. 你吃添一碗。

　　C. 你再吃一碗。

(4) A. 这朵玫瑰真漂亮。

　　B. 朵玫瑰真漂亮。

(5) A. 他累得汗流。

　　B. 他累得满头大汗。

　　C. 他累得汗滴滴声。

四、朗读短文 (400 个音节,限时 4 分钟,共 30 分)

作品 33 号

五、命题说话 (请在下列话题中任选一个,限时 3 分钟,共 30 分)

1. 向往的地方

2. 家庭对个人成长的影响

▶ 试卷六十八 ◀

一、读单音节字词（100 个音节，限时 3.5 分钟，共 10 分）

艾 ài	彻 chè	扼 è	货 huò	块 kuài	马 mǎ	提 dī/tí	晒 shài	团 tuán	秧 yāng
灰 huī	晨 chén	昂 áng	吠 fèi	笛 dí	狭 xiá	苦 kǔ	虽 suī	批 pī	特 tè
坟 fén	坝 bà	嗤 chī	麦 mài	海 hǎi	坑 kēng	迁 qiān	月 yuè	完 wán	梢 shāo
怀 huái	振 zhèn	疯 fēng	市 shì	伪 wěi	傍 bàng	孔 kǒng	暖 nuǎn	引 yǐn	驱 qū
葱 cōng	辐 fú	缓 huǎn	蓝 lán	豹 bào	怒 nù	桥 qiáo	手 shǒu	武 wǔ	杂 zá
皴 cūn	咱 zán	崩 bēng	球 qiú	竿 gān	季 jì	赖 lài	丝 sī	醒 xǐng	能 néng
凳 dèng	贡 gòng	检 jiǎn	孙 sūn	柳 liǔ	葬 zàng	鸟 niǎo	燃 rán	瘪 biě	郑 Zhèng
颠 diān	寡 guǎ	松 sōng	驳 bó	香 xiāng	愣 lèng	呕 ǒu	窄 zhǎi	霉 méi	较 jiào
赌 dǔ	诗 shī	据 jū/jù	链 liàn	捧 pěng	软 ruǎn	掏 tāo	锌 xīn	惨 cǎn	棍 gùn
岔 chà	攀 pān	入 rù	田 tián	注 zhù	垢 gòu	款 kuǎn	名 míng	芽 yá	舵 duò

二、读多音节词语（100 个音节，限时 2.5 分钟，共 20 分）

提防 dī·fang	啜泣 chuòqì	滚烫 gǔntàng	礼法 lǐfǎ	群落 qúnluò
随便 suíbiàn	医院 yīyuàn	鹅卵石 éluǎnshí	火把 huǒbǎ	满足 mǎnzú
别针儿 biézhēnr	展览 zhǎnlǎn	推销 tuīxiāo	然后 ránhòu	采纳 cǎinà
包袱 bāo·fu	继承权 jìchéngquán	看病 kànbìng	膨胀 péngzhàng	说服 shuōfú
下落 xiàluò	老伴儿 lǎobànr	番茄 fānqié	左手 zuǒshǒu	难怪 nánguài
沙发 shāfā	物价 wùjià	金鱼 jīnyú	改写 gǎixiě	科举 kējǔ
迫切 pòqiè	畜生 chù·sheng	苍翠 cāngcuì	享有 xiǎngyǒu	俗称 súchēng
海报 hǎibào	泪珠儿 lèizhūr	点火 diǎnhuǒ	木材 mùcái	亲眼 qīnyǎn
淘汰 táotài	赞扬 zànyáng	降临 jiànglín	植株 zhízhū	一下儿 yīxiàr
二胡 èrhú	任务 rèn·wu	问世 wènshì	那里 nà·lǐ	

三、选择判断（限时 3 分钟，共 10 分）

1. 词语判断：请判断并读出下列各组中的普通话词语。

（1）月头　　　　月初头子　　　　月初 yuèchū

（2）勿停　　　　无停　　　　不住 bùzhù　　　　唔住

（3）困眠　　　　睡眠 shuìmián　　　　睡目

（4）是蜀位　　　谁 shuí　　　啥人　　　啥么依　　　边个　　　瞒人

（5）现主时　　　如今 rújīn　　　而家　　　如至今　　　如崭　　　今下

(6) *汽油 qìyóu*　　　戤斯林　　　电油

(7) 掼　　　氃　　　献索　　　*抛弃 pāoqì*　　　掉咗　　　丢撒

(8) 样相　　　*模样 múyàng*　　　样范　　　样欤

(9) 臭耳　　　*聋 lóng*　　　聋膨　　　臭耳聋

(10) 开年　　　下年　　　*来年 láinián*　　　出年　　　下年子

2. 量词、名词搭配：请搭配并读出下列符合普通话规范的量名短语(例如：一条——鱼)。

匹　　　扇　　　家　　　项　　　只　　　座

门　　城市　　制度　　手表　　医院　　蝴蝶　　工厂　　马　　措施　　蜻蜓

3. 语序或表达形式判断：请判断并读出下列各组中的普通话语句。

(1) A. 下起雨来了。

　　B. 下雨开了。

(2) A. 他关我门外了。

　　B. 他把我关在门外了。

(3) A. 我们一起来去看话剧好吗？

　　B. 我们一起去看话剧好吗？

(4) A. 昨天晚上他有来过。

　　B. 昨天晚上他来过。

　　C. 昨天晚上他有来。

(5) A. 我不会说英语。

　　B. 我不懂说英语。

四、朗读短文（400 个音节，限时 4 分钟，共 30 分）

作品 17 号

五、命题说话（请在下列话题中任选一个，限时 3 分钟，共 30 分）

1. 难忘的旅行

2. 老师

试卷六十九

一、读单音节字词（100 个音节，限时 3.5 分钟，共 10 分）

殿 diàn　尊 zūn　偷 tōu　群 qún　幕 mù　加 jiā　方 fāng　八 bā　航 háng　抻 chēn

权 quán　形 xíng　孙 sūn　抓 zhuā　摸 mō　哈 hā/hǎ　戴 dài　禾 hé　痴 chī　瓣 bàn

邦 bāng　脱 tuō　软 ruǎn　挪 nuó　揩 kāi　港 gǎng　局 jú　育 yù　捣 dǎo　困 kùn

凳 dèng　退 tuì　入 rù　刊 kān　亏 kuī　发 fā/fà　抄 chāo　爆 bào　涌 yǒng　女 nǚ

锁 suǒ　须 xū　耗 hào　缺 quē　某 mǒu　箭 jiàn　搭 dā　白 bái　逞 chěng　毫 háo

蚕 cán　喂 wèi　耍 shuǎ　欧 Ōu　阔 kuò　苦 kǔ　怨 yuàn　澳 ào　裆 dāng　喀 kā

管 guǎn　勿 wù　穗 suì　铺 pū/pù　柱 zhù　还 hái/huán　担 dān/dàn　决 jué　祠 cí　酱 jiàng

做 zuò　寻 xún　吐 tǔ/tù　肉 ròu　怒 nù　击 jī　范 fàn　撤 chè　卑 bēi　革 gé

旱 hàn　我 wǒ　霜 shuāng　破 pò　轮 lún　地 dì　郊 jiāo　黯 àn　葱 cōng　擦 cā

匀 yún　温 wēn　拆 chāi　瓶 píng　略 lüè　揭 jiē　蔡 Cài　昂 áng　醋 cù　该 gāi

二、读多音节词语（100 个音节，限时 2.5 分钟，共 20 分）

对象 duìxiàng　　妓女 jìnǚ　　包干儿 bāogānr　　磅礴 pángbó　　三角 sānjiǎo

西北 xīběi　　着重 zhuózhòng　　反馈 fǎnkuì　　蝌蚪 kēdǒu　　抨击 pēngjī

纽扣儿 niǔkòur　　杀害 shāhài　　债务 zhàiwù　　迅速 xùnsù　　本领 běnlǐng

放心 fàngxīn　　哥哥 gē·ge　　口角 kǒujiǎo　　取暖 qǔnuǎn　　顺手 shùnshǒu

运转 yùnzhuǎn　　场合 chǎnghé　　挨个儿 āigèr　　毁坏 huǐhuài　　美景 měijǐng

再见 zàijiàn　　纬度 wěidù　　然后 ránhòu　　懒得 lǎn·de　　催化剂 cuīhuàjì

鼓掌 gǔzhǎng　　泥塑 nísù　　轻音乐 qīngyīnyuè　　叹息 tànxī　　压制 yāzhì

处于 chǔyú　　解体 jiětǐ　　魔爪 mózhǎo　　咨询 zīxún　　大褂儿 dàguàr

物资 wùzī　　虽说 suīshuō　　测验 cèyàn　　好歹 hǎodǎi　　越冬 yuèdōng

栅栏 zhà·lan　　弱点 ruòdiǎn　　妥协 tuǒxié　　流逝 liúshì

三、选择判断（限时 3 分钟，共 10 分）

1. 词语判断：请判断并读出下列各组中的普通话词语。

（1）清早晨　　透早　　朝头早　　清晨 qīngchén　　晨早　　朝晨头

（2）勿到　　无足　　不足 bùzú　　勿满　　唔够　　唔足

（3）袄子　　棉衣 miányī　　棉裘　　棉衫　　棉衲

（4）难扳　　偶尔 ǒu'ěr　　有时仔　　间中

（5）茄瓜　　茄子 qié·zi　　落苏　　茄里　　茄欤

（6）熬勿牢　　　躿忍咧　　　忍唔住　　　忍不住 rěn·buzhù

（7）易　　　容易 róngyì　　　桧　　　易得

（8）戆的　　　傻子 shǎ·zi　　　戆大　　　傻佬　　　哈宝　　　痴呆子

（9）落肥　　　下肥　　　施肥 shīféi　　　淋肥

（10）节头官　　　手指 shǒuzhǐ　　　手节头　　　手指脑　　　手指拇　　　指头子

2. 量词、名词搭配：请搭配并读出下列符合普通话规范的量名短语（例如：一条——鱼）。

本　　　　　场（cháng）　　　　　滴　　　　　颗　　　　　块　　　　　门

大风　　　肥皂　　　病　　　字典　　　汗水　　　糖　　　石头　　　课程　　　牙齿　　　砖

3. 语序或表达形式判断：请判断并读出下列各组中的普通话语句。

（1）A. 我跳舞好过他。

B. 我跳舞比他好。

（2）A. 我不懂说英语。

B. 我不会说英语。

（3）A. 他不得会强迫我们走。

B. 他不会强迫我们走。

（4）A. 我们慢慢子走。

B. 我们慢慢地走。

（5）A. 这本书给他弄丢了。

B. 这本书给他弄丢了丢。

四、朗读短文（400 个音节，限时 4 分钟，共 30 分）

作品 25 号

五、命题说话（请在下列话题中任选一个，限时 3 分钟，共 30 分）

1. 自律与我

2. 珍贵的礼物

试卷七十

一、读单音节字词（100 个音节，限时 3.5 分钟，共 10 分）

醉 zuì	硬 yìng	团 tuán	双 shuāng	请 qǐng	谬 miù	柯 kē	棍 gùn	缎 duàn	抽 chōu
跺 duò	外 wài	顺 shùn	穷 qióng	捏 niē	烤 kǎo	吼 hǒu	幼 yòu	触 chù	花 huā
一 yī	祖 zǔ	痛 tòng	刷 shuā	品 pǐn	铭 míng	恐 kǒng	刁 diāo	督 dū	蹦 bèng
偶 ǒu	信 xìn	索 suǒ	揉 róu	准 zhǔn	虑 lù	巾 jīn	枫 fēng	村 cūn	阿 ā/ē
曰 yuē	碗 wǎn	年 nián	球 qiú	梢 shāo	康 kāng	虹 hóng	扼 è	白 bái	否 fǒu/pǐ
挺 tǐng	慢 màn	奏 zòu	七 qī	票 piào	蔑 miè	饥 jī	罐 guàn	本 běn	陡 dǒu
若 ruò	嗅 xiù	贴 tiē	资 zī	偏 piān	渺 miǎo	荚 jiá	辈 bèi	簇 cù	乖 guāi
捉 zhuō	熊 xióng	条 tiáo	乳 rǔ	匹 pǐ	峦 luán	帮 bāng	覆 fù	窜 cuàn	奸 jiān
衡 héng	汪 wāng	酸 suān	去 qù	扭 niǔ	篓 lǒu	周 zhōu	乏 fá	凶 xiōng	银 yín
爱 ài	问 wèn	碎 suì	容 róng	弄 nòng	抄 chāo	痕 hén	坟 fén	错 cuò	卢 Lú

二、读多音节词语（100 个音节，限时 2.5 分钟，共 20 分）

辅助 fǔzhù	卓越 zhuóyuè	瓜瓤儿 guārángr	爬行 páxíng	司法 sīfǎ
消亡 xiāowáng	领事 lǐngshì	采用 cǎiyòng	胡琴 hú·qin	几时 jǐshí
马达 mǎdá	怯懦 qiènuò	愿意 yuànyì	团员 tuányuán	准则 zhǔnzé
流星 liúxīng	票据 piàojù	伤害 shānghài	显露 xiǎnlù	饭盒儿 fànhér
果断 guǒduàn	窘迫 jiǒngpò	错误 cuòwù	奶粉 nǎifěn	多么 duō·me
扰动 rǎodòng	土壤 tǔrǎng	赞成 zànchéng	部分 bù·fen	表明 biǎomíng
海港 hǎigǎng	梦呓 mèngyì	起诉 qǐsù	说明 shuōmíng	一般 yìbān
柠檬 níngméng	纯粹 chúncuì	楷模 kǎimó	奴仆 núpú	姿势 zīshì
挖掘 wājué	融合 rónghé	点燃 diǎnrán	炸弹 zhàdàn	散射 sǎnshè
差点儿 chàdiǎnr	握手 wòshǒu	讴歌 ōugē	脍炙人口 kuàizhì-rénkǒu	

三、选择判断（限时 3 分钟，共 10 分）

1.词语判断：请判断并读出下列各组中的普通话词语。

(1) 旧年　　　　旧年子　　　　去年 qùnián　　　　去年子　　　　旧年欸

(2) 勿至于　　　唔至到　　　　不至于 bùzhìyú　　　唔至当

(3) 风栗　　　　栗子 lì·zi　　　栗欸

(4) 家自　　　　自行 zìxíng　　　自家

(5) 里向　　　　入便　　　　　里面 lǐmiàn　　　　里向头　　　　底背

(6) 歹囝　　　流氓 liúmáng　　烂哉

(7) 冒什里　　现话得　　无要紧　　无乜嘢　　没什么 méi shén·me

(8) 冒用　　冇用　　没用 méiyòng　　呒没用场　　无路用　　么用

(9) 天光早　　天蒙光　　凌晨 língchén　　天快亮个辰光　　一黑早　　临天光

(10) 狗蚁　　蚁　　蚂蚁 mǎyǐ　　蚂蝇里　　蚂蚁子　　蚁公

2. 量词、名词搭配:请搭配并读出下列符合普通话规范的量名短语(例如:一条——鱼)。

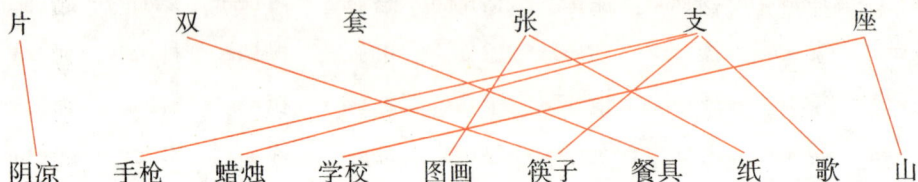

片　　　双　　　套　　　张　　　支　　　座

阴凉　　手枪　　蜡烛　　学校　　图画　　筷子　　餐具　　纸　　歌　　山

3. 语序或表达形式判断:请判断并读出下列各组中的普通话语句。

(1) A. 我来去告诉他。

　　B. 我告诉他。

(2) A. 我听有。

　　B. 我听清楚了。

(3) A. 我的字典遭别人借走啰。

　　B. 我的字典被别人借走了。

　　C. 我的字典拿给别人借走了。

(4) A. 支铅笔是谁的?

　　B. 这支铅笔是谁的?

(5) A. 小红的衣服洗得白白白。

　　B. 小红的衣服洗得白白。

　　C. 小红的衣服洗得很白。

四、朗读短文（400 个音节，限时 4 分钟，共 30 分）

作品 16 号

五、命题说话（请在下列话题中任选一个，限时 3 分钟，共 30 分）

1. 对幸福的理解

2. 谈谈卫生与健康

▶ 试卷七十一 ◀

一、读单音节字词（100 个音节，限时 3.5 分钟，共 10 分）

俄 é	万 wàn	司 sī	瘸 qué	冰 bīng	窟 kū	恒 héng	遮 zhē	吹 chuī	奴 nú
叼 diāo	奏 zòu	胎 tāi	山 shān	剖 pōu	矛 máo	机 jī	搞 gǎo	呆 dāi	安 ān
温 wēn	严 yán	剩 shèng	仓 cāng	漫 màn	夸 kuā	改 gǎi	儿 ér	吃 chī	琼 qióng
组 zǔ	养 yǎng	他 tā	舌 shé	鸥 ōu	盲 máng	坤 kūn	炕 kàng	打 dá/dǎ	程 chéng
串 chuàn	魏 Wèi	阴 yīn	犬 quǎn	聂 Niè	寇 kòu	候 hòu	恩 ēn	亚 yà	册 cè
拦 lán	斜 xié	艘 sōu	柔 róu	捺 nà	展 zhǎn	宾 bīn	费 fèi	从 cóng	呵 hē
趟 tàng	西 xī	子 zǐ	润 rùn	萍 píng	眯 mī/mí	江 jiāng	镜 jìng	熬 āo/áo	迷 mí
蕊 ruǐ	陷 xiàn	逃 táo	友 yǒu	证 zhèng	腊 là	较 jiào	罚 fá	得 dé/děi	捕 bǔ
趴 pā	小 xiǎo	苏 sū	辱 rǔ	寨 zhài	癞 là/lài	节 jiē/jié	拨 bō	凑 còu	番 fān
黑 hēi	挖 wā	送 sòng	邱 Qiū	挪 nuó	别 bié/biè	招 zhāo	分 fēn/fèn	辞 cí	垒 lěi

二、读多音节词语（100 个音节，限时 2.5 分钟，共 20 分）

广阔 guǎngkuò	栅栏儿 zhà·lanr	差别 chābié	闷热 mēnrè	群居 qúnjū
抬头 táitóu	遭受 zāoshòu	锯齿儿 jùchǐr	抵制 dǐzhì	状况 zhuàngkuàng
恼火 nǎohuǒ	染料 rǎnliào	歪曲 wāiqū	寒冷 hánlěng	笔记 bǐjì
稻谷 dàogǔ	甲骨文 jiǎgǔwén	嫩绿 nènlǜ	别扭 biè·niu	散文 sǎnwén
狭隘 xiá'ài	宗教 zōngjiào	润滑 rùnhuá	痛苦 tòngkǔ	后跟儿 hòugēnr
产地 chǎndì	歌唱 gēchàng	毛囊 máonáng	恶化 èhuà	苦衷 kǔzhōng
晚上 wǎn·shang	补偿 bǔcháng	派性 pàixìng	选择 xuǎnzé	搜集 sōují
刺激 cìjī	沸腾 fèiténg	戏法儿 xìfǎr	懒散 lǎnsǎn	毅然 yìrán
稍微 shāowēi	器重 qìzhòng	发动机 fādòngjī	落伍 luòwǔ	攀登 pāndēng
学生 xué·shēng	采取 cǎiqǔ	睡眠 shuìmián	雨水 yǔshuǐ	

三、选择判断（限时 3 分钟，共 10 分）

1.词语判断：请判断并读出下列各组中的普通话词语。

（1）开始辰光	开头辰光	起初 qǐchū	先起头	初头
（2）勿但	唔若	不只 bùzhǐ	唔只	唔单
（3）唔得决	想唔讲	纳闷儿 nàmènr	想勿通	想唔通
（4）光火	激气	恼火 nǎohuǒ	火滚	火着
（5）恁	你哋	你们 nǐ·men	侬	尔人 你等人

(6) 无通讲	呒没闲话	没说的 méishuō·de	冇得讲的	么得讲	
(7) 里向	里歬	里边 lǐ·bian	里向头	入便	里便
(8) 镰里	镰子	镰刀 liándāo	禾镰子	镰欮	
(9) 夫妻两家头	翁某仔	两口子 liǎngkǒu·zi	两马老子	两公婆	
(10) 两旁边	两歬	两旁 liǎngpáng	两便	两片歬	

2. 量词、名词搭配:请搭配并读出下列符合普通话规范的量名短语(例如:一条——鱼)。

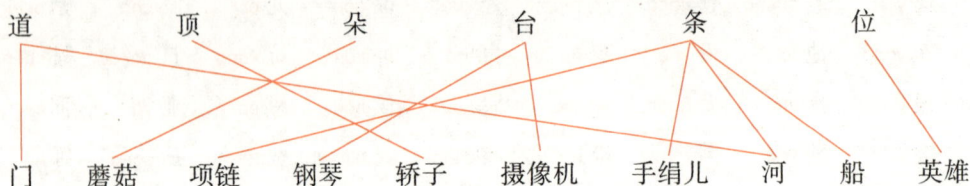

道　　顶　　朵　　台　　条　　位

门　蘑菇　项链　钢琴　轿子　摄像机　手绢儿　河　船　英雄

3. 语序或表达形式判断:请判断并读出下列各组中的普通话语句。

(1) A. 我来去看电影。

B. 我正要去看电影。

(2) A. 这只鸡死了。

B. 只鸡死了。

(3) A. 菜老很啰,吃不得啰。

B. 菜太老了,不能吃了。

(4) A. 我比小明大。

B. 我大起小明。

(5) A. 老师把倒手教我。

B. 老师把着手教我。

四、朗读短文 (400 个音节,限时 4 分钟,共 30 分)

作品 9 号

五、命题说话 (请在下列话题中任选一个,限时 3 分钟,共 30 分)

1. 自律与我

2. 家庭对个人成长的影响

试卷七十二

一、读单音节字词（100 个音节，限时 3.5 分钟，共 10 分）

膈 gé	扛 káng	迸 bèng	丹 dān	满 mǎn	七 qī	三 sān	翁 wēng	印 yìn	凶 xiōng
钓 diào	澳 ào	甘 gān	肌 jī	冷 lěng	爬 pá	人 rén	平 píng	之 zhī	姓 xìng
昂 áng	谱 pǔ	吠 fèi	谎 huǎng	乐 lè/yuè	脑 nǎo	惹 rě	它 tā	献 xiàn	镇 zhèn
帆 fān	辉 huī	牢 láo	男 nán	颗 kē	师 shī	虾 xiā	策 cè	掌 zhǎng	侵 qīn
肯 kěn	没 méi/mò	嵌 qiàn	赏 shǎng	毕 bì	堤 dī	寡 guǎ	谓 wèi	杂 zá	窝 wō
疤 bā	肉 ròu	缚 fù	基 jī	离 lí	派 pài	日 rì	抓 zhuā	抗 kàng	摊 tān
扼 è	浑 hún	卡 kǎ/qiǎ	乃 nǎi	切 qiē/qiè	伸 shēn	惨 cǎn	吸 xī	总 zǒng	瘦 shòu
酚 fēn	绊 bàn	澈 chè	军 jūn	具 jù	潘 Pān	朱 zhū	套 tào	也 yě	撒 sā/sǎ
就 jiù	羔 gāo	警 jǐng	暴 bào	埋 mái/mán	局 jú	鲸 jīng	瓦 wǎ/wà	衣 yī	用 yòng
裁 cái	殿 diàn	霍 huò	亏 kuī	拿 ná	巧 qiǎo	蛇 shé	屋 wū	栽 zāi	特 tè

二、读多音节词语（100 个音节，限时 2.5 分钟，共 20 分）

嫉妒 jídù	目前 mùqián	蕴藏 yùncáng	笔杆儿 bǐgǎnr	沉寂 chénjì
衰变 shuāibiàn	强大 qiángdà	矮小 ǎixiǎo	玳瑁 dàimào	凉快 liáng·kuai
叫嚣 jiàoxiāo	内容 nèiróng	若干 ruògān	乌龟 wūguī	古董 gǔdǒng
泪珠儿 lèizhūr	描写 miáoxiě	权威 quánwēi	搀扶 chānfú	他人 tārén
增产 zēngchǎn	含糊 hán·hu	安插 ānchā	豆浆 dòujiāng	烟囱 yāncōng
散布 sànbù	科学院 kēxuéyuàn	响声 xiǎngshēng	彩礼 cǎilǐ	梵文 Fànwén
苦恼 kǔnǎo	耳朵 ěr·duo	拍摄 pāishè	循环 xúnhuán	司机 sījī
晚期 wǎnqī	中等 zhōngděng	扰动 rǎodòng	逃避 táobì	瓜子儿 guāzǐr
匆忙 cōngmáng	耐心 nàixīn	保养 bǎoyǎng	凤凰 fènghuáng	花盆儿 huāpénr
垄断 lǒngduàn	期待 qīdài	沙发 shāfā	葡萄糖 pú·taotáng	

三、选择判断（限时 3 分钟，共 10 分）

1. 词语判断：请判断并读出下列各组中的普通话词语。

（1）一霎眼　　蜀步仔　　一阵间　　刹那 chànà　　一下下

（2）勿哪能　　知知其事　　不算么子　　并不何里　　不怎么样 bù zěn·meyàng

（3）舌仔　　舌头 shé·tou　　脷　　舌子　　舌嫲

（4）细佬女　　女崽子　　少女 shàonǚ　　查某团仔　　妹子

（5）孙囡　　孙女 sūn·nǚ　　查某孙　　孙女子

（6）薰　　　　　烟仔　　　　　香烟 xiāngyān

（7）头前　　　　前面 qiánmiàn　　　前背

（8）堂客们　　　堂客　　　　　女人 nǚ·ren　　　女个　　　　　查某侬

（9）女个　　　　女子人　　　　女子 nǚzǐ　　　　查某

（10）无要紧　　唔要紧　　　　呒没关系　　　现话得　　　　没关系 méi guān·xi

2. 量词、名词搭配：请搭配并读出下列符合普通话规范的量名短语（例如：一条——鱼）。

家　　　　　间　　　　　节　　　　　盘　　　　　门　　　　　只

卧室　　甘蔗　　人家　　袜子　　藕　　棋　　亲戚　　香　　苍蝇　　课程

3. 语序或表达形式判断：请判断并读出下列各组中的普通话语句。

（1）A. 他吃着饭在。

B. 他吃着饭呢。

（2）A. 火车快来了。

B. 火车来快了。

（3）A. 本杂志是小明的。

B. 这本杂志是小明的。

（4）A. 大家都招他说哭了。

B. 大家都被他说哭了。

C. 众人都得他说哭了。

（5）A. 这个事情现在还定不倒。

B. 这件事现在还定不了。

四、朗读短文（400 个音节，限时 4 分钟，共 30 分）

作品 41 号

五、命题说话（请在下列话题中任选一个，限时 3 分钟，共 30 分）

1. 让我快乐的事情

2. 老师

▶ 试卷七十三 ◀

一、读单音节字词（100 个音节，限时 3.5 分钟，共 10 分）

贷 dài	佛 fó/fú	绘 huì	碟 dié	箔 bó	猫 māo	颇 pō	燃 rán	她 tā	秧 yāng
睬 cǎi	蹈 dǎo	柑 gān	砸 zá	兰 lán	砍 kǎn	匹 pǐ	仁 rén	填 tián	鸡 jī
鄂 È	庵 ān	茬 chá	垢 gòu	就 jiù	咧 liē/liě	嫩 nèn	枪 qiāng	胃 wèi	赛 sài
伐 fá	州 zhōu	袄 ǎo	跪 guì	景 jǐng	墓 mù	泥 ní/nì	敲 qiāo	烧 shāo	乡 xiāng
艾 ài	蹭 cèng	刁 diāo	躬 gōng	捐 juān	砌 qì	内 nèi	漆 qī	伞 sǎn	卧 wò
责 zé	聚 jù	争 zhēng	脑 nǎo	彭 Péng	洒 sǎ	餐 cān	笛 dí	歪 wāi	庚 gēng
靶 bǎ	钞 chāo	贩 fàn	获 huò	冒 mào	麻 má	蟹 xiè	贼 zéi	境 jìng	呕 ǒu
概 gài	缓 huǎn	右 yòu	迷 mí	刷 shuā	膘 biāo	荡 dàng	热 rè	踢 tī	商 shāng
辰 chén	卜 bǔ	仿 fǎng	婚 hūn	开 kāi	忙 máng	扑 pū	醒 xǐng	收 shōu	悬 xuán
黄 huáng	矿 kuàng	医 yī	鬓 bìn	掸 dǎn/Shàn	敷 fū	穗 suì	绕 rào	疼 téng	销 xiāo

二、读多音节词语（100 个音节，限时 2.5 分钟，共 20 分）

胡萝卜 húluó·bo	一阵儿 yīzhènr	诊断 zhěnduàn	奇迹 qíjì	采掘 cǎijué
退休 tuìxiū	肯定 kěndìng	丑恶 chǒu'è	昂贵 ángguì	老婆 lǎo·po
海里 hǎilǐ	了解 liǎojiě	忍受 rěnshòu	稳定 wěndìng	鞭炮 biānpào
反响 fǎnxiǎng	简称 jiǎnchēng	跑腿儿 pǎotuǐr	休眠 xiūmián	手指 shǒuzhǐ
偶尔 ǒu'ěr	跺脚 duòjiǎo	使唤 shǐ·huan	凹陷 āoxiàn	呵斥 hēchì
命运 mìngyùn	委托 wěituō	入学 rùxué	耳膜儿 ěrmór	绰号 chuòhào
勾当 gòu·dàng	蚂蚁 mǎyǐ	拳头 quán·tou	太空 tàikōng	最初 zuìchū
能耐 néng·nai	靶场 bǎchǎng	点火 diǎnhuǒ	句点 jùdiǎn	泥土 nítǔ
森林 sēnlín	写作 xiězuò	赐予 cìyǔ	分水岭 fēnshuǐlǐng	咖啡 kāfēi
平原 píngyuán	照片儿 zhàopiānr	司令 sīlìng	以免 yǐmiǎn	

三、选择判断（限时 3 分钟，共 10 分）

1. 词语判断：请判断并读出下列各组中的普通话词语。

(1) 阳光 yángguāng　日头花　　　　日头

(2) 用勿着　　不用 bùyòng　　唔免　　　唔使

(3) 索仔　　绳子 shéng·zi　　索子　　　索欵

(4) 无去　　失掉 shīdiào　　吮没　　　失咗　　　落巴

(5) 是唔是　　是否 shìfǒu　　是勿是　　系唔系　　是啵　　　系唔系

(6) 手囊　　　手袜　　　手套子　　　手套 shǒutào

(7) 卖物事　　售货 shòuhuò　　卖嘢

(8) 面顶　　　上便　　　上边 shàng·bian　　高头　　　顶面　　　上背

(9) 啥么　　　乜嘢　　　什么 shén·me　　啥　　　啥物事

(10) 发嬲　　　着气　　　生气 shēngqì　　发气　　　哏哏　　　发哏

2. 量词、名词搭配：请搭配并读出下列符合普通话规范的量名短语(例如：一条——鱼)。

把　　　　部　　　　场(chǎng)　　　　匹　　　　支　　　　项

著作　　演出　　布　　铲子　　蜡烛　　命令　　铁锹　　比赛　　尺子　　话剧

3. 语序或表达形式判断：请判断并读出下列各组中的普通话语句。

(1) A. 别尽她跑了。

　　B. 别让她跑了。

(2) A. 插座有电，你不敢乱摸。

　　B. 插座有电，你不能乱摸。

(3) A. 起洛阳出发。

　　B. 对洛阳出发。

　　C. 从洛阳出发。

(4) A. 这是上次看的话剧吧？

　　B. 这是上次看的话剧哇？

(5) A. 我们走不倒啰。

　　B. 我们走不了啦。

四、朗读短文 (400 个音节，限时 4 分钟，共 30 分)

作品 9 号

五、命题说话 (请在下列话题中任选一个，限时 3 分钟，共 30 分)

1. 对幸福的理解

2. 科技发展与社会生活

▶ 试卷七十四 ◀

一、读单音节字词（100个音节，限时3.5分钟，共10分）

错 cuò　　爹 diē　　古 gǔ　　逝 shì　　免 miǎn　　齐 qí　　晒 shài　　苑 yuàn　　午 wǔ　　坑 kēng

跟 gēn　　鲸 jīng　　涮 shuàn　　柄 bǐng　　掉 diào　　配 pèi　　僧 sēng　　崽 zǎi　　丸 wán　　蝶 dié

星 xīng　　辨 biàn　　匪 fěi　　耗 hào　　试 shì　　女 nǚ　　揉 róu　　淘 táo　　锈 xiù　　妆 zhuāng

瓜 guā　　口 kǒu　　民 mín　　青 qīng　　摔 shuāi　　郁 yù　　槽 cáo　　定 dìng　　唾 tuò　　藕 ǒu

灯 dēng　　否 fǒu/pǐ　　浸 jìn　　刘 Liú　　饲 sì　　别 bié/biè　　扫 sǎo/sào　　宅 zhái　　瓮 wèng　　卵 luǎn

逼 bī　　出 chū　　泛 fàn　　乎 hū　　逆 nì　　您 nín　　软 ruǎn　　汰 tài　　缀 zhuì　　熏 xūn

亏 kuī　　年 nián　　热 rè　　税 shuì　　钙 gài　　洞 dòng　　关 guān　　蝇 yíng　　吞 tūn　　禄 lù

另 lìng　　交 jiāo　　利 lì　　表 biǎo　　春 chūn　　盆 pén　　散 sǎn/sàn　　拽 zhuài　　孝 xiào　　损 sǔn

柴 chái　　岸 àn　　鹅 é　　桂 guì　　考 kǎo　　娘 niáng　　海 hǎi　　故 gù　　液 yè　　屠 tú

恩 ēn　　怀 huái　　浪 làng　　凹 āo　　产 chǎn　　鸟 niǎo　　容 róng　　渍 zì　　捅 tǒng　　雅 yǎ

二、读多音节词语（100个音节，限时2.5分钟，共20分）

海岛 hǎidǎo　　　　渺茫 miǎománg　　　斧子 fǔ·zi　　　　磁场 cíchǎng　　　凄凉 qīliáng

崭新 zhǎnxīn　　　　体操 tǐcāo　　　　读书 dúshū　　　　送信儿 sòngxìnr　　农夫 nóngfū

细胞 xìbāo　　　　　污染 wūrǎn　　　　阿姨 āyí　　　　　采访 cǎifǎng　　　星云 xīngyún

梨园 Líyuán　　　　帮手 bāng·shou　　蓬勃 péngbó　　　　率领 shuàilǐng　　再现 zàixiàn

仿效 fǎngxiào　　　爱好 àihào　　　　偶然 ǒurán　　　　嗓子 sǎng·zi　　　钢镚儿 gāngbèngr

盐酸 yánsuān　　　款待 kuǎndài　　　本质 běnzhì　　　　果品 guǒpǐn　　　栏杆 lángān

普遍 pǔbiàn　　　　窗户 chuāng·hu　　使劲 shǐjìn　　　　语言 yǔyán　　　　导线 dǎoxiàn

举止 jǔzhǐ　　　　　子弹 zǐdàn　　　　绕远儿 ràoyuǎnr　　若是 ruòshì　　　往往 wǎngwǎng

虐待 nüèdài　　　　湖泊 húpō　　　　阐述 chǎnshù　　　皎洁 jiǎojié　　　沐浴 mùyù

主编 zhǔbiān　　　童话 tónghuà　　　恰当 qiàdàng　　　刻不容缓 kèbùrónghuǎn

三、选择判断（限时3分钟，共10分）

1. 词语判断：请判断并读出下列各组中的普通话词语。

（1）太阳 tài·yáng　　热头　　　　日头

（2）勿要　　　唔挃　　　不要 bùyào　　唔要　　　唔爱　　　唔好

（3）勿一定　　未必 wèibì　　勿板定　　无定着　　唔一定

（4）蜢仔　　　蚊里　　　蚊子 wén·zi　　夜蚊子　　蚊欶

（5）打啵　　　吻 wěn　　斟喙

（6）淘伴	拍档	同伴 tóngbàn	伴当	同阵个	共阵个
（7）水门汀	水泥 shuǐní	霸灰	乌灰	士敏土	洋泥巴
（8）爷叔	叔叔 shū·shu	阿叔	亚叔		
（9）码子	生做	身材 shēncái	身架子	身材子	
（10）众牲	牲畜 shēngchù	牲牲	头牲		

2. 量词、名词搭配:请搭配并读出下列符合普通话规范的量名短语(例如:一条——鱼)。

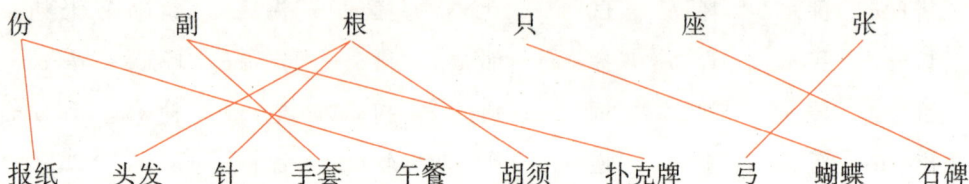

份   副   根   只   座   张

报纸 头发 针 手套 午餐 胡须 扑克牌 弓 蝴蝶 石碑

3. 语序或表达形式判断:请判断并读出下列各组中的普通话语句。

（1）A. 搁黑板上写字。

    B. 跟黑板上写字。

    C. 在黑板上写字。

（2）A. 全班没有比他再聪明的了。

    B. 全班儿没聪明起他。

（3）A. 舅舅早年做过律师。

    B. 舅舅早年有做过律师。

（4）A. 天是没黑?

    B. 天黑没黑?

（5）A. 你能走吗? 能走。

    B. 你走得不? 走得。

四、朗读短文（400 个音节，限时 4 分钟，共 30 分）

作品 45 号

五、命题说话（请在下列话题中任选一个，限时 3 分钟，共 30 分）

1. 我喜爱的艺术形式

2. 我的一天

► 试卷七十五 ◄

一、读单音节字词（100 个音节，限时 3.5 分钟，共 10 分）

扯 chě	按 àn	腹 fù	含 hán	堪 kān	鼎 dǐng	合 hé	广 guǎng	图 tú	依 yī
飞 fēi	巴 bā	池 chí	德 dé	框 kuàng	萌 méng	其 qí	丝 sī	野 yě	弯 wān.
喝 hē/hè	否 fǒu/pǐ	初 chū	渴 kě	部 bù	媒 méi	却 què	优 yōu	味 wèi	杀 shā
白 bái	达 dá	粪 fèn	黑 hēi	裤 kù	握 wò	貌 mào	于 yú	舍 shě/shè	全 quán
多 duō	改 gǎi	并 bìng	积 jī	拦 lán	氖 nǎi	秦 Qín	诗 shī	稀 xī	常 cháng
肝 gān	境 jìng	烙 lào	病 bìng	顿 dùn	遭 zāo	徐 xú	染 rǎn	梳 shū	挠 náo
保 bǎo	待 dāi/dài	浮 fú	九 jiǔ	窄 zhǎi	尼 ní	忍 rěn	瞎 xiā	她 tā	擂 léi/lèi
额 é	滚 gǔn	阵 zhèn	鲤 lǐ	彩 cǎi	溶 róng	谢 xiè	疼 téng	奴 nú	局 jú
支 zhī	浇 jiāo	晾 liàng	错 cuò	而 ér	提 dī/tí	畔 pàn	肉 ròu	压 yā/yà	跪 guì
害 hài	呵 hē	暮 mù	赔 péi	扫 sǎo/sào	偷 tōu	验 yàn	防 fáng	追 zhuī	繁 fán

二、读多音节词语（100 个音节，限时 2.5 分钟，共 20 分）

额角 éjiǎo	津贴 jīntiē	认识 rèn·shi	板栗 bǎnlì	偶尔 ǒu'ěr
色彩 sècǎi	循环 xúnhuán	辅导 fǔdǎo	科学 kēxué	平常 píngcháng
帘子 lián·zi	皑皑 ái'ái	生产 shēngchǎn	一边 yībiān	巷道 hàngdào
状态 zhuàngtài	此起彼伏 cǐqǐ-bǐfú	如此 rúcǐ	毛驴儿 máolúr	外表 wàibiǎo
哪里 nǎ·lǐ	晨曦 chénxī	故宫 gùgōng	香肠儿 xiāngchángr	灵敏 língmǐn
群体 qúntǐ	谈话 tánhuà	在场 zàichǎng	屏息 bǐngxī	嘴巴 zuǐ·ba
笃信 dǔxìn	酵母 jiàomǔ	男人 nánrén	散发 sànfā	无比 wúbǐ
出嫁 chūjià	打嗝儿 dǎgér	画展 huàzhǎn	模拟 mónǐ	周转 zhōuzhuǎn
通常 tōngcháng	强盗 qiángdào	饭馆儿 fànguǎnr	采纳 cǎinà	橄榄 gǎnlǎn
亏损 kuīsǔn	迫害 pòhài	约束 yuēshù	收购 shōugòu	

三、选择判断（限时 3 分钟，共 10 分）

1. 词语判断：请判断并读出下列各组中的普通话词语。

（1）捧尘	涂粉	尘土 chéntǔ	尘	尘灰
（2）唔要紧	么脉个紧要	不要紧 bùyàojǐn	勿要紧	
（3）流些	流时	连忙 liánmáng	撞快	
（4）荡失	荡走	迷失 míshī	搞勿清爽	荡路
（5）无法度	冒办法	没辙 méizhé	呒没办法	么办法

(6) 木师　　　　木匠 mù·jiàng　　斗木佬　　　　整房桶个

(7) 吵亭相　　　滚笑　　　　逗勒　　　　搞得欤个　　　闹着玩儿 nào·zhe wánr

(8) 热和　　　　暖 nuǎn　　　暖热　　　　烧罗　　　　烧暖

(9) 樽　　　　　瓶子 píng·zi　　矸　　　　　罂欤　　　　瓶欤

(10) 路浪　　　　路高头　　　路上 lù·shang　　路顶　　　　路头上

2. 量词、名词搭配：请搭配并读出下列符合普通话规范的量名短语（例如：一条——鱼）。

个　　　　　场（cháng）　　　　滴　　　　　幅　　　　　根　　　　　架

汗水　　人　　盘子　　飞机　　羽毛　　大战　　被面　　冰棍儿　　孩子　　黄瓜

3. 语序或表达形式判断：请判断并读出下列各组中的普通话语句。

(1) A. 你去去购物？

　　 B. 你去不去购物？

(2) A. 这件裙子不跟那件漂亮。

　　 B. 这件裙子不如那件漂亮。

(3) A. 大家出出去。

　　 B. 大家都出去。

(4) A. 他认认真地干完了工作。

　　 B. 他认认真真地干完了工作。

(5) A. 我带得有钱。

　　 B. 我带着钱呢。

四、朗读短文（400 个音节，限时 4 分钟，共 30 分）

作品 29 号

五、命题说话（请在下列话题中任选一个，限时 3 分钟，共 30 分）

1. 网络时代的生活

2. 我喜欢的季节（或天气）

▶ 试卷七十六 ◀

一、读单音节字词（100 个音节，限时 3.5 分钟，共 10 分）

案 àn	充 chōng	反 fǎn	董 dǒng	卡 kǎ/qiǎ	马 mǎ	怕 pà	扰 rǎo	蜕 tuì	孕 yùn
扒 bā/pá	刃 rèn	箭 jiàn	彩 cǎi	粉 fěn	除 chú	迈 mài	判 pàn	轧 yà/zhá	塌 tā
川 chuān	杯 bēi	佛 fó/fú	慌 huāng	扛 káng	目 mù	拍 pāi	曳 yè	翁 wēng	荣 róng
夫 fū	很 hěn	吹 chuī	洼 wā	某 mǒu	棵 kē	笨 bèn	伊 yī	仨 sā	坡 pō
大 dà/dài	钙 gài	基 jī	鼻 bí	果 guǒ	明 míng	批 pī	涩 sè	畏 wèi	赞 zàn
赶 gǎn	军 jūn	蜡 là/zhà	仄 zè	边 biān	涡 Guō/wō	带 dài	奇 jī/qí	筛 shāi	那 Nā/nà
菜 cài	都 dōu/dū	高 gāo	静 jìng	踪 zōng	计 jì	铅 qiān	申 shēn	夕 xī	来 lái
贞 zhēn	利 lì	吮 shǔn	乃 nǎi	敲 qiāo	克 kè	残 cán	对 duì	各 gè	讲 jiǎng
仅 jǐn	丢 diū	愣 lèng	却 què	额 é	能 néng	楔 xiē	草 cǎo	脂 zhī	光 guāng
缕 lǚ	女 nǚ	穷 qióng	何 hé	社 shè	臣 chén	撰 zhuàn	货 huò	究 jiū	饿 è

二、读多音节词语（100 个音节，限时 2.5 分钟，共 20 分）

额头 é·tóu	摈弃 bìnqì	廉价 liánjià	刀把儿 dāobàr	确实 quèshí
山地 shāndì	掩护 yǎnhù	你们 nǐ·men	遨游 áoyóu	揣摩 chuǎimó
蝗虫 huángchóng	偶然 ǒurán	丧失 sàngshī	微生物 wēishēngwù	采伐 cǎifá
否决 fǒujué	名牌儿 míngpáir	路线 lùxiàn	期待 qīdài	倘若 tǎngruò
赞成 zànchéng	导语 dǎoyǔ	机器人 jī·qìrén	姐姐 jiě·jie	暗自 ànzì
平凡 píngfán	扫荡 sǎodàng	系统 xìtǒng	海口 hǎikǒu	嘱咐 zhǔ·fù
任何 rènhé	歪曲 wāiqū	初恋 chūliàn	药方儿 yàofāngr	凝视 níngshì
斑驳 bānbó	果子 guǒ·zi	稿纸 gǎozhǐ	扩张 kuòzhāng	盼望 pànwàng
效应 xiàoyìng	石油 shíyóu	飞碟 fēidié	码头 mǎ·tóu	枝条 zhītiáo
提倡 tíchàng	快板儿 kuàibǎnr	策动 cèdòng	融合 rónghé	

三、选择判断（限时 3 分钟，共 10 分）

1. 词语判断：请判断并读出下列各组中的普通话词语。

（1）打震	抖震	发抖 fādǒu	打嗦	打抖	
（2）勿可以	勿好	无好	不宜 bùyí	唔做得	唔得
（3）来三	能干 nénggàn	呖	叻		
（4）阿婆	婆阿妈	婆婆 pó·po	家娘	家婆	
（5）婶妈	阿妗	婶子 shěn·zi	阿婶	叔姆	叔姆欸

(6) **头脑** tóunǎo　　头脑子　　　脑屎

(7) 嚠闪　　　薛那　　　**闪电** shǎndiàn　　现霍　　　扯闪　　　火蛇欻

(8) 唔记得　　　**忘记** wàngjì　　丢巴　　　添忘

(9) 勿重视　　　看无　　　**轻视** qīngshì　　看勿起　　　睇唔起

(10) 那亲像　　　**似乎** sìhū　　像煞　　　似如

2. 量词、名词搭配:请搭配并读出下列符合普通话规范的量名短语(例如:一条——鱼)。

块　　　　个　　　　顶　　　　片　　　　双　　　　对

夫妻　　瓶子　　肉　　梨　　桃儿　　恋人　　耳朵　　手表　　眼睛　　帽子

3. 语序或表达形式判断:请判断并读出下列各组中的普通话语句。

(1) A. 哥哥看孩子的哩。

　　B. 哥哥看孩子的嘞。

　　C. 哥哥看孩子呢。

(2) **A. 注意,少吸点烟对身体有好处。**

　　B. 注意,吸少点烟对身体有好处。

(3) A. 电影儿实好看?

　　B. 电影好看不好看?

(4) A. 我们走不倒啰。

　　B. 我们走不了啦。

(5) A. 不着大哥搀着我,我就磕儿那去了。

　　B. 如果不是因为大哥搀着我,我就跌倒在那儿了。

四、朗读短文(400 个音节,限时 4 分钟,共 30 分)

作品 1 号

五、命题说话(请在下列话题中任选一个,限时 3 分钟,共 30 分)

1. 谈服饰

2. 如何保持良好的心态

▶ 试卷七十七 ◀

一、读单音节字词（100 个音节，限时 3.5 分钟，共 10 分）

纯 chún　暗 àn　恩 ēn　恒 héng　抗 kàng　谋 móu　卧 wò　绒 róng　妥 tuǒ　肢 zhī

拔 bá　栋 dòng　评 píng　富 fù　逊 xùn　柔 róu　刑 xíng　摸 mō　考 kǎo　屯 tún

撑 chēng　否 fǒu/pǐ　比 bǐ　褪 tuì/tùn　颗 kē　名 míng　弧 hú　票 piào　悦 yuè　汝 rǔ

丰 fēng　话 huà　边 biān　窜 cuàn　跨 kuà　偏 piān　灭 miè　卅 sà　艇 tǐng　忧 yōu

雌 cí　别 bié/biè　放 fàng　激 jī　赖 lài　腮 sāi　暖 nuǎn　夷 yí　瓮 wèng　骑 qí

袋 dài　官 guān　借 jiè　步 bù　乌 wū/wù　兰 lán　怒 nù　前 qián　撕 sī　佐 zuǒ

拐 guǎi　斤 jīn　浪 làng　遵 zūn　确 què　杉 shā/shān　瘟 wēn　册 cè　捐 juān　农 nóng

均 jūn　束 shù　疼 téng　扭 niǔ　枉 wǎng　层 céng　舜 Shùn　到 dào　刮 guā　捞 lāo

谷 gǔ　插 chā　德 dé　梨 lí　您 nín　骤 zhòu　求 qiú　爽 shuǎng　兮 xī　首 shǒu

木 mù　断 duàn　帅 shuài　匣 xiá　榨 zhà　砍 kǎn　谱 pǔ　拆 chāi　扰 rǎo　微 wēi

二、读多音节词语（100 个音节，限时 2.5 分钟，共 20 分）

显然 xiǎnrán　　兵力 bīnglì　　蓬乱 péngluàn　　靠山 kàoshān　　水蒸气 shuǐzhēngqì

脑瓜儿 nǎoguār　数据 shùjù　　座位 zuò·wèi　　厚道 hòu·dao　　灌木 guànmù

史学 shǐxué　　炮制 páozhì　　剧院 jùyuàn　　低温 dīwēn　　只有 zhǐyǒu

掉价儿 diàojiàr　同学 tóngxué　　趣味 qùwèi　　常规 chángguī　　吼声 hǒushēng

踉跄 liàngqiàng　允许 yǔnxǔ　　所谓 suǒwèi　　挫折 cuòzhé　　小辫儿 xiǎobiànr

笼统 lǒngtǒng　缝隙 fèngxì　　签订 qiāndìng　　苗条 miáo·tiao　遵循 zūnxún

温度计 wēndùjì　狡猾 jiǎohuá　　忍耐 rěnnài　　袅袅 niǎoniǎo　船舶 chuánbó

鼻梁儿 bíliángr　野蛮 yěmán　　岁月 suìyuè　　殴打 ōudǎ　　扣押 kòuyā

番茄 fānqié　　不必 bùbì　　外贸 wàimào　　入侵 rùqīn　　挑剔 tiāo·ti

作战 zuòzhàn　　美满 měimǎn　　此后 cǐhòu　　哽咽 gěngyè

三、选择判断（限时 3 分钟，共 10 分）

1. 词语判断：请判断并读出下列各组中的普通话词语。

（1）抖颤　　打抖　　打嗦　　颤抖 chàndǒu

（2）歹运　　不幸 búxìng　　衰　　唔好彩

（3）哀点　　哀眼　　那些 nàxiē　　许其　　许些

（4）一步仔久　瞬间 shùnjiān　一阵间　一转背

（5）阿母　　娘老子　　妈妈 mā·ma　　姆妈　　阿嬷　　阿姆

(6) 枪篱笆　　　篱笆 lí·ba　　　笯篱

(7) 连牢仔　　　相世　　　连续 liánxù　　　连等

(8) 老伙仔　　　老倌子　　　老汉 lǎohàn　　　老阿公　　　老阿伯

(9) 粪扫　　　垃圾 lājī　　　屑里　　　屑子

(10) 连牢几年　　　几落年　　　连年 liánnián　　　连等几年

2. 量词、名词搭配:请搭配并读出下列符合普通话规范的量名短语(例如:一条——鱼)。

道　　　根　　　座　　　家　　　副　　　份

公司　　　闪电　　　香蕉　　　伤痕　　　油条　　　山　　　岛屿　　　围棋　　　城市　　　文件

3. 语序或表达形式判断:请判断并读出下列各组中的普通话语句。

(1) A. 起这儿出发。

　　B. 走这儿出发。

　　C. 从这儿出发。

(2) A. 这部小说不好看过那部。

　　B. 这部小说不好看起那部。

　　C. 这部小说不比那部好看。

(3) A. 妹妹只吃得倒半碗饭。

　　B. 妹妹只吃得了半碗饭。

(4) A. 有一窝鸡都让狐子给吃了。

　　B. 有一窝鸡都让狐的吃了。

　　C. 有一窝鸡都让狐狸吃了。

(5) A. 那是个日能人,要一套有一套。

　　B. 那是个能人,要一套有一套。

四、朗读短文 (400 个音节,限时 4 分钟,共 30 分)

作品 15 号

五、命题说话 (请在下列话题中任选一个,限时 3 分钟,共 30 分)

1. 我了解的十二生肖

2. 对美的看法

试卷七十八

一、读单音节字词（100 个音节，限时 3.5 分钟，共 10 分）

左 zuǒ	叶 xié/yè	温 wēn	晒 shài	娶 qǔ	娘 niáng	卵 luǎn	及 jí	辅 fǔ	蹭 cèng
拥 yōng	醉 zuì	刘 Liú	逆 nì	无 wú	穷 qióng	闪 shǎn	憨 hān	铲 chǎn	阀 fá
塔 tǎ	族 zú	予 yú/yǔ	婶 shěn	旗 qí	亩 mǔ	陡 dǒu	衬 chèn	愤 fèn	徽 huī
施 shī	排 pái	模 mó/mú	锄 chú	骇 hài	腭 è	纵 zòng	元 yuán	碳 tàn	炕 kàng
眨 zhǎ	穴 xué	讨 tǎo	性 xìng	判 pàn	宠 chǒng	口 kǒu	鹤 hè	凤 fèng	明 míng
锡 xī	天 tiān	认 rèn	抛 pāo	骂 mà	宽 kuān	遮 zhē	簧 huáng	旦 dàn	钵 bō
吐 tǔ/tù	若 ruò	憋 biē	批 pī	盗 dào	君 jūn	赣 Gàn	置 zhì	熊 xióng	破 pò
缩 sù/suō	毙 bì	绝 jué	盆 pén	络 lào/luò	嫡 dí	想 xiǎng	葛 gé/Gě	盏 zhǎn	入 rù
皆 jiē	完 wán	髓 suǐ	缺 quē	艺 yì	轮 lún	酒 jiǔ	庚 gēng	滇 Diān	碍 ài
仪 yí	界 jiè	轨 guǐ	位 wèi	权 quán	究 jiū	捏 niē	略 lüè	苍 cāng	酸 suān

二、读多音节词语（100 个音节，限时 2.5 分钟，共 20 分）

捕捉 bǔzhuō	芝麻 zhī·ma	斧头 fǔ·tóu	经纪人 jīngjìrén	那里 nà·lǐ
仍旧 réngjiù	完善 wánshàn	一块儿 yīkuàir	凑近 còujìn	公婆 gōngpó
老年 lǎonián	新颖 xīnyǐng	搜集 sōují	片刻 piànkè	讲解 jiǎngjiě
额外 éwài	照耀 zhàoyào	面貌 miànmào	企图 qǐtú	满足 mǎnzú
烟卷儿 yānjuǎnr	存折 cúnzhé	鬼脸 guǐliǎn	夸张 kuāzhāng	灯笼 dēng·long
呕吐 ǒutù	私人 sīrén	旋律 xuánlǜ	谎言 huǎngyán	水流 shuǐliú
茶馆儿 cháguǎnr	拍摄 pāishè	莲子 liánzǐ	赤诚 chìchéng	钻研 zuānyán
兔子 tù·zi	包装 bāozhuāng	宁静 níngjìng	丰腴 fēngyú	开支 kāizhī
卫生 wèishēng	荣誉 róngyù	斗笠 dǒulì	和声 héshēng	走向 zǒuxiàng
清晨 qīngchén	蛋黄儿 dànhuángr	神秘 shénmì	太阳能 tàiyángnéng	

三、选择判断（限时 3 分钟，共 10 分）

1. 词语判断：请判断并读出下列各组中的普通话词语。

（1）争嘴　　　相骂　　　嗌交　　　吵嘴 chǎozuǐ　　吵喙

（2）唔得　　　不行 bùxíng　　勿可以　　唔做得

（3）清采　　　是但　　　随便 suíbiàn　　求其

（4）男个　　　男人家　　男人 nánrén　　大夫依　　　男仔

（5）舍勿得　　唔舍得　　唔办得　　舍不得 shě·bu·de

(6) 拳头母　　　拳头 quán·tóu　　拳头古

(7) 一歇歇　　　一步仔久　　片刻 piànkè　　一阵间　　　一下欸

(8) 耕田佬　　　农民 nóngmín　　作塍侬　　作田的　　　耕田蛇

(9) 咁样　　　　许样　　　那样 nàyàng　　哀能　　　哀能介

(10) 明旦日　　　听日　　　明天 míngtiān　　明朝子　　明日子　　　晨朝日

2. 量词、名词搭配：请搭配并读出下列符合普通话规范的量名短语（例如：一条——鱼）。

台　　　条　　　盘　　　节　　　颗　　　份

话剧　游艇　杂志　蛇　演出　鱼　磁带　电池　宝石　工作

3. 语序或表达形式判断：请判断并读出下列各组中的普通话语句。

(1) A. 她上美丽。

B. 她好好美丽。

C. 她非常美丽。

(2) A. 二个人的世界。

B. 两个人的世界。

(3) A. 你去南走，我去北走。

B. 你往南走，我往北走。

(4) A. 我们去问他。

B. 我们去问他来。

(5) A. 小猫跑得比蚂蚁快。

B. 小猫跑快蚂蚁。

四、朗读短文（400个音节，限时4分钟，共30分）

作品15号

五、命题说话（请在下列话题中任选一个，限时3分钟，共30分）

1. 难忘的旅行

2. 劳动的体会

▶ 试卷七十九 ◀

一、读单音节字词（100个音节，限时3.5分钟，共10分）

庵 ān	痘 dòu	纺 fǎng	荒 huāng	口 kǒu	膜 mó	盘 pán	炕 kàng	铁 tiě	宜 yí
瓷 cí	傲 ào	品 pǐn	思 sī	焚 fén	啃 kěn	鸣 míng	耗 hào	鱼 yú	痛 tòng
播 bō	摧 cuī	疯 fēng	寒 hán	块 kuài	庙 miào	捧 pěng	尤 yóu	未 wèi	松 sōng
荡 dàng	敝 bì	俯 fǔ	后 hòu	捆 kǔn	氯 lǜ	愿 yuàn	僧 sēng	玩 wán	起 qǐ
缸 gāng	级 jí	膘 biāo	蒂 dì	乐 lè/yuè	纳 nà	泉 quán	湿 shī	望 wàng	葬 zàng
菌 jūn/jùn	栏 lán	债 zhài	青 qīng	泵 bèng	颠 diān	篙 gāo	生 shēng	围 wéi	脓 nóng
镇 zhèn	鸟 niǎo	钱 qián	疏 shū	榜 bǎng	叼 diāo	柜 guì/jǔ	决 jué	习 xí	犁 lí
心 xīn	岔 chà	锻 duàn	三 sān	滞 zhì	税 shuì	素 sù	受 shòu	拴 shuān	尖 jiān
馋 chán	饵 ěr	走 zǒu	脚 jiǎo	髓 suǐ	拟 nǐ	弱 ruò	踏 tā/tà	胸 xiōng	羹 gēng
溶 róng	弹 dàn/tán	闲 xián	辰 chén	资 zī	或 huò	咳 hāi/ké	母 mǔ	牌 pái	筏 fá

二、读多音节词语（100个音节，限时2.5分钟，共20分）

玫瑰 méi·gui	棕榈 zōnglǘ	挖潜 wāqián	如同 rútóng	女性 nǚxìng
渴望 kěwàng	底层 dǐcéng	血浆 xuèjiāng	宿营 sùyíng	钢镚儿 gāngbèngr
庞大 pángdà	粉碎 fěnsuì	管辖 guǎnxiá	不堪 bùkān	刀背儿 dāobèir
樱花 yīnghuā	探询 tànxún	缺陷 quēxiàn	措施 cuòshī	活跃 huóyuè
烦恼 fánnǎo	椭圆 tuǒyuán	偶像 ǒuxiàng	弥补 míbǔ	朝廷 cháotíng
张罗 zhāng·luo	主旨 zhǔzhǐ	教学 jiāoxué/jiàoxué	边缘 biānyuán	平时 píngshí
昆虫 kūnchóng	恶劣 èliè	半截儿 bànjiér	许诺 xǔnuò	始祖 shǐzǔ
奏鸣曲 zòumíngqǔ	委婉 wěiwǎn	人生 rénshēng	哨子 shào·zi	想象力 xiǎngxiànglì
静脉 jìngmài	穿着 chuānzhuó	勇猛 yǒngměng	琐碎 suǒsuì	操纵 cāozòng
老本儿 lǎoběnr	后期 hòuqī	领域 lǐngyù	全体 quántǐ	

三、选择判断（限时3分钟，共10分）

1. 词语判断：请判断并读出下列各组中的普通话词语。

(1)莳秧	摆散	播田	插秧 chāyāng	栽禾	插田
(2)无想	唔想	不想 bùxiǎng	呒没想到	么想倒	
(3)日脚	日子 rì·zi	日欻			
(4)脸都里	腮巴子	腮 sāi	蛤腮	喙角	
(5)做生意个	商人 shāngrén	生理侬	生意佬	商家佬	

（6）生毛病   破病   **生病** shēngbìng   唔舒服   病咗

（7）台型   **时髦** shímáo   行时

（8）说勿定   讲勿定   讲唔定   话不定   **说不定** shuō·budìng

（9）索介   归气   **索性** suǒxìng   以莫   左莫   巡经

（10）阶沿石   踏栈   **台阶** táijiē   阶沿   踏步子   阶基

2. 量词、名词搭配：请搭配并读出下列符合普通话规范的量名短语（例如：一条——鱼）。

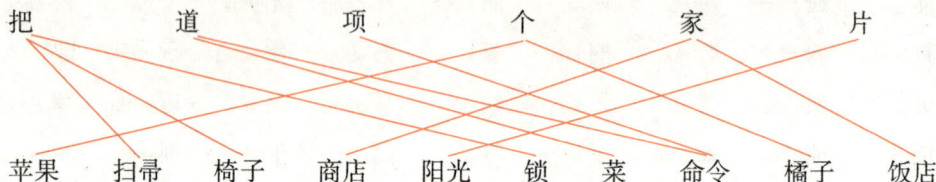

把   道   项   个   家   片

苹果   扫帚   椅子   商店   阳光   锁   菜   命令   橘子   饭店

3. 语序或表达形式判断：请判断并读出下列各组中的普通话语句。

（1）A. 打车快过走路。

    B. 打车比走路快。

（2）A. 把课本把他。

    B. 把课本把给他。

    C. 把课本给他。

（3）A. 这只小猫雪雪白的。

    B. 这只小猫雪白雪白的。

    C. 这只小猫雪白白的。

（4）**A. 他可会哄人呢。**

    B. 他可会日哄人哩。

（5）A. 这粮食有千三公斤。

    B. 这粮食有一千三百公斤。

四、朗读短文（400 个音节，限时 4 分钟，共 30 分）

作品 30 号

五、命题说话（请在下列话题中任选一个，限时 3 分钟，共 30 分）

1. 生活中的诚信

2. 对亲情（或友情、爱情）的理解

试卷八十

一、读单音节字词（100 个音节，限时 3.5 分钟，共 10 分）

极 jí	龙 lóng	命 mìng	拳 quán	宋 Sòng	涡 Guō/wō	姨 yí	触 chù	灼 zhuó	份 fèn
罢 bà	党 dǎng	告 gào	捐 juān	露 lòu/lù	钠 nà	渠 qú	刹 chà/shā	湾 wān	舀 yǎo
督 dū	波 bō	麝 shè	琴 qín	留 liú	裹 guǒ	居 jū	浓 nóng	渊 yuān	巫 wū
方 fāng	灰 huī	孔 kǒng	蔗 zhè	脾 pí	日 rì	贪 tān	旬 xún	村 cūn	冒 mào
惯 guàn	丙 bǐng	敌 dí	进 jìn	萌 méng	临 lín	拭 shì	嫩 nèn	昔 xī	凿 záo
奖 jiǎng	列 liè	泥 ní/nì	软 ruǎn	憎 zēng	叙 xù	别 bié/biè	爹 diē	顾 gù	蜀 Shǔ
可 kě/kè	摩 mā/mó	扑 pū	渍 zì	朵 duǒ	工 gōng	驼 tuó	峡 xiá	蹦 bèng	扔 rēng
撰 zhuàn	阔 kuò	斯 sī	免 miǎn	气 qì	呈 chéng	奉 fèng	瓮 wèng	延 yán	河 hé
此 cǐ	儿 ér	壶 hú	坑 kēng	慢 màn	卒 cù/zú	熔 róng	泰 tài	薪 xīn	贫 pín
火 huǒ	诊 zhěn	弃 qì	攀 pān	民 mín	啼 tí	晓 xiǎo	缠 chán	赋 fù	筐 kuāng

二、读多音节词语（100 个音节，限时 2.5 分钟，共 20 分）

镜子 jìng·zi	阻挡 zǔdǎng	窝头 wōtóu	让步 ràngbù	那样 nàyàng
洪水 hóngshuǐ	从事 cóngshì	左面 zuǒmiàn	萝卜 luó·bo	软弱 ruǎnruò
忙碌 mánglù	伟人 wěirén	磁铁 cítiě	化学 huàxué	土产 tǔchǎn
痊愈 quányù	岁数 suì·shu	指点 zhǐdiǎn	惩罚 chéngfá	官僚 guānliáo
蜜蜂 mìfēng	樟脑 zhāngnǎo	旦角儿 dànjuér	田埂 tiángěng	跟随 gēnsuí
崇拜 chóngbài	理想 lǐxiǎng	清真寺 qīngzhēnsì	雨伞 yǔsǎn	手软 shǒuruǎn
撇开 piē·kāi	跑腿儿 pǎotuǐr	苦恼 kǔnǎo	疯狂 fēngkuáng	奥秘 àomì
思忖 sīcǔn	啤酒 píjiǔ	控制 kòngzhì	法令 fǎlìng	打盹儿 dǎdǔnr
研究生 yánjiūshēng	比如 bǐrú	响亮 xiǎngliàng	表彰 biǎozhāng	内在 nèizài
驾驶 jiàshǐ	顶点 dǐngdiǎn	小瓮儿 xiǎowèngr	树苗 shùmiáo	

三、选择判断（限时 3 分钟，共 10 分）

1. 词语判断：请判断并读出下列各组中的普通话词语。

(1) 罚咒　　咒誓　　发誓 fāshì　　发誓言

(2) 勿一样　　无同　　不同 bùtóng　　唔同

(3) 蜀世侬　　一生 yīshēng　　一生人

(4) 幼囝　　细囝　　幼儿 yòu'ér　　小小囡　　细佬哥　　细人子

(5) 徛　　站 zhàn　　企

(6)呢处	个里	咯里	这儿 zhèr	个搭	迭搭块
(7)到今	至今 zhìjīn	到难	遭今		
(8)结蛛	蜘蛛 zhīzhū	决蛛子	蜘蛛子	蝲蛸	
(9)做侬客	去食酒	做客 zuòkè	做人客	去人家个欸	
(10)吊颈鬼里	蜻蜓 qīngtíng	田婴	旸咩咩	摌你欸	

2. 量词、名词搭配:请搭配并读出下列符合普通话规范的量名短语(例如:一条——鱼)。

台　　支　　条　　个　　只　　道

医疗设备　西红柿　筷子　香　道路　鸟　节目　梨　山脉　猴子

3. 语序或表达形式判断:请判断并读出下列各组中的普通话语句。

(1) A. 一天强起一天。
B. 一天更比一天好。

(2) A. 小丽今年二一岁。
B. 小丽今年二十一岁。

(3) A. 开了一圪朵栀子花。
B. 开了一朵栀子花。

(4) A. 天边的晚霞红得极。
B. 天边的晚霞红极。
C. 天边的晚霞很红。

(5) A. 这件事我晓不得。
B. 这件事我知不道。
C. 这件事我不知道。

四、朗读短文(400个音节,限时4分钟,共30分)

作品4号

五、命题说话(请在下列话题中任选一个,限时3分钟,共30分)

1. 对幸福的理解
2. 我的一天

▶ 试卷八十一 ◀

一、读单音节字词（100 个音节，限时 3.5 分钟，共 10 分）

赌 dǔ	腋 yè	名 míng	砷 shēn	派 pài	帽 mào	菌 jūn/jùn	盖 gài	跌 diē	柴 chái
忆 yì	攥 zuàn	即 jí	谜 mí	宫 gōng	吞 tūn	潘 Pān	涮 shuàn	唱 chàng	定 dìng
迅 xùn	钛 tài	揍 zòu	辱 rǔ	旁 páng	蓝 lán	导 dǎo	局 jú	农 nóng	拐 guǎi
梯 tī	软 ruǎn	跑 páo/pǎo	兹 zī	悉 xī	敬 jìng	副 fù	礼 lǐ	逗 dòu	爸 bà
嗓 sǎng	仍 réng	奶 nǎi	烛 zhú	秀 xiù	泪 lèi	般 bān	犯 fàn	粗 cū	喊 hǎn
劝 quàn	牛 niú	不 bù	合 hé	飞 fēi	次 cì	闸 zhá	续 xù	涩 sè	拢 lǒng
翁 wēng	祀 sì	区 Ōu/qū	风 fēng	棒 bàng	克 kè	胡 hú	测 cè	褶 zhě	念 niàn
保 bǎo	您 nín	炕 kàng	耸 sǒng	攀 pān	而 ér	存 cún	执 zhí	毋 wú	弃 qì
阅 yuè	袜 wà	臂 bì	潜 qián	脉 mài/mò	哭 kū	国 guó	夺 duó	蚕 cán	衫 shān
驴 lú	秋 qiū	戴 dài	狂 kuáng	硅 guī	磨 mó/mò	查 chá	焉 yān	辈 bèi	妄 wàng

二、读多音节词语（100 个音节，限时 2.5 分钟，共 20 分）

董事 dǒngshì	针鼻儿 zhēnbír	涣散 huànsàn	秩序 zhìxù	热爱 rè'ài
违反 wéifǎn	纳入 nàrù	棒子 bàng·zi	凡人 fánrén	可以 kěyǐ
笔迹 bǐjì	平行 píngxíng	所属 suǒshǔ	享有 xiǎngyǒu	草率 cǎoshuài
打听 dǎ·ting	肤浅 fūqiǎn	扩张 kuòzhāng	炮弹 pàodàn	山峰 shānfēng
原子核 yuánzǐhé	厄运 èyùn	政治 zhèngzhì	难受 nánshòu	色彩 sècǎi
有劲儿 yǒujìnr	侮辱 wǔrǔ	近郊 jìnjiāo	鼓掌 gǔzhǎng	两岸 liǎng'àn
吓唬 xià·hu	齿龈 chǐyín	全身 quánshēn	原始 yuánshǐ	申请 shēnqǐng
瓜子儿 guāzǐr	娼妓 chāngjì	棘手 jíshǒu	轮流 lúnliú	前后 qiánhòu
太阳系 tàiyángxì	增添 zēngtiān	获悉 huòxī	丛林 cónglín	墨汁儿 mòzhīr
勉强 miǎnqiǎng	作战 zuòzhàn	土壤 tǔrǎng	如下 rúxià	

三、选择判断（限时 3 分钟，共 10 分）

1. 词语判断：请判断并读出下列各组中的普通话词语。

（1）付钞票	畀钱	付款 fùkuǎn	把钱	
（2）勿停	无停	不停 bùtíng	么停	
（3）豁闪	闪 shǎn	曤		
（4）恐防	惊	生怕 shēngpà	常怕	惊住	惊怕
（5）册包	书包 shūbāo	册袋	书包袋子	

(6) 各到各处　　四界　　**四处 sìchù**　　四路里　　认滚

(7) 觇起脑壳　　**抬头 táitóu**　　担起头来

(8) 平岁　　细个时　　**同年 tóngnián**　　老同　　老庚

(9) 蟹子　　**蟹 xiè**　　老蟹

(10) 暝时　　夜晚黑　　**夜间 yèjiān**　　夜里向　　夜到头　　夜到

2. 量词、名词搭配：请搭配并读出下列符合普通话规范的量名短语（例如：一条——鱼）。

棵　　　颗　　　口　　　块　　　粒　　　辆

摩托车　白菜　树　糖　大锅　宝石　大缸　蛋糕　子弹　橡皮

3. 语序或表达形式判断：请判断并读出下列各组中的普通话语句。

(1) A. 你吃一碗添。

　　B. 你再吃一碗。

(2) A. 请你喝多两杯。

　　B. 请你多喝两杯。

(3) A. 这烤鸡几香啊。

　　B. 这烤鸡老香。

　　C. 这烤鸡真香。

(4) A. 不溅了一地水。

　　B. 溅了一地水。

(5) A. 我有百一八块钱。

　　B. 我有一百一十八块钱。

四、朗读短文（400 个音节，限时 4 分钟，共 30 分）

作品 17 号

五、命题说话（请在下列话题中任选一个，限时 3 分钟，共 30 分）

1. 我欣赏的历史人物

2. 我的理想（或愿望）

▶ 试卷八十二 ◀

一、读单音节字词（100 个音节，限时 3.5 分钟，共 10 分）

蚶 hān	赵 Zhào	睹 dǔ	凝 níng	球 qiú	顺 shùn	泄 xiè	蛇 shé	商 shāng	刻 kè
赚 zhuàn	浑 hún	阔 kuò	蛮 mán	篇 piān	惹 rě	沈 Shěn	脆 cuì	移 yí	纺 fǎng
黯 àn	葱 cōng	抚 fǔ	悔 huǐ	捆 kǔn	每 měi	配 pèi	如 rú	岁 suì	鱼 yú
皆 jiē	史 shǐ	子 zǐ	潜 qián	似 shì/sì	下 xià	扳 bān	怎 zěn	轨 guǐ	拟 nǐ
慈 cí	奥 ào	彭 Péng	脑 nǎo	由 yóu	逢 féng	欢 huān	卡 kǎ/qiǎ	门 mén	万 wàn
档 dàng	辟 bì/pì	埂 gěng	举 jǔ	牢 láo	肉 ròu	则 zé	退 tuì	席 xí	曲 qū/qǔ
驳 bó	审 shěn	急 jí	戳 chuō	李 lǐ	米 mǐ	皮 pí	压 yā/yà	王 wáng	日 rì
糕 gāo	嫁 jià	烂 làn	耐 nài	砌 qì	虽 suī	吾 wú	瘪 biě	丞 chéng	灶 zào
刹 chà/shā	缔 dì	氦 hài	今 jīn	战 zhàn	蟹 xiè	捏 niē	旺 wàng	勤 qín	律 lǜ
饵 ěr	只 zhǐ/zhī	苦 kǔ	卖 mài	品 pǐn	青 qīng	砂 shā	许 xǔ	皴 cūn	伙 huǒ

二、读多音节词语（100 个音节，限时 2.5 分钟，共 20 分）

柿子 shì·zi	保管 bǎoguǎn	电荷 diànhè	卡片 kǎpiàn	普查 pǔchá
唆使 suōshǐ	阅读 yuèdú	本领 běnlǐng	转悠 zhuàn·you	仿佛 fǎngfú
可取 kěqǔ	千古 qiāngǔ	态度 tài·dù	赞成 zànchéng	比例尺 bǐlìchǐ
发掘 fājué	确证 quèzhèng	小气 xiǎo·qi	嶙峋 línxún	姿势 zīshì
退化 tuìhuà	措施 cuòshī	花瓶儿 huāpíngr	感慨 gǎnkǎi	占有 zhànyǒu
楼阁 lóugé	污染 wūrǎn	锐利 ruìlì	毛驴儿 máolǘr	差别 chābié
文件 wénjiàn	追逐 zhuīzhú	饶恕 ráoshù	共鸣 gòngmíng	闹钟 nàozhōng
暗中 ànzhōng	奈何 nàihé	合群儿 héqúnr	纯粹 chúncuì	色泽 sèzé
选手 xuǎnshǒu	基本功 jīběngōng	等候 děnghòu	脚趾 jiǎozhǐ	杀戮 shālù
爬行 páxíng	模特儿 mótèr	羊毛 yángmáo	爱护 àihù	

三、选择判断（限时 3 分钟，共 10 分）

1. 词语判断：请判断并读出下列各组中的普通话词语。

(1) 做生活   作鬼   干活儿 gànhuór   做细

(2) 勿像闲话   无亲像款   唔似样   不庄相   不像话 bùxiànghuà

(3) 马达仔   马达仔的   警察 jǐngchá   差佬   差哥伯

(4) 袋袋   口袋 kǒu·dai   袋仔   袋欶   鸭嫲袋

(5) 累 lèi   瘤   瘶

（6）目眉毛　　　眉 méi　　　目眉

（7）暖热　　　烧罗　　　暖和 nuǎn·huo　　　热和　　　烧暖

（8）起去　　　起来 qǐ·lái　　　起嗦

（9）将好　　　刚合　　　恰好 qiàhǎo　　　堵好　　　啱好

（10）唔句　　　然而 rán'ér　　　但系

2. 量词、名词搭配：请搭配并读出下列符合普通话规范的量名短语（例如：一条——鱼）。

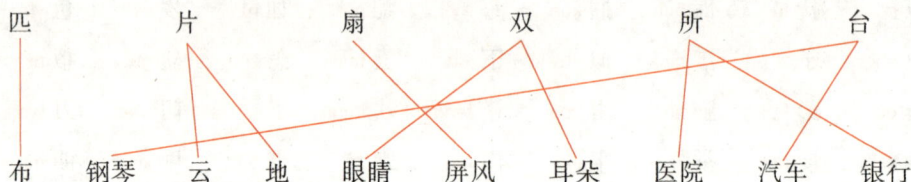

匹　　　片　　　扇　　　双　　　所　　　台

布　钢琴　云　地　眼睛　屏风　耳朵　医院　汽车　银行

3. 语序或表达形式判断：请判断并读出下列各组中的普通话语句。

（1）A. 多用一点时间来陪孩子。

　　B. 用多一点时间来陪孩子。

（2）A. 手机掉撂地上了。

　　B. 手机掉咧地上了。

　　C. 手机掉在地上了。

（3）A. 说起话来没个完。

　　B. 说话起来没个完。

（4）A. 你去不去逛街？

　　B. 你去去逛街？

（5）A. 先坐下，你别慌咻。

　　B. 先坐下，你别慌嘛。

　　C. 先坐下，你不慌着。

四、朗读短文（400个音节，限时4分钟，共30分）

作品10号

五、命题说话（请在下列话题中任选一个，限时3分钟，共30分）

1. 对终身学习的看法

2. 珍贵的礼物

▶ 试卷八十三 ◀

一、读单音节字词（100 个音节，限时 3.5 分钟，共 10 分）

澳 ào	醋 cù	讽 fěng	壑 hè	狼 láng	秒 miǎo	驱 qū	速 sù	吴 Wú	遗 yí
镀 dù	掰 bāi	杠 gàng	集 jí	砌 qì	闪 shǎn	老 lǎo	暖 nuǎn	渔 yú	卫 wèi
镐 gǎo	结 jiē/jié	帛 bó	啐 cuì	里 lǐ	旁 páng	犹 yóu	亡 wáng	轻 qīng	射 shè
颠 diān	耿 gěng	鬓 bìn	巨 jù	神 shén	连 lián	温 wēn	娘 niáng	瑞 ruì	紫 zǐ
规 guī	竟 jìng	灵 líng	凝 níng	总 zǒng	石 dàn/shí	洗 xǐ/Xiǎn	碧 bì	貂 diāo	柔 róu
蒋 Jiǎng	路 lù	嘴 zuǐ	韧 rèn	探 tàn	写 xiě	爆 bào	剁 duò	寡 guǎ	披 pī
蝉 chán	兑 duì	骇 hài	客 kè	张 zhāng	票 piào	润 rùn	徒 tú	县 xiàn	末 mò
函 hán	找 zhǎo	棚 péng	迈 mài	胚 pēi	题 tí	橙 chéng	蝶 dié	僧 sēng	困 kùn
妃 fēi	醇 chún	序 xù	汁 zhī	狂 kuáng	密 mì	陪 péi	死 sǐ	添 tiān	汇 huì
珠 zhū	豁 huō/huò	坑 kēng	美 měi	器 qì	筹 chóu	隋 Suí	挽 wǎn	押 yā	甫 fǔ

二、读多音节词语（100 个音节，限时 2.5 分钟，共 20 分）

懊丧 àosàng	姐夫 jiě·fu	抵挡 dǐdǎng	开关 kāiguān	内涵 nèihán
私营 sīyíng	延续 yánxù	篝火 gōuhuǒ	小熊儿 xiǎoxióngr	错位 cuòwèi
征收 zhēngshōu	汽油 qìyóu	铁路 tiělù	秘书 mìshū	尾巴 wěi·ba
变压器 biànyāqì	场景 chǎngjǐng	金融 jīnróng	农田 nóngtián	人物 rénwù
血液 xuèyè	中枢 zhōngshū	名义 míngyì	溶解 róngjiě	心底 xīndǐ
红包儿 hóngbāor	产销 chǎnxiāo	红晕 hóngyùn	把持 bǎchí	碉堡 diāobǎo
分寸 fēn·cun	可爱 kě'ài	佩服 pèi·fú	迎接 yíngjiē	食盐 shíyán
碎步儿 suìbùr	扼杀 èshā	流行 liúxíng	平衡 pínghéng	少数 shǎoshù
博物馆 bówùguǎn	子孙 zǐsūn	草本 cǎoběn	反省 fǎnxǐng	陆续 lùxù
果冻儿 guǒdòngr	足球 zúqiú	推荐 tuījiàn	轻视 qīngshì	

三、选择判断（限时 3 分钟，共 10 分）

1. 词语判断：请判断并读出下列各组中的普通话词语。

（1）嫉妒 jídù　　怨妒　　妒忌

（2）时勿时　　耐唔耐　　不时 bùshí　　久不久　　时刻子

（3）讲笑　　滚笑　　逗勒　　开玩笑 kāi wánxiào

（4）看成功　　看作 kànzuò　　睇做

（5）颈渴　　渴 kě　　嗓燋

(6) 何里个　　哪个 nǎ·ge　　倒蜀其　　　边个　　　　奈个

(7) 虬守　　勤俭 qínjiǎn　　悭

(8) 身尸　　尸体 shītǐ　　死佬

(9) 新妇　　媳妇 xífù　　心抱　　媳妇妹子　　心舅

(10) 若果　　若然　　假若 jiǎruò　　若卜　　　假设使

2. 量词、名词搭配：请搭配并读出下列符合普通话规范的量名短语（例如：一条——鱼）。

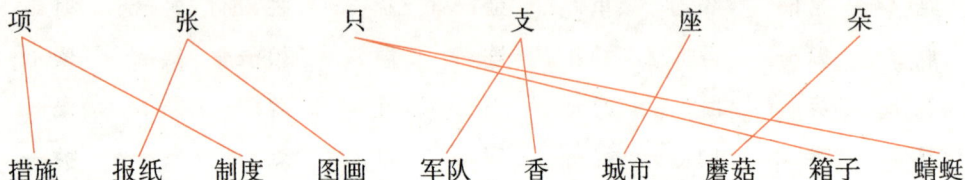

项　　　　张　　　　只　　　　支　　　　座　　　　朵

措施　　报纸　　制度　　图画　　军队　　香　　城市　　蘑菇　　箱子　　蜻蜓

3. 语序或表达形式判断：请判断并读出下列各组中的普通话语句。

(1) A. 这朵花不跟那朵漂亮。

　　B. 这朵花不如那朵漂亮。

(2) A. 他一定要弄清楚。

　　B. 他一定要弄弄清楚。

(3) A. 把花放撂窗台上吧。

　　B. 把花放咧窗台上吧。

　　C. 把花放到窗台上吧。

(4) A. 慢慢子写。

　　B. 慢慢地写。

(5) A. 弟弟看侄子的嘞。

　　B. 弟弟看侄子呢。

　　C. 弟弟看侄子的哩。

四、朗读短文（400 个音节，限时 4 分钟，共 30 分）

作品 27 号

五、命题说话（请在下列话题中任选一个，限时 3 分钟，共 30 分）

1. 对终身学习的看法

2. 我欣赏的历史人物

▶ 试卷八十四 ◀

一、读单音节字词（100个音节，限时3.5分钟，共10分）

抑 yì	瓮 wèng	酥 sū	饶 ráo	奴 nú	楼 lóu	兑 duì	环 huán	尔 ěr	闭 bì
棕 zōng	俞 shù/yú	腕 wàn	配 pèi	敲 qiāo	尼 ní	理 lǐ	简 jiǎn	归 guī	抵 dǐ
佟 Tóng	时 shí	氢 qīng	蜜 mì	课 kè	金 jīn	公 gōng	澡 zǎo	铣 xǐ/xiǎn	磁 cí
哲 zhé	絮 xù	亭 tíng	摄 shè	批 pī	妙 miào	亏 kuī	舱 cāng	复 fù	几 jī/jǐ
猿 yuán	破 pò	独 dú	屠 tú	加 jiā	趋 qū	莫 mò	拴 shuān	联 lián	管 guǎn
北 běi	遣 qiǎn	酿 niàng	咧 liē/liě	净 jìng	果 guǒ	岛 dǎo	诱 yòu	韦 wéi	搜 sōu
玄 xuán	剃 tì	旨 zhǐ	封 fēng	伤 shāng	忍 rěn	骗 piàn	春 chūn	何 hé	矿 kuàng
伍 wǔ	衍 yǎn	变 biàn	绥 suí	酒 jiǔ	鹿 lù	话 huà	蘗 niè	挡 dǎng	乳 rǔ
潭 tán	闰 rùn	捧 pěng	察 chá	寒 hán	范 fàn	盅 zhōng	械 xiè	快 kuài	满 mǎn
俟 sì	蕊 ruǐ	虫 chóng	废 fèi	库 kù	湖 hú	铸 zhù	饷 xiǎng	磷 lín	胚 pēi

二、读多音节词语（100个音节，限时2.5分钟，共20分）

惩罚 chéngfá	衣兜儿 yīdōur	光芒 guāngmáng	老虎 lǎohǔ	肿胀 zhǒngzhàng
腾空 téngkōng	起源 qǐyuán	奥秘 àomì	名字 míng·zi	动脉 dòngmài
进化论 jìnhuàlùn	农药 nóngyào	死板 sǐbǎn	西装 xīzhuāng	增援 zēngyuán
面孔 miànkǒng	人行道 rénxíngdào	火锅儿 huǒguōr	此外 cǐwài	桅杆 wéigān
黄土 huángtǔ	本地 běndì	反正 fǎn·zhèng	舌头 shé·tou	开辟 kāipì
品德 pǐndé	醒悟 xǐngwù	扫兴 sǎoxìng	家伙 jiā·huo	安装 ānzhuāng
参谋 cānmóu	洪水 hóngshuǐ	纳税 nàshuì	容颜 róngyán	温馨 wēnxīn
鱼漂儿 yúpiāor	波浪 bōlàng	幅度 fúdù	可靠 kěkào	平日 píngrì
守法 shǒufǎ	招徕 zhāolái	故乡 gùxiāng	租赁 zūlìn	侵蚀 qīnshí
拖延 tuōyán	顶牛儿 dǐngniúr	撤销 chèxiāo	领土 lǐngtǔ	

三、选择判断（限时3分钟，共10分）

1. 词语判断：请判断并读出下列各组中的普通话词语。

（1）恋爱 liàn'ài　　拍拖　　谈爱

（2）勿少　　不少 bùshǎo　　唔少

（3）拨伊　　护伊　　给予 jǐyǔ　　畀

（4）虾里　　虾 xiā　　虾公子　　虾公

（5）后生家　　后生仔　　后生崽里　　小伙子 xiǎohuǒ·zi

(6) 经已　　　　**已经 yǐjīng**　　　往经　　　　　既经

(7) 细佬哥　　　小窛　　　　细人欵　　　　**小朋友 xiǎopéngyǒu**

(8) 平常日　　　**通常 tōngcháng**　　贴常

(9) 熥相　　　　**拍照 pāizhào**　　　影相

(10) 仄脱　　　　**浪费 làngfèi**　　　噇　　　　　　灡撒欵

2. 量词、名词搭配：请搭配并读出下列符合普通话规范的量名短语(例如：一条——鱼)。

把　　　　顶　　　　对　　　　本　　　　场(chǎng)　　　道

轿子　帽子　舞伴　手枪　耳朵　杂志　河　电影　提琴　演出

3. 语序或表达形式判断：请判断并读出下列各组中的普通话语句。

(1) A. 他有上学。

　　B. 他上过学。

(2) A. 这架飞机不跟那架大。

　　B. 这架飞机不如那架大。

(3) A. 给一支笔我。

　　B. 给我一支笔。

(4) A. 这个问题怎么答，我找不到。

　　B. 这个问题怎么答，我晓不得。

　　C. 这个问题怎么答，我知不道。

　　D. 这个问题怎么答，我不知道。

(5) **A. 这朵月季花真好看。**

　　B. 朵月季花真好看。

四、朗读短文（400 个音节，限时 4 分钟，共 30 分）

作品 43 号

五、命题说话（请在下列话题中任选一个，限时 3 分钟，共 30 分）

1. 向往的地方

2. 我喜欢的节日

▶ 试卷八十五 ◀

一、读单音节字词（100 个音节，限时 3.5 分钟，共 10 分）

百 bǎi	处 chǔ/chù	赴 fù	汉 Hàn	渴 kě	录 lù	帕 pà	扰 rǎo	踱 duó	喜 xǐ
吹 chuī	瓣 bàn	癖 pǐ	刃 rèn	肺 fèi	恐 kǒng	虎 hǔ	砧 zhēn	现 xiàn	四 sì
峰 fēng	寸 cùn	饱 bǎo	剖 pōu	墨 mò	画 huà	枯 kū	鞋 xié	叹 tàn	锐 ruì
枣 zǎo	地 dì	锅 guō	己 jǐ	址 zhǐ	猛 měng	图 tú	消 xiāo	儒 rú	圃 pǔ
蛋 dàn	谷 gǔ	径 jìng	并 bìng	力 lì	棉 mián	频 pín	识 shí/zhì	听 tīng	鸭 yā
弓 gōng	具 jù	疑 yí	脸 liǎn	畔 pàn	铜 tóng	善 shàn	设 shè	瞪 dèng	庙 miào
赠 zèng	给 gěi/jǐ	旧 jiù	羽 yǔ	倪 ní	必 bì	欠 qiàn	水 shuǐ	五 wǔ	辆 liàng
褶 zhě	缘 yuán	恼 nǎo	渠 qú	深 shēn	擦 cā	叠 dié	纬 wěi	料 liào	拖 tuō
油 yóu	届 jiè	起 qǐ	撵 niǎn	清 qīng	列 liè	网 wǎng	辞 cí	豆 dòu	狗 gǒu
耳 ěr	象 xiàng	淋 lín/lìn	刊 kān	床 chuáng	镍 niè	桥 qiáo	随 suí	文 wén	咂 zā

二、读多音节词语（100 个音节，限时 2.5 分钟，共 20 分）

官司 guān·si	本体 běntǐ	福利 fúlì	颗粒 kēlì	泼辣 pōlà
贪污 tānwū	异常 yìcháng	恐怕 kǒngpà	漂白粉 piǎobáifěn	思想家 sīxiǎngjiā
炫耀 xuànyào	一下儿 yīxiàr	住宅 zhùzhái	短期 duǎnqī	中医 zhōngyī
扭转 niǔzhuǎn	搜捕 sōubǔ	老伴儿 lǎobànr	促进 cùjìn	硝烟 xiāoyān
就业 jiùyè	草地 cǎodì	古老 gǔlǎo	首饰 shǒu·shì	民俗 mínsú
曲面 qūmiàn	腿脚 tuǐjiǎo	宗教 zōngjiào	耳膜儿 ěrmór	阐明 chǎnmíng
缓和 huǎnhé	迷人 mírén	钻研 zuānyán	婉转 wǎnzhuǎn	乳白 rǔbái
解决 jiějué	号码儿 hàomǎr	陈旧 chénjiù	障碍 zhàng'ài	任教 rènjiào
违抗 wéikàng	内外 nèiwài	部落 bùluò	耷拉 dā·la	反动 fǎndòng
零售 língshòu	浅显 qiǎnxiǎn	拥挤 yōngjǐ	声乐 shēngyuè	

三、选择判断（限时 3 分钟，共 10 分）

1. 词语判断：请判断并读出下列各组中的普通话词语。

（1）说话 shuōhuà　　　讲说话　　　话事

（2）勿满意　　　唔愿　　　不满 bùmǎn　　　唔满　　　唔满意

（3）淘伴　　　伴当　　　伙伴 huǒbàn　　　同阵个　　　共阵个

（4）烂污泥　　　泥土 nítǔ　　　涂

（5）艰苦心　　　难过 nánguò　　　过不得

(6) 差一眼　　　　推扳一眼　　　　差淡薄　　　　**差点儿** chàdiǎnr　　差啲　　　　差滴子

(7) 唔久　　　　**可是** kěshì　　　　但系

(8) 掼　　　　**摔** shuāi　　　　掟

(9) 窒　　　　**塞** sāi　　　　搴　　　　筑

(10) 泡泡子　　　　**泡沫** pàomò　　　　泡子

2. 量词、名词搭配:请搭配并读出下列符合普通话规范的量名短语(例如:一条——鱼)。

份　　　　　间　　　　　件　　　　　颗　　　　粒　　　　辆

自行车　　礼物　　午餐　　屋子　　行李　　卫星　　卧室　　星星　　菜　　宝石

3. 语序或表达形式判断:请判断并读出下列各组中的普通话语句。

(1) A. 你少说几句。

　　B. 你说少几句。

(2) A. 深圳到快了。

　　B. 深圳快到了。

(3) A. 他的鞋刷得白白白。

　　B. 他的鞋刷得白白。

　　C. 他的鞋刷得很白。

(4) A. 你把水杯稳儿桌子上吧!

　　B. 你把水杯放桌子吧!

　　C. 你把水杯放在桌子上吧!

(5) A. 电影儿实好看?

　　B. 电影好看不好看?

四、朗读短文 (400 个音节,限时 4 分钟,共 30 分)

作品 39 号

五、命题说话 (请在下列话题中任选一个,限时 3 分钟,共 30 分)

1. 对美的看法

2. 我喜爱的动物

◆ 试卷八十六 ◆

一、读单音节字词（100 个音节，限时 3.5 分钟，共 10 分）

摆 bǎi	扼 è	服 fú/fù	回 huí	叩 kòu	腻 nì	瞧 qiáo	缫 sāo	渠 qú	寓 yù
迟 chí	伴 bàn	碾 niǎn	琴 qín	锋 fēng	嗣 sì	捂 wǔ	挤 jǐ	历 lì	崽 zǎi
股 gǔ	景 jǐng	包 bāo	翠 cuì	啮 niè	情 qíng	裂 liè	噪 zào	皖 Wǎn	诉 sù
接 jiē	练 liàn	挪 nuó	笨 bèn	挫 cuò	郭 guō	斩 zhǎn	十 shí	斜 xié	绒 róng
淡 dàn	拐 guǎi	家 jiā	良 liáng	甜 tián	戏 xì	趾 zhǐ	必 bì	柔 róu	庞 páng
津 jīn	订 dìng	惯 guàn	揍 zòu	捞 lāo	辱 rǔ	藤 téng	厢 xiāng	鞭 biān	陆 liù/lù
词 cí	吨 dūn	互 hù	铸 zhù	鳗 mán	魄 pò	实 shí	体 tī/tǐ	辛 xīn	俱 jù
河 hé	康 kāng	蟒 mǎng	瞟 piǎo	身 shēn	透 tòu	楚 chǔ	帝 dì	乙 yǐ	婴 yīng
猎 liè	酷 kù	嵌 qiàn	赏 shǎng	貌 mào	捏 niē	姚 Yáo	撑 chēng	棚 péng	怒 nù
扩 kuò	鼠 shǔ	牧 mù	曲 qū/qǔ	酉 yǒu	忘 wàng	袖 xiù	噎 yē	滑 huá	肥 féi

二、读多音节词语（100 个音节，限时 2.5 分钟，共 20 分）

安顿 āndùn	丹顶鹤 dāndǐnghè	柴火 chái·huo	容纳 róngnà	鉴定 jiàndìng
农户 nónghù	胸脯 xiōngpú	花盆儿 huāpénr	簇拥 cùyōng	喝彩 hècǎi
昼夜 zhòuyè	抢救 qiǎngjiù	玩具 wánjù	满足 mǎnzú	餐厅 cāntīng
平静 píngjìng	饭馆儿 fànguǎnr	审美 shěnměi	杆菌 gǎnjūn	乐观 lèguān
四边形 sìbiānxíng	堡垒 bǎolěi	扼要 èyào	考试 kǎoshì	木头 mù·tou
难怪 nánguài	线圈 xiànquān	思索 sīsuǒ	桂冠 guìguān	廉价 liánjià
作风 zuòfēng	体质 tǐzhì	手绢儿 shǒujuànr	朝拜 cháobài	倾斜 qīngxié
知识 zhī·shi	懊恼 àonǎo	捣毁 dǎohuǐ	解答 jiědá	眼神 yǎnshén
柔和 róuhé	未必 wèibì	粉刺 fěncì	控制 kòngzhì	辩驳 biànbó
透亮儿 tòuliàngr	疲劳 píláo	速率 sùlǜ	营业 yíngyè	

三、选择判断（限时 3 分钟，共 10 分）

1. 词语判断：请判断并读出下列各组中的普通话词语。

（1）灛　　　　沉底　　　　沉淀 chéndiàn　　　澄子　　　　停脚

（2）勿管　　　　唔是　　　　不论 bùlùn　　　　勿论　　　　唔论

（3）免勿了　　　不免 bùmiǎn　　　定着

（4）草蜢　　　　蚱蚂　　　　蝗虫 huángchóng　　蝇里　　　　草蜢欸

（5）乏骗　　　　嘥　　　　骗 piàn　　　　呃　　　　乏　　　　撮

(6) 侬　　　　人家 rénjiā　　　别个

(7) 臭溜子　　　蛇 shé　　　　蛇哥

(8) 荡下子　　　散步 sànbù　　　荡路　　　　行趄

(9) 阿拉　　　　阮　　　　我们 wǒ·men　　我哋　　　　我个里

(10) 恰得　　　要好 yàohǎo　　合事

2. 量词、名词搭配:请搭配并读出下列符合普通话规范的量名短语(例如:一条——鱼)。

　　棵　　　　名　　　　面　　　颗　　　粒　　　　个

　　犯人　　镜子　　鼓　　牙齿　　白菜　　人　　盘子　　草　　孩子　　葱

3. 语序或表达形式判断:请判断并读出下列各组中的普通话语句。

(1) A. 他矮我。

　　 B. 他比我较矮。

　　 C. 他比较矮我。

　　 D. 他比我矮。

(2) A. 别尽他跑了。

　　 B. 别让他跑了。

(3) A. 你躲得脱和尚躲不脱庙。

　　 B. 你躲得了和尚躲不了庙。

(4) A. 一不地骑自行车,一不地听歌。

　　 B. 一边骑自行车,一边听歌。

　　 C. 一不嘞骑自行车,一不嘞听歌。

(5) A. 这饭菜几香啊。

　　 B. 这饭菜老香。

　　 C. 这饭菜真香。

四、朗读短文 (400 个音节,限时 4 分钟,共 30 分)

作品 25 号

五、命题说话 (请在下列话题中任选一个,限时 3 分钟,共 30 分)

1. 珍贵的礼物

2. 我喜欢的季节(或天气)

▶ 试卷八十七 ◀

一、读单音节字词（100 个音节，限时 3.5 分钟，共 10 分）

坐 zuò	已 yǐ	文 wén	伸 shēn	叛 pàn	媚 mèi	糠 kāng	户 hù	愤 fèn	储 chǔ
龙 lóng	罪 zuì	辣 là	磕 kē	旱 hàn	武 wǔ	傻 shǎ	仆 pū/pú	铲 chǎn	凤 fèng
望 wàng	烧 shāo	眯 mī/mí	泼 pō	坎 kǎn	自 zì	继 jì	逞 chěng	跌 diē	颌 Gé/hé
突 tū	然 rán	坪 píng	陆 liù/lù	昏 hūn	冬 dōng	扩 kuò	足 zú	牙 yá	拌 bàn
细 xì	唐 táng	弱 ruò	袍 páo	例 lì	吼 hǒu	卦 guà	蹲 dūn	造 zào	枯 kū
人 rén	溺 nì	梗 gěng	鬓 bìn	剧 jù	朵 duǒ	摘 zhāi	袖 xiù	替 tì	炼 liàn
腔 qiāng	贬 biǎn	脊 jǐ	猎 liè	胀 zhàng	邪 xié/yé	田 tián	渡 dù	乖 guāi	捻 niǎn
虽 suī	榜 bǎng	捺 nà	状 zhuàng	漏 lòu	销 xiāo	贡 gòng	典 diǎn	距 jù	取 qǔ
周 zhōu	型 xíng	悲 bēi	秦 Qín	螨 mǎn	驴 lú	届 jiè	妇 fù	苍 cāng	寺 sì
雨 yǔ	伪 wěi	瘦 shòu	仅 jǐn	废 fèi	搓 cuō	巧 qiǎo	铆 mǎo	线 xiàn	尚 shàng

二、读多音节词语（100 个音节，限时 2.5 分钟，共 20 分）

黑夜 hēiyè	一会儿 yīhuìr	城镇 chéngzhèn	停泊 tíngbó	笼统 lǒngtǒng
增进 zēngjìn	悄然 qiǎorán	豆子 dòu·zi	比例尺 bǐlìchǐ	风光 fēngguāng
纠纷 jiūfēn	浓缩 nóngsuō	死守 sǐshǒu	硝酸 xiāosuān	自由 zìyóu
忍痛 rěntòng	石子儿 shízǐr	瓦解 wǎjiě	从来 cónglái	合适 héshì
糜烂 mílàn	安心 ānxīn	亲戚 qīn·qi	审理 shěnlǐ	附着 fùzhuó
南瓜 nán·guā	客观 kèguān	月球 yuèqiú	参与 cānyù	公主 gōngzhǔ
凭空 píngkōng	小鞋儿 xiǎoxiér	流传 liúchuán	体检 tǐjiǎn	折磨 zhé·mó
傍晚 bàngwǎn	广义 guǎngyì	云彩 yún·cai	开门 kāimén	盘踞 pánjù
勇敢 yǒnggǎn	扫描 sǎomiáo	垫底儿 diàndǐr	动摇 dòngyáo	祝贺 zhùhè
蒙古包 měnggǔbāo	融资 róngzī	乌贼 wūzéi	脚印 jiǎoyìn	

三、选择判断（限时 3 分钟，共 10 分）

1. 词语判断：请判断并读出下列各组中的普通话词语。

(1) 呒没事体	无事济	没事 méishì	无事	冒有事
(2) 勿可以	勿好	不容 bùróng	唔做得	
(3) 谂	想 xiǎng	恓		
(4) 家生	家私	家伙 jiā·huo	架罉	
(5) 一溜来	一贯 yīguàn	透底	一溜欻	

（6）唔见　　　跌咖哒　　　遗失 yíshī　　　落脱　　　　拍唔见　　　　唔见撇欻

（7）烧人　　　烫 tàng　　　燶　　　　渌

（8）馋唾水　　唾沫 tuò·mo　　口懒

（9）旗团　　　旗子 qí·zi　　　旗欻

（10）圳沟　　　渠道 qúdào　　　圳坽

2. 量词、名词搭配：请搭配并读出下列符合普通话规范的量名短语（例如：一条——鱼）。

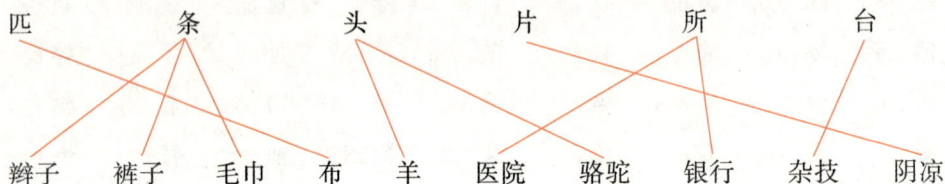

匹　　　　条　　　　头　　　　片　　　　所　　　　台

辫子　　裤子　　毛巾　　布　　羊　　医院　　骆驼　　银行　　杂技　　阴凉

3. 语序或表达形式判断：请判断并读出下列各组中的普通话语句。

（1）A. 腿变细了。

　　B. 腿子变细了。

（2）A. 这长凳坐得三个人。

　　B. 这长凳会坐得三个人。

　　C. 这长凳能坐三个人。

　　D. 这长凳会坐三个人。

（3）A. 奶奶只吃得倒半碗饭。

　　B. 奶奶只吃得了半碗饭。

（4）A. 衣服掉撂地上了。

　　B. 衣服掉咧地上了。

　　C. 衣服掉在地上了。

（5）A. 这座山有千九五米高。

　　B. 这座山有一千九百五十米高。

　　C. 这座山有一千九五米高。

四、朗读短文（400 个音节，限时 4 分钟，共 30 分）

作品 21 号

五、命题说话（请在下列话题中任选一个，限时 3 分钟，共 30 分）

1. 谈谈卫生与健康

2. 谈服饰

▶ 试卷八十八 ◀

一、读单音节字词（100 个音节，限时 3.5 分钟，共 10 分）

傍 bàng　赐 cì　链 liàn　聂 Niè　焚 fén　计 jì　燃 rán　堂 táng　映 yìng　夏 xià

床 chuáng　肢 zhī　豪 háo　纹 wén　抠 kōu　闽 Mǐn　裘 qiú　食 shí/sì　液 yè　负 fù

鼓 gǔ　尽 jǐn/jìn　暖 nuǎn　绕 rào　凸 tū　邻 lín　豹 bào　粗 cū　僧 sēng　杂 zá

槽 cáo　始 shǐ　蜂 fēng　吼 hǒu　粒 lì　黏 nián　禽 qín　收 shōu　系 jì/xì　扬 yáng

愧 kuì　首 shǒu　游 yóu　弥 mí　触 chù　剩 shèng　顿 dùn　旺 wàng　久 jiǔ　槐 huái

叫 jiào　柳 liǔ　增 zēng　甜 tián　坪 píng　笑 xiào　蔽 bì　钓 diào　躬 gōng　撒 sā/sǎ

尝 cháng　鼎 dǐng　挥 huī　廓 kuò　者 zhě　瓢 piáo　以 yǐ　母 mǔ　惟 wéi　卯 mǎo

宗 zōng　昧 mèi　契 qì　尿 niào　舞 wǔ　语 yǔ　尘 chén　懂 dǒng　鹤 hè　窟 kū

吻 wěn　惯 guàn　井 jǐng　鲁 lǔ　劈 pī/pǐ　仁 rén　贼 zéi　歇 xiē　卑 bēi　岭 lǐng

护 hù　铂 bó　碟 dié　据 jū/jù　曼 màn　账 zhàng　似 shì/sì　套 tào　芽 yá　佩 pèi

二、读多音节词语（100 个音节，限时 2.5 分钟，共 20 分）

根除 gēnchú　免疫 miǎnyì　逗乐儿 dòulèr　存心 cúnxīn　染色 rǎnsè

温柔 wēnróu　祖国 zǔguó　补丁 bǔ·ding　保护色 bǎohùsè　反比 fǎnbǐ

劫持 jiéchí　盆地 péndì　树干 shùgàn　旋律 xuánlù　海棠 hǎitáng

打鸣儿 dǎmíngr　齿轮 chǐlún　增多 zēngduō　流氓 liúmáng　同胞 tóngbāo

人力 rénlì　平等 píngděng　风靡 fēngmǐ　首长 shǒuzhǎng　氨基酸 ānjīsuān

空军 kōngjūn　区分 qūfēn　鸦片 yāpiàn　恶霸 èbà　诸如 zhūrú

脑子 nǎo·zi　火苗儿 huǒmiáor　损失 sǔnshī　消亡 xiāowáng　检举 jiǎnjǔ

插秧 chāyāng　桂圆 guìyuán　课程 kèchéng　浪头 làng·tou　倾斜 qīngxié

赢得 yíngdé　途径 tújìng　真诚 zhēnchéng　菜刀 càidāo　物理 wùlǐ

环球 huánqiú　门洞儿 méndòngr　思路 sīlù　凝结 níngjié

三、选择判断（限时 3 分钟，共 10 分）

1. 词语判断：请判断并读出下列各组中的普通话词语。

（1）微小 wēixiǎo　微末　微细

（2）勿可以　勿可　不可 bùkě　唔可以　唔做得

（3）倾偈　交谈 jiāotán　谈驳　打讲

（4）疲倦 píjuàn　瘝　瘝　瘝

（5）无闲　忙 máng　唔得闲

(6)字运　　　　命运 mìngyùn　　命水

(7)跟住　　　跟倒　　　跟随 gēnsuí　　腾等　　　　跟等

(8)摜　　　　跌 diē　　　跶

(9)胆头　　　胆子 dǎn·zi　　胆水

(10)劳总　　捞秋　　　一共 yīgòng　　共总　　　一总　　　劳共

2.量词、名词搭配:请搭配并读出下列符合普通话规范的量名短语(例如:一条——鱼)。

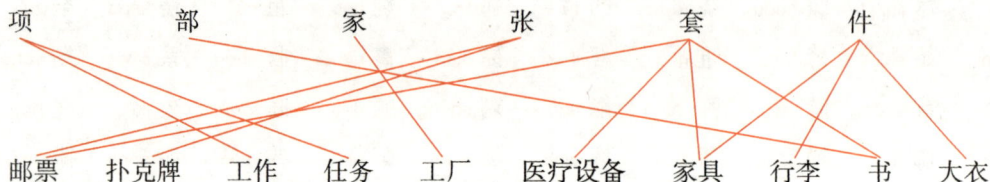

项　　　　部　　　　家　　　　张　　　　套　　　　件

邮票　扑克牌　工作　任务　工厂　医疗设备　家具　行李　书　大衣

3.语序或表达形式判断:请判断并读出下列各组中的普通话语句。

(1)A.喷香香

　　B.喷喷香

(2)A.搁墙上写字。

　　B.跟墙上写字。

　　C.在墙上写字。

(3)A.我买了一顶帽的。

　　B.我买了一顶帽儿。

　　C.我买了一顶帽子。

(4)A.我跑不过他。

　　B.我跑他不过。

　　C.我跑不他过。

(5)A.全公司没有比他再聪明的了。

　　B.全公司没聪明起他。

四、朗读短文（400 个音节，限时 4 分钟，共 30 分）

作品 35 号

五、命题说话（请在下列话题中任选一个，限时 3 分钟，共 30 分）

1.我了解的十二生肖

2.对垃圾分类的认识

▶ 试卷八十九 ◀

一、读单音节字词（100 个音节，限时 3.5 分钟，共 10 分）

良 liáng	翅 chì	霉 méi	褐 hè	庵 ān	史 shǐ	夸 kuā	勤 qín	友 yǒu	唯 wéi
甲 jiǎ	团 tuán	挪 nuó	砖 zhuān	日 rì	雪 xuě	蚌 bàng	镀 dù	林 lín	瘟 wēn
碑 bēi	发 fā/fà	壕 háo	裤 kù	沉 chén	勿 wù	觅 mì	码 mǎ	酸 suān	羊 yáng
窗 chuāng	艾 ài	付 fù	化 huà	眶 kuàng	锚 máo	瞟 piǎo	僧 sēng	翁 wēng	矣 yǐ
常 cháng	扮 bàn	皿 mǐn	佛 fó/fú	记 jì	叩 kòu	娶 qǔ	闻 wén	夜 yè	生 shēng
龚 Gōng	戒 jiè	铃 líng	募 mù	请 qǐng	手 shǒu	万 wàn	辩 biàn	炒 chǎo	咱 zán
侧 cè	奠 diàn	效 xiào	织 zhī	坤 kūn	洒 sǎ	坯 pī	瘸 qué	塘 táng	沪 Hù
锻 duàn	估 gū/gù	尽 jǐn/jìn	脖 bó	硫 liú	蔫 niān	砸 zá	睡 shuì	吓 hè/xià	暖 nuǎn
棍 gùn	鲸 jīng	染 rǎn	卤 lǔ	填 tián	帐 zhàng	些 xiē	瘪 biě	窦 dòu	铝 lǚ
哈 hā/hǎ	总 zǒng	擦 cā	叮 dīng	旅 lǚ	陪 péi	软 ruǎn	逃 táo	萍 píng	距 jù

二、读多音节词语（100 个音节，限时 2.5 分钟，共 20 分）

交情 jiāo·qing	饱和 bǎohé	都市 dūshì	锦标赛 jǐnbiāosài	尿素 niàosù
塑造 sùzào	雪白 xuěbái	待遇 dàiyù	昨天 zuótiān	缅怀 miǎnhuái
肉眼 ròuyǎn	弯曲 wānqū	赶趟儿 gǎntàngr	记载 jìzǎi	鞋带儿 xiédàir
词组 cízǔ	黄瓜 huáng·guā	种植 zhòngzhí	前夕 qiánxī	为止 wéizhǐ
毛笔 máobǐ	攻击 gōngjī	冷眼 lěngyǎn	抓阄儿 zhuājiūr	仓库 cāngkù
言论 yánlùn	停顿 tíngdùn	朴实 pǔshí	陋习 lòuxí	粉末儿 fěnmòr
创伤 chuāngshāng	湍流 tuānliú	落户 luòhù	亲热 qīnrè	滋味 zīwèi
被告 bèigào	念叨 niàn·dao	恶臭 èchòu	楷模 kǎimó	软弱 ruǎnruò
小姐 xiǎojiě	思潮 sīcháo	沉淀 chéndiàn	反响 fǎnxiǎng	口水 kǒushuǐ
生意 shēngyì/shēng·yi	盘旋 pánxuán	设施 shèshī	老百姓 lǎobǎixìng	

三、选择判断（限时 3 分钟，共 10 分）

1. 词语判断：请判断并读出下列各组中的普通话词语。

（1）热闹 rè·nao　　闹猛　　闹热

（2）娘仔　　蚕虫　　蚕 cán　　蚕子　　蚕欬

（3）常桩　　四常　　常 cháng　　贴常

（4）菩提子　　葡萄 pú·tao　　涂提欬

（5）软熟　　柔软 róuruǎn　　软心

（6）牢监　　　　**监狱** jiānyù　　　监仓

（7）哪能介　　　**如何** rúhé　　　安怎　　　　　点样　　　　　　何是

（8）两家头　　　**俩** liǎ　　　两其

（9）惊见笑　　　**害羞** hàixiū　　　怕丑　　　　　着羞

（10）睖　　　　**看** kàn　　　睐

2. 量词、名词搭配：请搭配并读出下列符合普通话规范的量名短语（例如：一条——鱼）。

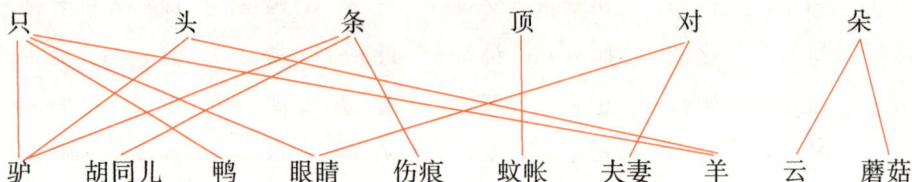

只　　　　头　　　　条　　　　顶　　　　对　　　　朵

驴　胡同儿　鸭　眼睛　伤痕　蚊帐　夫妻　羊　云　蘑菇

3. 语序或表达形式判断：请判断并读出下列各组中的普通话语句。

（1）A. 菜阿咸？

　　B. 菜实咸？

　　C. 菜咸不咸？

（2）**A. 这个不比那个更好。**

　　B. 这个不更强的那个。

（3）**A. 快把你的猫弄走。**

　　B. 快把你的猫弄起走。

（4）**A. 他快吃完早餐了。**

　　B. 他早餐吃好快了。

（5）A. 他要做，母亲也只能看倒。

　　B. 他要做，母亲也好看起。

　　C. 他要做，母亲也只好看着。

四、朗读短文（400个音节，限时4分钟，共30分）

作品19号

五、命题说话（请在下列话题中任选一个，限时3分钟，共30分）

1. 过去的一年

2. 对幸福的理解

▶ 试卷九十 ◀

一、读单音节字词（100 个音节，限时 3.5 分钟，共 10 分）

碍 ài	层 céng	罚 fá	嚎 háo	框 kuàng	漫 màn	例 lì	忍 rěn	投 tóu	刑 xíng
春 chūn	黯 àn	矛 máo	培 péi	听 tīng	入 rù	腐 fǔ	寇 kòu	徽 huī	亚 yà
耙 bà/pá	恐 kǒng	媒 méi	盼 pàn	鳃 sāi	赤 chì	美 měi	伙 huǒ	页 yè	推 tuī
否 fǒu/pǐ	吼 hǒu	秘 Bì/mì	碰 pèng	酷 kù	蚁 yǐ	刻 kè	锤 chuí	围 wéi	守 shǒu
规 guī	垮 kuǎ	季 jì	萌 méng	有 yǒu	算 suàn	务 wù	斑 bān	川 chuān	去 qù
殿 diàn	孤 gū	律 lǜ	怒 nù	戚 qī	紧 jǐn	拴 shuān	吻 wěn	钡 bèi	字 zì
精 jīng	纵 zòng	恰 qià	料 liào	使 shǐ	博 bó	睹 dǔ	盖 gài	跳 tiào	拈 niān
直 zhí	恼 nǎo	声 shēng	瓮 wèng	擒 qín	猜 cāi	嫁 jià	沟 gōu	聚 jù	林 lín
测 cè	动 dòng	灌 guàn	猪 zhū	瘤 liú	您 nín	琼 qióng	孙 sūn	狭 xiá	魂 hún
针 zhēn	尖 jiān	归 guī	炉 lú	能 néng	向 xiàng	糖 táng	错 cuò	盾 dùn	赫 hè

二、读多音节词语（100 个音节，限时 2.5 分钟，共 20 分）

好转 hǎozhuǎn	自称 zìchēng	容纳 róngnà	摸黑儿 mōhēir	初恋 chūliàn
晚饭 wǎnfàn	密切 mìqiè	高粱 gāo·liang	哀乐 āiyuè	揣摩 chuǎimó
货币 huòbì	女工 nǚgōng	人体 réntǐ	无知 wúzhī	保姆 bǎomǔ
恶毒 èdú	扎实 zhā·shi	恐怕 kǒngpà	朋友 péng·you	兄弟 xiōngdì/xiōng·di
缩小 suōxiǎo	博览会 bólǎnhuì	肤色 fūsè	颗粒 kēlì	平等 píngděng
照片儿 zhàopiānr	森林 sēnlín	引导 yǐndǎo	催眠 cuīmián	大褂儿 dàguàr
放映 fàngyìng	使命 shǐmìng	历史 lìshǐ	原来 yuánlái	启发 qǐfā
奥妙 àomiào	街坊 jiē·fang	浓度 nóngdù	典雅 diǎnyǎ	均衡 jūnhéng
水泥 shuǐní	小心 xiǎoxīn	诡辩 guǐbiàn	路过 lùguò	天窗儿 tiānchuāngr
苍穹 cāngqióng	前提 qiántí	土匪 tǔfěi	轻工业 qīnggōngyè	

三、选择判断（限时 3 分钟，共 10 分）

1. 词语判断：请判断并读出下列各组中的普通话词语。

（1）本生	本底	本来 běnlái	原底	
（2）唔好意思	惭愧 cánkuì	勿好意思	羞人	
（3）一日到夜	一天到夜	成天 chéngtiān	归日	整天子
（4）慢慢叫	慢慢仔	渐渐 jiànjiàn	慢慢子	慢慢欸
（5）哺	咀嚼 jǔjué	噍		

(6) 拿拿声　　　**赶忙 gǎnmáng**　　撞快

(7) 雾露　　　濛　　　**雾 wù**　　　濛沙

(8) 添忘　　　**忘 wàng**　　燴记

(9) 孛相　　　**耍 shuǎ**　　七桃

(10) 倚　　　**竖 shù**　　敦

2. 量词、名词搭配：请搭配并读出下列符合普通话规范的量名短语(例如：一条——鱼)。

| 幅 | 副 | 架 | 间 | 件 | 节 |

| 甘蔗 | 衬衣 | 手套 | 毛衣 | 飞机 | 衣服 | 被面 | 房子 | 藕 | 对联 |

3. 语序或表达形式判断：请判断并读出下列各组中的普通话语句。

(1) **A. 高高兴兴**

　　B. 高高兴

(2) A. 这梅花香香？

　　B. 这梅花香不香？

(3) **A. 他大约要两三天才能办完这件事。**

　　B. 他大约要二三天才能办完这件事。

(4) A. 给你留得有晚饭。

　　B. 给你留了晚饭。

(5) A. 咱赶着跑步，赶着说话。

　　B. 咱们一边跑步，一边说话。

　　C. 咱们一抹儿跑步，一抹儿说话。

四、朗读短文（400 个音节，限时 4 分钟，共 30 分）

作品 50 号

五、命题说话（请在下列话题中任选一个，限时 3 分钟，共 30 分）

1. 对垃圾分类的认识

2. 科技发展与社会生活

一、读单音节字词（100个音节，限时3.5分钟，共10分）

补 bǔ	晶 jīng	扳 bān	穿 chuān	鸟 niǎo	裙 qún	耍 shuǎ	六 liù	枣 zǎo	挟 xié
磕 kē	欺 qī	物 wù	赛 sài	又 yòu	幂 mì	齿 chǐ	垫 diàn	蘸 zhàn	幻 huàn
肠 cháng	成 chéng	钩 gōu	进 jìn	旅 lǚ	暖 nuǎn	绕 rào	卒 cù/zú	腥 xīng	躺 tǎng
府 fǔ	昂 áng	凑 còu	郝 Hǎo	梁 liáng	乃 nǎi	跷 qiāo	绳 shéng	夕 xī	粤 Yuè
杜 dù	楚 chǔ	岛 dǎo	穆 mù	使 shǐ	玉 yù	才 cái	灯 dēng	焊 hàn	窥 kuī
车 chē/jū	奥 ào	奉 fèng	剂 jì	噙 qín	首 shǒu	湘 Xiāng	临 lín	年 nián	灾 zāi
雹 báo	痘 dòu	截 jié	宣 xuān	辣 là	庞 páng	古 gǔ	佐 zuǒ	桃 táo	认 rèn
盟 méng	洽 qià	泛 fàn	稳 wěn	英 yīng	股 gǔ	值 zhí	喉 hóu	垦 kěn	法 fǎ
赌 dǔ	辫 biàn	顾 gù	家 jiā	盲 máng	喊 hǎn	乳 rǔ	捅 tǒng	桂 guì	硼 péng
贺 hè	挎 kuà	熔 róng	掷 zhì	拼 pīn	疼 téng	倚 yǐ	搏 bó	迭 dié	蔑 miè

二、读多音节词语（100个音节，限时2.5分钟，共20分）

早点 zǎodiǎn	忙活 máng·huo	热带 rèdài	窝头 wōtóu	类型 lèixíng
参观 cānguān	隔壁 gébì	泥土 nítǔ	化石 huàshí	断定 duàndìng
锯齿儿 jùchǐr	信条 xìntiáo	爽朗 shuǎnglǎng	博士 bóshì	小米 xiǎomǐ
不幸 bùxìng	奴隶 núlì	海域 hǎiyù	帝国 dìguó	胖墩儿 pàngdūnr
嗓音 sǎngyīn	特赦 tèshè	铅笔 qiānbǐ	叔叔 shū·shu	撞击 zhuàngjī
吃惊 chījīng	饭店 fàndiàn	开放 kāifàng	两口子 liǎngkǒu·zi	钻石 zuànshí
舞女 wǔnǚ	人群 rénqún	民众 mínzhòng	故意 gùyì	从前 cóngqián
甬道 yǒngdào	剔除 tīchú	分析 fēnxī	充实 chōngshí	夹缝儿 jiāfèngr
课题 kètí	奇异 qíyì	松懈 sōngxiè	批准 pīzhǔn	主角儿 zhǔjuér
阶层 jiēcéng	眼角 yǎnjiǎo	恶棍 ègùn	私有制 sīyǒuzhì	

三、选择判断（限时3分钟，共10分）

1. 词语判断：请判断并读出下列各组中的普通话词语。

(1)勿方便	勿便当	不便 bùbiàn	无利便	唔方便	
(2)尧疑	迟疑 chíyí	打厄震			
(3)大阿哥	阿哥	大哥 dàgē	大兄	大老兄	
(4)衰	背时	倒霉 dǎoméi	触霉头	遇倒鬼	行衰运
(5)涂骱地	地板 dìbǎn	地泥			

(6) 铰剪   *剪刀 jiǎndāo*   剪里

(7) 睇见   *看见 kànjiàn*   看倒

(8) 伐   *跨 kuà*   跃

(9) 隙   *空隙 kòngxì*   罅   罅欷

(10) 会得   *能够 nénggòu*   会通

2. 量词、名词搭配:请搭配并读出下列符合普通话规范的量名短语(例如:一条——鱼)。

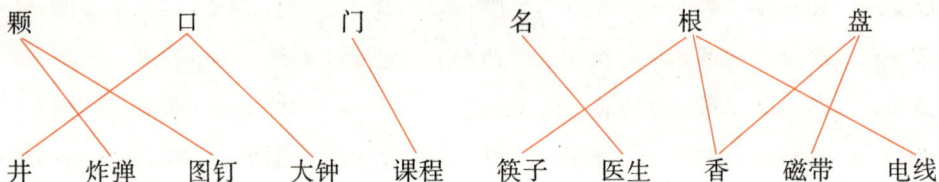

颗   口   门   名   根   盘

井   炸弹   图钉   大钟   课程   筷子   医生   香   磁带   电线

3. 语序或表达形式判断:请判断并读出下列各组中的普通话语句。

(1) A. 他上活泼。

     B. 他好好活泼。

     C. 他非常活泼。

(2) *A. 他们坐不坐?*

     B. 他们坐不?

(3) A. 没有讲话稿,我发不起言。

     B. 没有讲话稿,我发不了言。

(4) *A. 老板为此表扬过我。*

     B. 老板为此有表扬过我。

(5) A. 一不嘞看书,一不嘞泡脚。

     B. 一边看书,一边泡脚。

     C. 一不地瞧书,一不地泡脚。

四、朗读短文(400 个音节,限时 4 分钟,共 30 分)

作品 3 号

五、命题说话(请在下列话题中任选一个,限时 3 分钟,共 30 分)

1. 自律与我

2. 过去的一年

▶ 试卷九十二 ◀

一、读单音节字词（100 个音节，限时 3.5 分钟，共 10 分）

福 fú　败 bài　吹 chuī　媒 méi　彭 Péng　肉 ròu　禾 hé　奎 kuí　邢 Xíng　锤 chuí

总 zǒng　交 jiāo　词 cí　锭 dìng　厘 lí　拼 pīn　认 rèn　宋 Sòng　兮 xī　憾 hàn

纯 chún　鳌 áo　二 èr　辉 huī　况 kuàng　蟒 mǎng　堤 dī　如 rú　涛 tāo　驯 xùn

痕 hén　肯 kěn　伞 sǎn　锰 měng　祈 qí　童 tóng　杯 bēi　呈 chéng　帆 fān　亿 yì

栋 dòng　归 guī　勒 lè/lēi　农 nóng　庄 zhuāng　謦 qìng　书 shū　袜 wà　错 cuò　架 jià

尝 cháng　济 Jǐ/jì　腊 là　臂 bì　齿 chǐ　穆 mù　育 yù　砂 shā　耕 gēng　阙 quē/què

结 jiē/jié　萝 luó　地 dì　右 yòu　寝 qǐn　误 wù　拨 bō　犊 dú　谷 gǔ　哪 nǎ/né

擦 cā　钝 dùn　惊 jīng　各 gè　始 shǐ　微 wēi　峦 luán　内 nèi　囚 qiú　遭 zāo

补 bǔ　课 kè　坟 fén　欢 huān　滕 Téng　控 kòng　抛 pāo　眠 mián　霰 xiàn　溶 róng

近 jìn　肥 féi　喊 hǎn　泥 ní/nì　锹 qiāo　问 wèn　草 cǎo　陡 dǒu　怪 guài　伶 líng

二、读多音节词语（100 个音节，限时 2.5 分钟，共 20 分）

作法 zuòfǎ　　舞剧 wǔjù　　母亲 mǔ·qīn　　如同 rútóng　　灯泡儿 dēngpàor

重修 chóngxiū　鸿沟 Hónggōu　跟头 gēn·tou　矮小 ǎixiǎo　打火机 dǎhuǒjī

甲板 jiǎbǎn　　内部 nèibù　　天真 tiānzhēn　许可 xǔkě　　放牧 fàngmù

开阔 kāikuò　　衣裳 yī·shang　边陲 biānchuí　屁股 pì·gu　　圆心 yuánxīn

善良 shànliáng　村落 cūnluò　　送信儿 sòngxìnr　翻滚 fāngǔn　口号 kǒuhào

起源 qǐyuán　　首领 shǒulǐng　造就 zàojiù　　古朴 gǔpǔ　　灵敏 língmǐn

小曲儿 xiǎoqǔr　猜疑 cāiyí　　诊断 zhěnduàn　图纸 túzhǐ　　穷人 qióngrén

版本 bǎnběn　　铺盖 pūgài/pū·gai　女儿 nǚ'ér　　恶果 èguǒ　　局限 júxiàn

饲养 sìyǎng　　严寒 yánhán　　画展 huàzhǎn　装置 zhuāngzhì　人体 réntǐ

没谱儿 méipǔr　揣摩 chuǎimó　　外资 wàizī　　研究生 yánjiūshēng

三、选择判断（限时 3 分钟，共 10 分）

1. 词语判断：请判断并读出下列各组中的普通话词语。

（1）为啥　　　　为怎样　　　　点解　　　　为何 wèihé　　　为什里

（2）硬扎　　　　硬程　　　　　坚实 jiānshí　　模实　　　　主固

（3）交关　　　　好侪　　　　　好多 hǎoduō　　异多

（4）覆盖 fùgài　　戤　　　　　　冚

（5）头帽　　　　帽子 mào·zi　　帽歆

(6) 女个　　　　**女性** nǚxìng　　　查某侬

(7) 哪能介　　　点样　　　　聋样　　　　何是　　　　**怎么样** zěn·meyàng

(8) 养饲　　　　**饲养** sìyǎng　　　畜

(9) 一眼眼　　　**一点儿** yīdiǎnr　　　蜀点仔　　　一啷多　　　一滴子

(10) 胡咙　　　　**嗓子** sǎng·zi　　　咙喉　　　　喉连

2. 量词、名词搭配:请搭配并读出下列符合普通话规范的量名短语(例如:一条——鱼)。

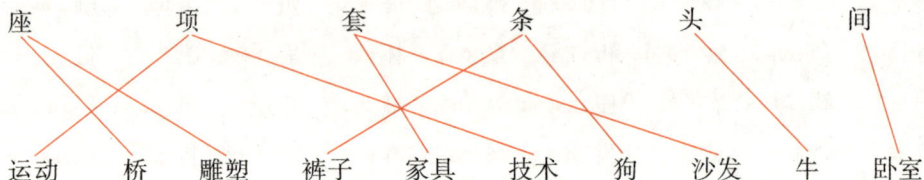

座　　　　项　　　　套　　　　条　　　　头　　　　间

运动　　桥　　雕塑　　裤子　　家具　　技术　　狗　　沙发　　牛　　卧室

3. 语序或表达形式判断:请判断并读出下列各组中的普通话语句。

(1) A. 气死掉。

　　 B. 气死了。

(2) A. 不着你,老师就不来了。

　　 B. 如果不是因为你,老师就不来了。

(3) A. 这个字我不会认得到。

　　 B. 这个字我认不到。

　　 C. 这个字我不认得。

(4) A. 小鸡炖蘑菇喷香香。

　　 B. 小鸡炖蘑菇喷喷香。

(5) A. 明天给送多一点赠品。

　　 B. 明天多送你一点赠品。

四、朗读短文(400 个音节,限时 4 分钟,共 30 分)

作品 47 号

五、命题说话(请在下列话题中任选一个,限时 3 分钟,共 30 分)

1. 对垃圾分类的认识

2. 对团队精神的理解

试卷九十三

一、读单音节字词（100 个音节，限时 3.5 分钟，共 10 分）

搬 bān 　垂 chuí 　掐 qiā 　坑 kēng 　默 mò 　傻 shǎ 　烦 fán 　哈 hā/hǎ 　域 yù 　瓮 wèng

酚 fēn 　灰 huī 　净 jìng 　快 kuài 　确 què 　北 běi 　诚 chéng 　幼 yòu 　蛙 wā 　腮 sāi

昏 hūn 　揩 kāi 　饶 ráo 　坡 pō 　蹄 tí 　绵 mián 　尺 chě/chǐ 　早 zǎo 　烟 yān 　耳 ěr

罪 zuì 　浇 jiāo 　啃 kěn 　频 pín 　若 ruò 　烫 tàng 　啸 xiào 　寸 cùn 　店 diàn 　惠 huì

打 dá/dǎ 　肝 gān 　黑 hēi 　那 Nā/nà 　扦 qiān 　耸 sǒng 　捆 kǔn 　雾 wù 　避 bì 　章 zhāng

股 gǔ 　既 jì 　拦 lán 　女 nǚ 　追 zhuī 　圣 shèng 　剜 wān 　捕 bǔ 　炖 dùn 　乔 qiáo

库 kù 　邱 Qiū 　龄 líng 　梳 shū 　波 bō 　职 zhí 　督 dū 　个 gě/gè 　昔 xī 　略 lüè

竹 zhú 　顺 shùn 　娘 niáng 　罗 luó 　购 gòu 　星 xīng 　宾 bīn 　董 dǒng 　节 jiē/jié 　掠 lüè

船 chuán 　袄 ǎo 　幅 fú 　狠 hěn 　烤 kǎo 　眸 móu 　畦 qí 　士 shì 　廷 tíng 　义 yì

材 cái 　端 duān 　拐 guǎi 　穴 xué 　坐 zuò 　摞 luò 　叛 pàn 　揉 róu 　塌 tā 　萍 píng

二、读多音节词语（100 个音节，限时 2.5 分钟，共 20 分）

脚步 jiǎobù 　　主义 zhǔyì 　　排泄 páixiè 　　杉木 shāmù 　　下降 xiàjiàng

蒜瓣儿 suànbànr 　　肥料 féiliào 　　刀把儿 dāobàr 　　地壳 dìqiào 　　债务 zhàiwù

拟定 nǐdìng 　　奶粉 nǎifěn 　　性格 xìnggé 　　讲究 jiǎng·jiu 　　编制 biānzhì

点心 diǎn·xin 　　夫人 fū·rén 　　可是 kěshì 　　脾胃 píwèi 　　推销 tuīxiāo

养殖 yǎngzhí 　　财富 cáifù 　　工艺 gōngyì 　　调节 tiáojié 　　名堂 míng·tang

鲁莽 lǔmǎng 　　取悦 qǔyuè 　　阻力 zǔlì 　　华侨 huáqiáo 　　出路 chūlù

老头儿 lǎotóur 　　渺小 miǎoxiǎo 　　自发 zìfā 　　玩笑 wánxiào 　　容貌 róngmào

记性 jì·xing 　　错误 cuòwù 　　轨道 guǐdào 　　起火 qǐhuǒ 　　看望 kànwàng

预测 yùcè 　　守旧 shǒujiù 　　蒸汽 zhēngqì 　　做活儿 zuòhuór 　　传说 chuánshuō

无形 wúxíng 　　呼吸 hūxī 　　蠕动 rúdòng 　　司空见惯 sīkōng-jiànguàn

三、选择判断（限时 3 分钟，共 10 分）

1.词语判断:请判断并读出下列各组中的普通话词语。

（1）用勿着 　　　勿要 　　　不必 bùbì 　　　唔免 　　　唔使

（2）地浪 　　　涂骹底 　　　地下 dìxià 　　　地浪向 　　　地下里

（3）蟮 　　　猊 　　　躲 duǒ 　　　匿

（4）番枧 　　　肥皂 féizào 　　　雪文 　　　胰子油

（5）搁卡 　　　更发 　　　更加 gèngjiā 　　　更经 　　　又过

(6) 家里侬　　　屋企人　　　家人 jiārén　　　屋里人　　　家肚欸个人

(7) 日里向　　　日时　　　　日头　　　　白天 báitiān　　　日上

(8) 斗骸手　　　帮忙 bāngmáng　　　邓手

(9) 包仔　　　　包子 bāo·zi　　　包欸

(10) 生毛病　　　病 bìng　　　破病

2.量词、名词搭配:请搭配并读出下列符合普通话规范的量名短语(例如:一条——鱼)。

张　　　　只　　　　把　　　　道　　　　对　　　　场(cháng)

舞伴　　大战　　报纸　　大饼　　袖子　　球拍　　瀑布　　铲子　　墙　　官司

3.语序或表达形式判断:请判断并读出下列各组中的普通话语句。

(1) A.我打得他过。

B.我打他得过。

C.我打得过他。

(2) A.你去,我不去。

B.你去,我没有去。

(3) A.他带得有现金。

B.他带着现金呢。

(4) A.夏天南昌老炎热。

B.夏天南昌异炎热。

C.夏天南昌过炎热。

D.夏天南昌非常炎热。

(5) A.他新学了二百十三个单词。

B.他新学了二百一十三个单词。

四、朗读短文(400 个音节,限时 4 分钟,共 30 分)

作品 12 号

五、命题说话(请在下列话题中任选一个,限时 3 分钟,共 30 分)

1.家庭对个人成长的影响

2.我喜欢的季节(或天气)

▶ 试卷九十四 ◀

一、读单音节字词（100 个音节，限时 3.5 分钟，共 10 分）

病 bìng	粗 cū	庆 qìng	贩 fàn	拘 jū	昏 hūn	辽 liáo	专 zhuān	湾 wān	祀 sì
达 dá	费 fèi	桦 huà	柳 liǔ	垄 lǒng	你 nǐ	仍 réng	梭 suō	壁 bì	悉 xī
尔 ěr	隔 gé	癞 là/lài	纳 nà	艺 yì	鳃 sāi	胜 shèng	痛 tòng	承 chéng	街 jiē
赶 gǎn	霍 huò	沫 mò	死 sǐ	算 suàn	扰 rǎo	跨 kuà	完 wán	丢 diū	蓬 péng
元 yuán	食 shí/sì	狭 xiá	辟 bì/pì	儒 rú	啼 tí	板 bǎn	电 diàn	逛 guàng	勉 miǎn
唇 chún	深 shēn	浮 fú	还 hái/huán	价 jià	洛 Luò	农 nóng	袖 xiù	舌 shé	瓦 wǎ/wà
方 fāng	悔 huǐ	卡 kǎ/qiǎ	植 zhí	讼 sòng	组 zǔ	瘟 wēn	不 bù	窜 cuàn	缺 quē
胶 jiāo	擂 léi/lèi	您 nín	沁 qìn	税 shuì	以 yǐ	持 chí	载 zǎi/zài	欲 yù	工 gōng
找 zhǎo	乡 xiāng	渺 miǎo	亭 tíng	叶 xié/yè	瑞 ruì	德 dé	瞥 piē	信 xìn	右 yòu
财 cái	墩 dūn	增 zēng	京 jīng	梁 liáng	麻 má	棋 qí	止 zhǐ	趟 tàng	严 yán

二、读多音节词语（100 个音节，限时 2.5 分钟，共 20 分）

长官 zhǎngguān	快速 kuàisù	旁边 pángbiān	水果 shuǐguǒ	选手 xuǎnshǒu
脖颈儿 bógěngr	发挥 fāhuī	似的 shì·de	穿山甲 chuānshānjiǎ	去世 qùshì
环流 huánliú	头顶 tóudǐng	流派 liúpài	自行车 zìxíngchē	彩绘 cǎihuì
金子 jīn·zi	改良 gǎiliáng	练习 liànxí	请求 qǐngqiú	影响 yǐngxiǎng
体会 tǐhuì	毁灭 huǐmiè	藐视 miǎoshì	豆芽儿 dòuyár	磁极 cíjí
周期 zhōuqī	武器 wǔqì	热量 rèliàng	顶替 dǐngtì	外商 wàishāng
争夺 zhēngduó	就算 jiùsuàn	麻花儿 máhuār	忍耐 rěnnài	年代 niándài
笨拙 bènzhuō	分布 fēnbù	关系 guān·xì	克服 kèfú	破产 pòchǎn
搜集 sōují	业余 yèyú	恶魔 èmó	女方 nǚfāng	杂交 zájiāo
出圈儿 chūquānr	损害 sǔnhài	享有 xiǎngyǒu	解释 jiěshì	

三、选择判断（限时 3 分钟，共 10 分）

1. 词语判断：请判断并读出下列各组中的普通话词语。

（1）勿管　　　　无管　　　　不管 bùguǎn　　　　唔管

（2）走闪　　　　回避 huíbì　　　　闪阿开　　　　闪走

（3）常桩　　　　四常　　　　常 cháng　　　　贴常

（4）大侬　　　　大人 dàrén　　　　大人子

（5）丢架　　　　跌脸　　　　丢人 diūrén　　　　坍招势　　　　丢格

(6) 对勿起　　　对不起 duì·buqǐ　　对唔住

(7) 蟠　　　觇　　　躲 duǒ　　　匿

(8) 交关　　野诚　　非常 fēicháng　　老老　　蛮

(9) 勿然　　若无　　否则 fǒuzé　　唔系就

(10) 堵堵　　刚 gāng　　啱

2. 量词、名词搭配：请搭配并读出下列符合普通话规范的量名短语（例如：一条——鱼）。

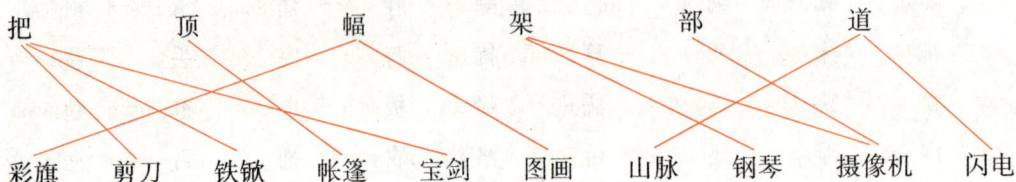

把　　　顶　　　幅　　　架　　　部　　　道

彩旗　　剪刀　　铁锹　　帐篷　　宝剑　　图画　　山脉　　钢琴　　摄像机　　闪电

3. 语序或表达形式判断：请判断并读出下列各组中的普通话语句。

(1) A. 中啊吧？

　　B. 中啊不？

　　C. 行不行？

(2) A. 我的公司在两层。

　　B. 我的公司在二层。

(3) A. 他评我胖。

　　B. 他比我胖。

　　C. 他赶我胖。

　　D. 他跟我胖。

(4) A. 我有拍过一部关于母爱的电影。

　　B. 我拍过一部关于母爱的电影。

(5) A. 我不比你高。

　　B. 我没有你高。

四、朗读短文（400 个音节，限时 4 分钟，共 30 分）

作品 26 号

五、命题说话（请在下列话题中任选一个，限时 3 分钟，共 30 分）

1. 对终身学习的看法

2. 童年生活

▶ 试卷九十五 ◀

一、读单音节字词（100 个音节，限时 3.5 分钟，共 10 分）

喙 huì	剑 jiàn	马 mǎ	骗 piàn	示 shì	承 chéng	皱 zhòu	丸 wán	议 yì	顿 dùn
废 fèi	惑 huò	恐 kǒng	雀 què	优 yōu	铭 míng	万 wàn	闭 bì	扯 chě	蒜 suàn
答 dā/dá	丰 fēng	俏 qiào	坏 huài	钠 nà	您 nín	水 shuǐ	布 bù	惜 xī	宰 zǎi
喘 chuǎn	傲 ào	服 fú/fù	吼 hǒu	刊 kān	魔 mó	鳍 qí	者 zhě	望 wàng	遇 yù
版 bǎn	拆 chāi	乾 qián	瞄 miáo	纺 fǎng	首 shǒu	瓦 wǎ/wà	嘴 zuǐ	园 yuán	狂 kuáng
鼓 gǔ	祭 jì	镭 léi	陶 táo	扭 niǔ	择 zé/zhái	瞎 xiā	贝 bèi	已 yǐ	窃 qiè
晋 jìn	殖 zhí	鸟 niǎo	梯 tī	日 rì	销 xiāo	采 cǎi	电 diàn	共 gòng	嗤 chī
倚 yǐ	格 gé	贪 tān	呆 dāi	疗 liáo	爬 pá	熊 xióng	存 cún	扰 rǎo	接 jiē
而 ér	茎 jīng	锂 lǐ	敢 gǎn	毡 zhān	顷 qǐng	蜕 tuì	丞 chéng	编 biān	嫩 nèn
义 yì	罗 luó	在 zài	锐 ruì	温 wēn	言 yán	催 cuī	邓 Dèng	逐 zhú	刮 guā

二、读多音节词语（100 个音节，限时 2.5 分钟，共 20 分）

芭蕾舞 bālěiwǔ	仿照 fǎngzhào	景色 jǐngsè	忙活 máng·huo	膨胀 péngzhàng
俗称 súchēng	写作 xiězuò	俯瞰 fǔkàn	彩电 cǎidiàn	没词儿 méicír
空间 kōngjiān	手术 shǒushù	派遣 pàiqiǎn	养分 yǎngfèn	脚印儿 jiǎoyìnr
城堡 chéngbǎo	感想 gǎnxiǎng	老百姓 lǎobǎixìng	印象 yìnxiàng	慎重 shènzhòng
抢救 qiǎngjiù	糟粕 zāopò	恶人 èrén	媳妇 xí·fu	能力 nénglì
极端 jíduān	无机 wújī	岁月 suìyuè	综合 zōnghé	流体 liútǐ
全民 quánmín	投产 tóuchǎn	唱歌儿 chànggēr	刺骨 cìgǔ	故障 gùzhàng
窟窿 kū·long	按钮 ànniǔ	端午 Duānwǔ	货运 huòyùn	乃至 nǎizhì
融合 rónghé	围剿 wéijiǎo	呆滞 dāizhì	半道儿 bàndàor	悔改 huǐgǎi
贸易 màoyì	人口 rénkǒu	推翻 tuīfān	庄严 zhuāngyán	

三、选择判断（限时 3 分钟，共 10 分）

1. 词语判断：请判断并读出下列各组中的普通话词语。

（1）勿管　　　勿顾　　　不顾 bùgù　　　无顾　　　唔顾

（2）固恰　　　更经　　　更 gèng　　　因加　　　又过

（3）慢慢叫　　慢慢仔　　缓缓 huǎnhuǎn　　缓缓子　　慢慢子　　闹闹欬

（4）话界　　　告诉 gào·su　　告兴　　　话分……知

（5）隔壁头　　隔壁 gébì　　隔篱　　　间壁

(6) 跟斗　　　车奶　　　跟头 gēn·tou　　　跟斗里　　　劲斗

(7) 合埋　　　㑡拢　　　劳总　　　共计 gòngjì　　　劳共

(8) 果子树　　　果树 guǒshù　　　果欶树

(9) 交关　　　好侪　　　好多 hǎoduō　　　异多

(10) 好睇　　　好看 hǎokàn　　　异孈看

2. 量词、名词搭配:请搭配并读出下列符合普通话规范的量名短语(例如:一条——鱼)。

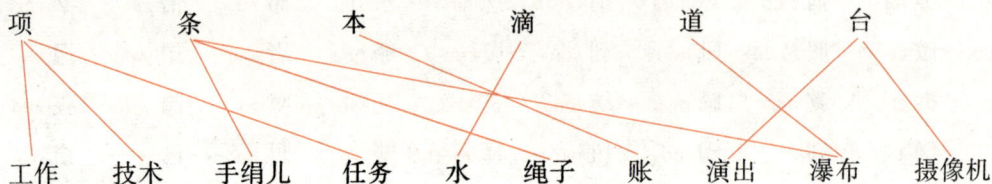

项　　　条　　　本　　　滴　　　道　　　台

工作　　技术　　手绢儿　　任务　　水　　绳子　　账　　演出　　瀑布　　摄像机

3. 语序或表达形式判断:请判断并读出下列各组中的普通话语句。

(1) A. 你站直。

B. 你站站直。

(2) A. 大方大方

B. 大大方

C. 大大方方

(3) A. 他手机丢了找不到。

B. 他手机丢了没有地方找。

(4) A. 今天中午他有来过。

B. 今天中午他来过。

C. 今天中午他有来。

(5) A. 距离音乐节开幕还有月把天。

B. 距离音乐节开幕还有一个多月。

四、朗读短文(400 个音节,限时 4 分钟,共 30 分)

作品 8 号

五、命题说话(请在下列话题中任选一个,限时 3 分钟,共 30 分)

1. 如何保持良好的心态

2. 劳动的体会

▶ 试卷九十六 ◀

一、读单音节字词（100 个音节，限时 3.5 分钟，共 10 分）

办 bàn	承 chéng	嗣 sì	听 tīng	番 fān	愧 kuì	唬 hǔ	满 mǎn	启 qǐ	愈 yù
皆 jiē	赚 zhuàn	内 nèi	热 rè	输 shū	彩 cǎi	顶 dǐng	广 guǎng	溪 xī	英 yīng
酒 jiǔ	聘 pìn	休 xiū	入 rù	他 tā	仓 cāng	裸 luǒ	对 duì	遭 zāo	海 hǎi
簇 cù	奥 ào	扶 fú	慌 huāng	刊 kān	码 mǎ	颇 pō	仨 sā	讨 tǎo	详 xiáng
航 háng	篮 lán	谬 miù	擎 qíng	拥 yōng	备 bèi	词 cí	肺 fèi	透 tòu	笋 sǔn
大 dà/dài	固 gù	荤 hūn	鲤 lǐ	男 nán	龚 Gōng	剩 shèng	闭 bì	皖 Wǎn	窍 qiào
儿 ér	世 shì	寄 jì	皴 cūn	浓 nóng	垒 lěi	瘸 qué	问 wèn	髻 jì	憎 zēng
否 fǒu/pǐ	慧 huì	歉 qiàn	叩 kòu	没 méi/mò	诵 sòng	步 bù	撤 chè	亦 yì	筒 tǒng
感 gǎn	浸 jìn	聊 liáo	止 zhǐ	犊 dú	受 shòu	窝 wō	别 bié/biè	担 dān/dàn	女 nǚ
主 zhǔ	绺 liǔ	扒 bā/pá	雄 xióng	池 chí	郝 Hǎo	逗 dòu	溶 róng	格 gé	剑 jiàn

二、读多音节词语（100 个音节，限时 2.5 分钟，共 20 分）

图谋 túmóu	情报 qíngbào	姥姥 lǎo · lao	在世 zàishì	传导 chuándǎo
夫妻 fūqī	开头 kāitóu	棉球儿 miánqiúr	阻击 zǔjī	私塾 sīshú
便宜 pián · yi	孔雀 kǒngquè	恶毒 èdú	榜样 bǎngyàng	眼帘 yǎnlián
壶盖儿 húgàir	薄弱 bóruò	经理 jīnglǐ	水晶 shuǐjīng	典型 diǎnxíng
盆地 péndì	鸽子 gē · zi	嘴脸 zuǐliǎn	汪洋 wāngyáng	肉质 ròuzhì
萌发 méngfā	勾结 gōujié	才能 cáinéng	上流 shàngliú	牛仔裤 niúzǎikù
圆舞曲 yuánwǔqǔ	大脑 dànǎo	香肠儿 xiāngchángr	激素 jīsù	诞生 dànshēng
纸板 zhǐbǎn	委屈 wěi · qu	螳螂 tángláng	前提 qiántí	连续 liánxù
村庄 cūnzhuāng	房间 fángjiān	星辰 xīngchén	仁慈 réncí	难于 nányú
嗓门儿 sǎngménr	好看 hǎokàn	沉着 chénzhuó	广泛 guǎngfàn	

三、选择判断（限时 3 分钟，共 10 分）

1. 词语判断：请判断并读出下列各组中的普通话词语。

（1）别人家	别依	他人 tārén	别个	别个人
（2）家公	家爷	公公 gōng · gong	家官	阿公
（3）佮伙	斗伙	合伙 héhuǒ	扯伙	交伙
（4）恨勿得	苦唔	恨不得 hèn · bu · de	恨唔得	
（5）喙	嘴 zuǐ	嘴筒	喙角	

(6) 捧尘	灰尘 huīchén	涂粉	尘灰	
(7) 枵饿	饥饿 jī'è	肚饥		
(8) 家里侬	屋企人	家人 jiārén	屋里人	家肚欻个人
(9) 连牢	连了	接连 jiēlián	连世	接等
(10) 哺	咀嚼 jǔjué	噍		

2. 量词、名词搭配:请搭配并读出下列符合普通话规范的量名短语(例如:一条——鱼)。

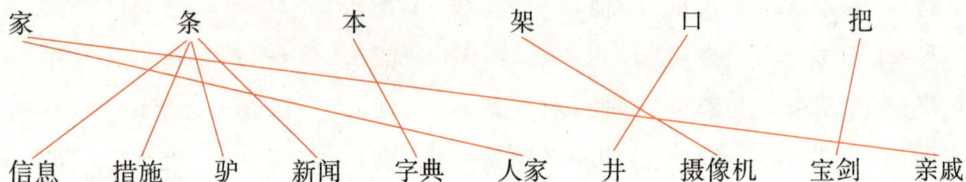

家   条   本   架   口   把

信息 措施 驴 新闻 字典 人家 井 摄像机 宝剑 亲戚

3. 语序或表达形式判断:请判断并读出下列各组中的普通话语句。

(1) A. 这只鸡死了。

    B. 只鸡死了。

(2) A. 这天好好蓝啊!

    B. 这天真蓝啊!

(3) A. 他热得汗流。

    B. 他热得满头大汗。

    C. 他热得汗滴滴声。

(4) A. 我连炒菜也不会。

    B. 我连炒菜也不懂。

(5) A. 小明的衬衫洗得白白白。

    B. 小明的衬衫洗得白白。

    C. 小明的衬衫洗得很白。

四、朗读短文 (400 个音节,限时 4 分钟,共 30 分)

作品 24 号

五、命题说话 (请在下列话题中任选一个,限时 3 分钟,共 30 分)

1. 对团队精神的理解

2. 谈服饰

试卷九十七

一、读单音节字词（100个音节，限时3.5分钟，共10分）

永 yǒng	煮 zhǔ	迄 qì	肋 lèi	弄 nòng	腕 wàn	市 shì	癖 pǐ	逛 guàng	驹 jū
软 ruǎn	南 nán	异 yì	促 cù	颂 sòng	眸 móu	倍 bèi	裘 qiú	儿 ér	歇 xiē
授 shòu	撬 qiào	诫 jiè	丢 diū	故 gù	庙 miào	针 zhēn	岩 yán	危 wēi	览 lǎn
套 tào	腮 sāi	胚 pēi	摧 cuī	旷 kuàng	禁 jīn/jìn	歌 gē	葬 zàng	香 xiāng	命 mìng
瑟 sè	戟 jǐ	螺 luó	垦 kěn	活 huó	责 zé	虚 xū	艇 tǐng	伏 fú	碰 pèng
熄 xī	它 tā	奎 kuí	绺 liǔ	枚 méi	堪 kān	纠 jiū	拱 gǒng	杂 zá	吃 chī
敞 chǎng	库 kù	谱 pǔ	绫 líng	匪 fěi	孰 shú	信 xìn	走 zǒu	头 tóu	扔 rēng
我 wǒ	伤 shāng	摹 mó	必 bì	驾 jià	韦 wéi	只 zhǐ/zhǐ	曰 yuē	订 dìng	跪 guì
残 cán	翻 fān	乳 rǔ	黑 hēi	决 jué	虞 yú	禄 lù	硅 guī	锈 xiù	桶 tǒng
桩 zhuāng	袁 Yuán	旺 wàng	损 sǔn	绕 rào	捏 niē	吏 lì	饥 jī	部 bù	队 duì

二、读多音节词语（100个音节，限时2.5分钟，共20分）

规矩 guī·ju	白桦 báihuà	恶习 èxí	窘迫 jiǒngpò	年初 niánchū
热烈 rèliè	选手 xuǎnshǒu	擦拭 cāshì	分水岭 fēnshuǐlǐng	位子 wèi·zi
空白 kòngbái	偶尔 ǒu'ěr	一早 yīzǎo	随后 suíhòu	鬼脸 guǐliǎn
力图 lìtú	培养 péiyǎng	花样儿 huāyàngr	嘈杂 cáozá	缩小 suōxiǎo
照片 zhàopiàn	海岛 hǎidǎo	履行 lǚxíng	砂轮儿 shālúnr	炊烟 chuīyān
在于 zàiyú	特点 tèdiǎn	屏幕 píngmù	摈弃 bìnqì	烦闷 fánmèn
开创 kāichuàng	努力 nǔlì	认为 rènwéi	收成 shōu·cheng	有名 yǒumíng
主管 zhǔguǎn	全局 quánjú	委托 wěituō	厂家 chǎngjiā	肚脐儿 dùqír
缓解 huǎnjiě	茫然 mángrán	冬眠 dōngmián	自愿 zìyuàn	敏感 mǐngǎn
神经质 shénjīngzhì	新闻 xīnwén	痰盂儿 tányúr	奖品 jiǎngpǐn	

三、选择判断（限时3分钟，共10分）

1.词语判断：请判断并读出下列各组中的普通话词语。

（1）别人家　　别侬　　　别个　　　　**别人 bié·rén**

（2）堵堵　　　**刚 gāng**　　唥

（3）一眼也勿　总无　　**毫不 háobù**　　一啲都唔　　一滴也唔

（4）柑仔　　　柑欨　　　**橘子 jú·zi**　　橘欨

（5）据说讲　　听说讲　　**据说 jùshuō**　　据讲　　　听倒话

(6) 锯仔　　　锯 jù　　　锯欸

(7) 要得　　　可以 kěyǐ　　　会使得　　　做得

(8) 开年　　　下年　　　来年 láinián　　　出年　　　下年子

(9) 风栗　　　栗子 lì·zi　　　栗欸

(10) 路浪　　　路高头　　　路上 lù·shang　　　路顶　　　路头上　　　路头径上

2. 量词、名词搭配:请搭配并读出下列符合普通话规范的量名短语(例如:一条——鱼)。

道　　　门　　　本　　　滴　　　副　　　家

技术　　伤痕　　考试　　公司　　油　　眼镜　　对联　　球拍　　工厂　　字典

3. 语序或表达形式判断:请判断并读出下列各组中的普通话语句。

(1) A. 给一支笔给我。

　　B. 给我一支笔。

(2) A. 别尽黄鼠狼跑了。

　　B. 别让黄鼠狼跑了。

(3) A. 你们来来没呐?

　　B. 你们来过没来过?

(4) A. 你戴着它不好看的我戴着。

　　B. 你戴着它不比我戴着好看。

(5) A. 他认认真地写完了作业。

　　B. 他认认真真地写完了作业。

四、朗读短文 (400 个音节,限时 4 分钟,共 30 分)

作品 38 号

五、命题说话 (请在下列话题中任选一个,限时 3 分钟,共 30 分)

1. 小家、大家与国家

2. 我欣赏的历史人物

试卷九十八

一、读单音节字词（100 个音节，限时 3.5 分钟，共 10 分）

夫 fū	壑 hè	阿 ā/ē	虫 chóng	眉 méi	鞘 qiào/shāo	蛹 yǒng	宽 kuān	原 yuán	卧 wò
被 bèi	踩 cǎi	凡 fán	枉 wǎng	皇 huáng	妙 miào	困 kùn	犬 quǎn	涌 yǒng	卅 sà
谕 yù	佛 fó/fú	烘 hōng	揽 lǎn	诛 zhū	晴 qíng	搔 sāo	威 wēi	半 bàn	在 zài
愁 chóu	暗 àn	恩 ēn	杭 Háng	坎 kǎn	慢 màn	汽 qì	兽 shòu	招 zhāo	役 yì
飞 fēi	恒 héng	韵 yùn	隶 lì	念 niàn	酥 sū	笔 bǐ	丛 cóng	膝 xī	屈 qū
高 gāo	菊 jú	子 zǐ	曳 yè	偷 tōu	胸 xiōng	若 ruò	箔 bó	掉 diào	萝 luó
纸 zhǐ	统 tǒng	掳 lǔ	偏 piān	让 ràng	循 xún	迸 bèng	刀 dāo	沟 gōu	薰 xūn
呆 dāi	割 gē	姬 jī	则 zé	惹 rě	撂 liào	她 tā	限 xiàn	表 biǎo	弄 nòng
姜 jiāng	陵 líng	盆 pén	式 shì	腿 tuǐ	程 chéng	堵 dǔ	注 zhù	炎 yán	顾 gù
埋 mái/mán	怕 pà	挺 tǐng	楔 xiē	商 shāng	产 chǎn	嗣 sì	硅 guī	峻 jùn	堆 duī

二、读多音节词语（100 个音节，限时 2.5 分钟，共 20 分）

走访 zǒufǎng	警惕 jǐngtì	武生 wǔshēng	年轻 niánqīng	扫荡 sǎodàng
打扮 dǎ·ban	成人 chéngrén	人造 rénzào	胡同儿 hútòngr	葬礼 zànglǐ
逃兵 táobīng	辞职 cízhí	光泽 guāngzé	卵巢 luǎncháo	引擎 yǐnqíng
曙光 shǔguāng	公安 gōng'ān	草地 cǎodì	跑调儿 pǎodiàor	老鼠 lǎoshǔ
起点 qǐdiǎn	孩子 hái·zi	蛛网 zhūwǎng	似是而非 sìshì-érfēi	上帝 Shàngdì
内涵 nèihán	军舰 jūnjiàn	动手 dòngshǒu	拖延 tuōyán	扰乱 rǎoluàn
苗头 miáo·tou	纸浆 zhǐjiāng	敏锐 mǐnruì	恶性 èxìng	冲破 chōngpò
饱和 bǎohé	清洁 qīngjié	戏法儿 xìfǎr	羽绒 yǔróng	口号 kǒuhào
反应 fǎnyìng	晚霞 wǎnxiá	坎肩儿 kǎnjiānr	导致 dǎozhì	客厅 kètīng
索取 suǒqǔ	付出 fùchū	平常 píngcháng	变量 biànliàng	

三、选择判断（限时 3 分钟，共 10 分）

1. 词语判断：请判断并读出下列各组中的普通话词语。

（1）合埋　　佮拢　　劳总　　共计 gòngjì　　劳共　捞秋　捞总　捞等

（2）眼门前　面前 miànqián　面头前　眼门口

（3）阿是　还是 hái·shi　重系　闲系

（4）唔得决　想唔讲　纳闷儿 nàmènr　想勿通　　想唔通

（5）斡弯　拐弯 guǎiwān　蹂弯

(6) 后首来　　过后 guòhòu　　了后

(7) 烂污泥　　泥土 nítǔ　　涂

(8) 贼 zéi　　贼骨头　　贼老倌　　贼古

(9) 一歇歇　　一步仔久　　片刻 piànkè　　一阵间　　一下欸

(10) 樽　　瓶子 píng·zi　　矸　　罍欸　　瓶欸

2. 量词、名词搭配:请搭配并读出下列符合普通话规范的量名短语(例如:一条——鱼)。

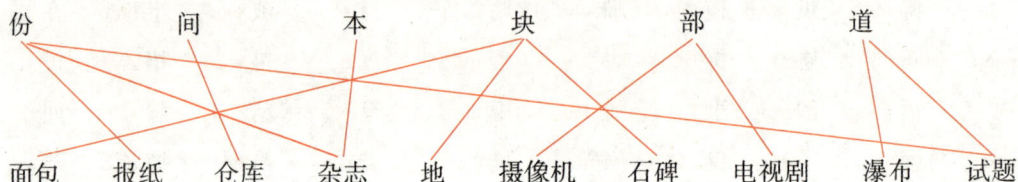

份　　　　间　　　　本　　　　块　　　　部　　　　道

面包　　报纸　　仓库　　杂志　　地　　摄像机　　石碑　　电视剧　　瀑布　　试题

3. 语序或表达形式判断:请判断并读出下列各组中的普通话语句。

(1) A. 起江苏出发。

　　B. 走江苏出发。

　　C. 从江苏出发。

(2) A. 她上聪明。

　　B. 她好好聪明。

　　C. 她非常聪明。

(3) A. 这是上次看的电影吧?

　　B. 这是上次看的电影哇?

(4) A. 这堆石头有千三公斤。

　　B. 这堆石头有一千三百公斤。

(5) A. 用多一点时间来陪父母。

　　B. 多用一点时间来陪父母。

四、朗读短文 (400 个音节,限时 4 分钟,共 30 分)

作品 40 号

五、命题说话 (请在下列话题中任选一个,限时 3 分钟,共 30 分)

1. 我喜欢的节日

2. 谈传统美德

▶ 试卷九十九 ◀

一、读单音节字词（100 个音节，限时 3.5 分钟，共 10 分）

繁 fán	案 àn	跨 kuà	丑 chǒu	晒 shài	明 míng	花 huā	泣 qì	翁 wēng	韦 wéi
伴 bàn	触 chù	偕 xié	印 yìn	妾 qiè	遮 zhē	非 fēi	谎 huǎng	亏 kuī	瘦 shòu
待 dāi/dài	吉 jí	郎 láng	辈 bèi	拟 nǐ	卿 qīng	搁 gē/gé	穗 suì	袭 xí	紫 zǐ
哈 hā/hǎ	阶 jiē	迈 mài	派 pài	事 shì	窜 cuàn	铜 tóng	赵 Zhào	也 yě	敷 fū
厚 hòu	挨 āi/ái	秤 chèng	凤 fèng	膳 shàn	秒 miǎo	攀 pān	赏 shǎng	妄 wàng	译 yì
拱 gǒng	噬 shì	晤 wù	缆 lǎn	祛 qū	秀 xiù	颊 jiá	跛 bǒ	绫 líng	内 nèi
僵 jiāng	戍 xū	怒 nù	尊 zūn	人 rén	榻 tà	菜 cài	抖 dǒu	跟 gēn	廖 Liào
指 zhǐ	雇 gù	敛 liǎn	坛 tán	庞 páng	悬 xuán	叠 dié	槽 cáo	弱 ruò	矩 jǔ
茶 chá	刚 gāng	浑 hún	抗 kàng	梅 méi	冤 yuān	攫 jué	涡 Guō/wō	彼 bǐ	蜷 quán
郡 jùn	抡 lūn	劈 pī/pǐ	然 rán	甜 tián	沿 yán	层 céng	杜 dù	驻 zhù	壑 hè

二、读多音节词语（100 个音节，限时 2.5 分钟，共 20 分）

笑话 xiào·hua	转脸 zhuǎnliǎn	热能 rènéng	宁静 níngjìng	委婉 wěiwǎn
锻炼 duànliàn	进展 jìnzhǎn	暂且 zànqiě	扇面儿 shànmiànr	体征 tǐzhēng
朝廷 cháotíng	取消 qǔxiāo	官僚 guānliáo	弥漫 mímàn	留言 liúyán
浪头 làng·tou	宗法 zōngfǎ	清醒 qīngxǐng	每年 měinián	后果 hòuguǒ
出血 chūxiě	月季 yuèjì	从小 cóngxiǎo	火罐儿 huǒguànr	水肿 shuǐzhǒng
公元 gōngyuán	劳动日 láodòngrì	片刻 piànkè	参照 cānzhào	养老 yǎnglǎo
譬如 pìrú	考古 kǎogǔ	耳垂儿 ěrchuír	腐朽 fǔxiǔ	算盘 suàn·pán
肇事 zhàoshì	比方 bǐ·fang	围裙 wéi·qún	任意 rènyì	假使 jiǎshǐ
待遇 dàiyù	果冻儿 guǒdòngr.	许愿 xǔyuàn	色调 sèdiào	偶然 ǒurán
口语 kǒuyǔ	恶意 èyì	半夜 bànyè	农产品 nóngchǎnpǐn	

三、选择判断（限时 3 分钟，共 10 分）

1. 词语判断:请判断并读出下列各组中的普通话词语。

（1）堵则	喈先	刚才 gāngcái	将脚	才刚	头先
（2）臂把	手臂把	胳膊 gē·bo	手肚	胳古里	手把子
（3）拍拼	拼搏 pīnbó	搏命	杀猛		
（4）帮人	帮人家	仆人 púrén	粗差		
（5）偷偷叫	静静仔	悄悄 qiāoqiāo	静鸡鸡	么声么息	

(6)侬　　　　人们 rén·men　　　人哋

(7)讲白贼　　呃大话　　　撒谎 sāhuǎng　　骗侬　　　打谎　　　捏白

(8)胡咙　　　嗓子 sǎng·zi　　咙喉　　　喉连

(9)身尸　　　尸体 shītǐ　　　死佬

(10)节头官　　手指 shǒuzhǐ　　手节头　　手指脑　　手指拇　　指头子

2. 量词、名词搭配：请搭配并读出下列符合普通话规范的量名短语（例如：一条——鱼）。

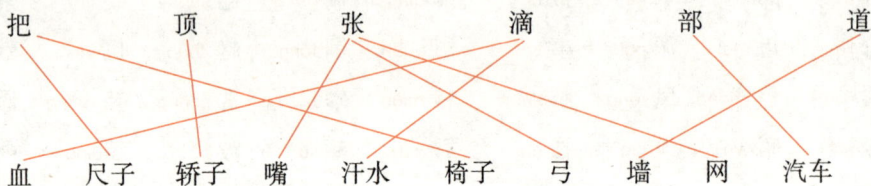

把　　　顶　　　张　　　滴　　　部　　　道

血　尺子　轿子　嘴　汗水　椅子　弓　墙　网　汽车

3. 语序或表达形式判断：请判断并读出下列各组中的普通话语句。

(1)A.腿变粗了。

　　B.腿子变粗了。

(2)A.哈尔滨的冬天冷得太太。

　　B.哈尔滨的冬天冷得很。

　　C.哈尔滨的冬天冷得来来。

(3)A.这首歌你唱得来唱不来？

　　B.这首歌你唱得来不？

　　C.你唱得来这首歌不？

　　D.你会唱这首歌吗？

(4)A.你是不看歌剧？

　　B.你看不看歌剧？

(5)A.我闻不来鱿鱼味儿。

　　B.我不喜欢闻鱿鱼味儿。

四、朗读短文（400 个音节，限时 4 分钟，共 30 分）

作品 7 号

五、命题说话（请在下列话题中任选一个，限时 3 分钟，共 30 分）

1. 对团队精神的理解

2. 我了解的十二生肖

▶ 试卷一百 ◀

一、读单音节字词（100 个音节，限时 3.5 分钟，共 10 分）

腰 yāo	做 zuò	烈 liè	拒 jù	煅 duàn	嫡 dí	绒 róng	擀 gǎn	操 cāo	帛 bó
冰 bīng	娘 niáng	蔡 Cài	关 guān	陇 Lǒng	度 dù/duó	涧 jiàn	圆 yuán	乌 wū/wù	瑞 ruì
寻 xún	途 tú	蛆 qū	脑 nǎo	涝 lào	窘 jiǒng	跟 gēn	兜 dōu	至 zhì	祛 qū
契 qì	猫 māo	卡 kǎ/qiǎ	揪 jiū	弗 fú	唱 chàng	庄 zhuāng	朽 xiǔ	特 tè	宝 bǎo
术 shù/zhú	盘 pán	窄 zhǎi	翔 xiáng	民 mín	啃 kěn	比 bǐ	讽 fěng	查 chá	虹 hóng
扑 pū	麦 mài	鬓 bìn	喝 hē/hè	肥 féi	雌 cí	赞 zàn	铣 xǐ/xiǎn	榻 tà	矿 kuàng
潭 tán	怯 qiè	免 miǎn	懒 lǎn	洁 jié	昂 áng	点 diǎn	众 zhòng	絮 xù	宫 gōng
自 zì	月 yuè	退 tuì	柔 róu	嫩 nèn	凌 líng	绞 jiǎo	桂 guì	迭 dié	粗 cū
瓮 wèng	岁 suì	牌 pái	反 fǎn	奔 bēn/bèn	口 kǒu	换 huàn	串 chuàn	匀 yún	镰 lián
桑 sāng	瓣 bàn	吕 lǚ	疾 jí	很 hěn	饿 è	充 chōng	易 yì	违 wéi	贫 pín

二、读多音节词语（100 个音节，限时 2.5 分钟，共 20 分）

必要 bìyào	地道 dìdào/dì·dao	方针 fāngzhēn	肃清 sùqīng	判处 pànchǔ
况且 kuàngqiě	由衷 yóuzhōng	规划 guīhuà	楼房 lóufáng	小葱儿 xiǎocōngr
财政 cáizhèng	期间 qījiān	爽朗 shuǎnglǎng	造谣 zàoyáo	婚姻 hūnyīn
记事儿 jìshìr	裁缝 cái·feng	明确 míngquè	正步 zhèngbù	坦白 tǎnbái
墙壁 qiángbì	沉默 chénmò	意思 yì·si	感动 gǎndòng	评选 píngxuǎn
冷水 lěngshuǐ	胰腺 yíxiàn	使馆 shǐguǎn	绸子 chóu·zi	表演 biǎoyǎn
恶作剧 èzuòjù	可以 kěyǐ	女性 nǚxìng	撒娇 sājiāo	雪山 xuěshān
茁壮 zhuózhuàng	扰动 rǎodòng	党委 dǎngwěi	图钉儿 túdīngr	合理 hélǐ
网点 wǎngdiǎn	模样 múyàng	法制 fǎzhì	奏效 zòuxiào	难道 nándào
无赖 wúlài	儿媳妇儿 érxí·fur	容易 róngyì	酒精 jiǔjīng	

三、选择判断（限时 3 分钟，共 10 分）

1. 词语判断：请判断并读出下列各组中的普通话词语。

（1）将将　　　**刚刚 gānggāng**　　　啥啥　　　刚合　　　严刚

（2）清头　　　**高低 gāodī**　　　悬下

（3）册包　　　**书包 shūbāo**　　　册袋　　　书包袋子

（4）清采　　　是但　　　**随便 suíbiàn**　　　求其

（5）跳皮　　　**调皮 tiáopí**　　　刁皮　　　翻灿

(6) 七桃物　　　　玩具 wánjù　　　字相干

(7) 暖热　　　　烧啰　　　　温暖 wēnnuǎn　　　热沸　　　热和　　　烧暖

(8) 新妇　　　　媳妇 xífù　　　心抱　　　　媳妇妹子　　　心舅

(9) 血血红　　　　旋红　　　　鲜红 xiānhóng　　　掀红　　　瞅红

(10) 烟肠　　　　香肠 xiāngcháng　　酿肠

2. 量词、名词搭配:请搭配并读出下列符合普通话规范的量名短语(例如:一条——鱼)。

把　　　　本　　　　只　　　　颗　　　　条　　　　家

著作　　商店　　扫帚　　锁　　手表　　游艇　　图章　　船　　饭店　　兔子

3. 语序或表达形式判断:请判断并读出下列各组中的普通话语句。

(1) A. 还有两两肉。

　　B. 还有二两肉。

(2) A. 爸爸早年做过教师。

　　B. 爸爸早年有做过教师。

(3) A. 我把他推到地上。

　　B. 我推他地下。

(4) A. 雪糕冷冰冰的。

　　B. 雪糕冰冰冷。

　　C. 雪糕冷冰哒。

　　D. 雪糕冰嘎凉。

(5) A. 这活明天干得起吗?

　　B. 这活明天干得完吗?

四、朗读短文（400 个音节，限时 4 分钟，共 30 分）

作品 36 号

五、命题说话（请在下列话题中任选一个，限时 3 分钟，共 30 分）

1. 小家、大家与国家

2. 难忘的旅行